全 世 界 无 产 者，联 合 起 来!

毛泽东选集

第 一 卷

人 民 出 版 社

书名题字：邓小平

第二版出版说明

《毛泽东选集》第一至四卷,在五十年代初和六十年代初先后出版,距今已有三四十年。现在,根据中共中央的决定,对《毛泽东选集》第一至四卷进行修订,在中国共产党建立七十周年之际出版第二版。

《毛泽东选集》第一至四卷,是毛泽东同志亲自主持编辑的。第二版仍保持原有的篇目,只增加《反对本本主义》一篇。这篇著作,曾一度散失,六十年代初才重新得到,后经毛泽东同志审定,在一九六四年出版的《毛泽东著作选读》中第一次公开发表。

这次修订,对有些文章误署的写作时间或发表时间,对正文中的某些史实以及少量错字、漏字等,作了校正。对某些用字,包括少数生僻难认的地名用字,根据文字规范化的要求,作了更改。对有些题解,作了少量史实和提法方面的修正;同时,新写了几篇题解。对正文所作的校订,分别列表附在各卷书末。

《毛泽东选集》第一至四卷的修订工作,主要是校订注释,改正注释中某些错讹的史实和不准确的提法,增补一些新的注释,删去少量的注释。注释校订工作是根据毛泽东同志的意见,从一九六二年起着手进行的,后因"文化大革命"而中断。这次校订，在六十年代工作的基础上，吸收了近二三十年来史料收集和学术研究的成果，对注释又作了进一步的修改和增补。

中共中央文献编辑委员会

一九九一年二月

本书出版的说明

这部选集,包括了毛泽东同志在中国革命各个时期中的重要著作。几年前各地方曾经出过几种不同版本的《毛泽东选集》,都是没有经过著者审查的,体例颇为杂乱,文字亦有错讹,有些重要的著作又没有收进去。现在的这部选集,是按照中国共产党成立后所经历的各个历史时期并且按照著作年月次序而编辑的。这部选集尽可能地搜集了一些为各地方过去印行的集子还没有包括在内的重要著作。选集中的各篇著作,都经著者校阅过,其中有些地方著者曾作了一些文字上的修正,也有个别的文章曾作了一些内容上的补充和修改。

下面有几点属于出版事务的声明:

第一,现在出版的这个选集,还是不很完备的。由于国民党反动派对于革命文献的毁灭,由于在长期战争中革命文献的散失,我们现在还不能够找到毛泽东同志的全部著作,特别是毛泽东同志所写的许多书信和电报(这些在毛泽东同志著作中占很大的部分)。

第二,有些曾经流行的著作,例如《农村调查》,遵照著者的意见,没有编入;又如《经济问题与财政问题》,也遵照著者的意见,只编进了其中的第一章(即《关于过去工作的基本总结》)。

　　第三，选集中作了一些注释。其中一部分是属于题解的，附在各篇第一页的下面；其他部分，有属于政治性质的，有属于技术性质的，都附在文章的末尾。

　　第四，本选集有两种装订的本子。一种是各时期的著作合订的一卷本，另一种是四卷本。四卷本的第一卷包括第一次国内革命战争时期和第二次国内革命战争时期的著作；第二卷和第三卷包括抗日战争时期的著作；第四卷包括第三次国内革命战争时期的著作。

中共中央毛泽东选集出版委员会

一九五一年八月二十五日

目　　录

第一次国内革命战争时期

第二次国内革命战争时期

第一次国内革命战争时期

中国社会各阶级的分析*

（一九二五年十二月一日）

谁是我们的敌人？谁是我们的朋友？这个问题是革命的首要问题。中国过去一切革命斗争成效甚少，其基本原因就是因为不能团结真正的朋友，以攻击真正的敌人。革命党是群众的向导，在革命中未有革命党领错了路而革命不失败的。我们的革命要有不领错路和一定成功的把握，不可不注意团结我们的真正的朋友，以攻击我们的真正的敌人。我们要分辨真正的敌友，不可不将中国社会各阶级的经济地位及其对于革命的态度，作一个大概的分析。

中国社会各阶级的情况是怎样的呢？

地主阶级和买办阶级。在经济落后的半殖民地的中国，地主阶级和买办阶级完全是国际资产阶级的附庸，其生存和

---

* 毛泽东此文是为反对当时党内存在着的两种倾向而写的。当时党内的第一种倾向，以陈独秀为代表，只注意同国民党合作，忘记了农民，这是右倾机会主义。第二种倾向，以张国焘为代表，只注意工人运动，同样忘记了农民，这是"左"倾机会主义。这两种机会主义都感觉自己力量不足，而不知道到何处去寻找力量，到何处去取得广大的同盟军。毛泽东指出中国无产阶级的最广大和最忠实的同盟军是农民，这样就解决了中国革命中的最主要的同盟军问题。毛泽东并且预见到当时的民族资产阶级是一个动摇的阶级，他们在革命高涨时将要分化，其右翼将要跑到帝国主义方面去。一九二七年所发生的事变，证明了这一点。

发展,是附属于帝国主义的。这些阶级代表中国最落后的和最反动的生产关系,阻碍中国生产力的发展。他们和中国革命的目的完全不相容。特别是大地主阶级和大买办阶级,他们始终站在帝国主义一边,是极端的反革命派。其政治代表是国家主义派[1]和国民党右派。

中产阶级。这个阶级代表中国城乡资本主义的生产关系。中产阶级主要是指民族资产阶级,他们对于中国革命具有矛盾的态度:他们在受外资打击、军阀压迫感觉痛苦时,需要革命,赞成反帝国主义反军阀的革命运动;但是当着革命在国内有本国无产阶级的勇猛参加,在国外有国际无产阶级的积极援助,对于其欲达到大资产阶级地位的阶级的发展感觉到威胁时,他们又怀疑革命。其政治主张为实现民族资产阶级一阶级统治的国家。有一个自称为戴季陶[2]"真实信徒"的,在北京《晨报》[3]上发表议论说:"举起你的左手打倒帝国主义,举起你的右手打倒共产党。"这两句话,画出了这个阶级的矛盾惶遽状态。他们反对以阶级斗争学说解释国民党的民生主义,他们反对国民党联俄和容纳共产党[4]及左派分子。但是这个阶级的企图——实现民族资产阶级统治的国家,是完全行不通的,因为现在世界上的局面,是革命和反革命两大势力作最后斗争的局面。这两大势力竖起了两面大旗:一面是红色的革命的大旗,第三国际[5]高举着,号召全世界一切被压迫阶级集合于其旗帜之下;一面是白色的反革命的大旗,国际联盟[6]高举着,号召全世界一切反革命分子集合于其旗帜之下。那些中间阶级,必定很快地分化,或者向左跑入革命派,或者向右跑入反革命派,没有他们"独立"的余地。所以,中国的中产阶级,以其本阶级为主体的"独立"革命思想,仅仅是一个幻想。

小资产阶级。如自耕农[7],手工业主,小知识阶层——学生界、中小学教员、小员司、小事务员、小律师,小商人等都属于这一类。这一个阶级,在人数上,在阶级性上,都值得大大注意。自耕农和手工业主所经营的,都是小生产的经济。这个小资产阶级内的各阶层虽然同处在小资产阶级经济地位,但有三个不同的部分。第一部分是有余钱剩米的,即用其体力或脑力劳动所得,除自给外,每年有余剩。这种人发财观念极重,对赵公元帅[8]礼拜最勤,虽不妄想发大财,却总想爬上中产阶级地位。他们看见那些受人尊敬的小财东,往往垂着一尺长的涎水。这种人胆子小,他们怕官,也有点怕革命。因为他们的经济地位和中产阶级颇接近,故对于中产阶级的宣传颇相信,对于革命取怀疑的态度。这一部分人在小资产阶级中占少数,是小资产阶级的右翼。第二部分是在经济上大体上可以自给的。这一部分人比较第一部分人大不相同,他们也想发财,但是赵公元帅总不让他们发财,而且因为近年以来帝国主义、军阀、封建地主、买办大资产阶级的压迫和剥削,他们感觉现在的世界已经不是从前的世界。他们觉得现在如果只使用和从前相等的劳动,就会不能维持生活。必须增加劳动时间,每天起早散晚,对于职业加倍注意,方能维持生活。他们有点骂人了,骂洋人叫"洋鬼子",骂军阀叫"抢钱司令",骂土豪劣绅叫"为富不仁"。对于反帝国主义反军阀的运动,仅怀疑其未必成功(理由是:洋人和军阀的来头那么大),不肯贸然参加,取了中立的态度,但是绝不反对革命。这一部分人数甚多,大概占小资产阶级的一半。第三部分是生活下降的。这一部分人好些大概原先是所谓殷实人家,渐渐变得仅仅可以保住,渐渐变得生活下降了。他们每逢年终结账一次,就吃惊一次,说:"咳,又亏了!"这种人因为他们过去过着好日子,后来逐年下降,负债渐多,渐次过着凄凉的日子,"瞻念前途,不寒而栗"。这种人在精神上感觉的痛苦很大,因为他们有一个从前和现在相反的比较。这种人在革命运动中颇要紧,是一个数量不小的群众,是小资产阶级的左翼。以上所说小资产阶级的三部分,对于革命的态度,在平时各不相同;但到战时,即到革命潮流高涨、可以看得见胜利的曙光时,不但小资产阶级的左派参加革命,中派亦可参加革命,即右派分子受了无产阶级和小资产阶级左派的革命大潮所裹挟,也只得附和着革命。我们从一九二五年的五卅运动[9]和各地农民运动的经验看来,这个断定是不错的。

半无产阶级。此处所谓半无产阶级,包含:(一)绝大部分半自耕农[10],(二)贫农,(三)小手工业者,(四)店员[11],(五)小贩等五种。绝大部分半自耕农和贫农是农村中一个数量极大的群众。所谓农民问题,主要就是他们的问题。半自耕农、贫农和小手工业者所经营的,都是更细小的小生产的经济。绝大部分半自耕农和贫农虽同属半无产阶级,但其经济状况仍有上、中、下三个细别。半自耕农,其生活苦于自耕农,因其食粮每年大约有一半不够,须租别人田地,或者出卖一部分劳动力,或经营小商,以资弥补。春夏之间,青黄不接,高利向别人借债,重价向别人籴粮,较之自耕农的无求于人,自然景遇要苦,但是优于贫农。因为贫农无土地,每年耕种只得收获之一半或不足一半；半自耕农则租于别人的部分虽只收获一半或不足一半，然自有的部分却可全得。故半自耕农的革命性优于自耕农而不及贫农。贫农是农村中的佃农，受地主的剥削。其经济地位又分两部分。一部分贫农有比较充足的农具和相当数量的资金。此种农民，每年劳动结果，自己可得一半。不足部分，可以种杂粮、捞鱼虾、饲鸡豕，或出卖一部分劳动力，勉强维持生活，于艰难竭蹶之中，存聊以卒岁之想。故其生活苦于半自耕农，然较另一部分贫农为优。其革命性，则优于半自耕农而不及另一部分贫农。所谓另一部分贫农，则既无充足的农具，又无资金，肥料不足，土地歉收，送租之外，所得无几，更需要出卖一部分劳动力。荒时暴月，向亲友乞哀告怜，借得几斗几升，敷衍三日五日，债务丛集，如牛负重。他们是农民中极艰苦者，极易接受革命的宣传。小手工业者所以称为半无产阶级，是因为他们虽然自有简单的生产手段，且系一种自由职业，但他们也常常被迫出卖一部分劳动力，其经济地位略与农村中的贫农相当。因其家庭负担之重，工资和生活费用之不相称，时有贫困的压迫和失业的恐慌，和贫农亦大致相同。店员是商店的雇员，以微薄的薪资，供家庭的费用，物价年年增长，薪给往往须数年一增，偶与此辈倾谈，便见叫苦不迭。其地位和贫农及小手工业者不相上下，对于革命宣传极易接受。小贩不论肩挑叫卖，或街畔摊售，总之本小利微，吃着不够。其地位和贫农不相上下，其需要一个变更现状的革命，也和贫农相同。

无产阶级。现代工业无产阶级约二百万人。中国因经济落后，故现代工业无产阶级人数不多。二百万左右的产业工人中，主要为铁路、矿山、海运、纺织、造船五种产业的工人，而其中很大一个数量是在外资产业的奴役下。工业无产阶级人数虽不多，却是中国新的生产力的代表者，是近代中国最进步的阶级，做了革命运动的领导力量。我们看四年以来的罢工运动，如海员罢工[12]、铁路罢工[13]、开滦和焦作煤矿罢工[14]、沙面罢工[15]以及"五卅"后上海香港两处的大罢工[16]所表现的力量，就可知工业无产阶级在中国革命中所处地位的重要。他们所以能如此，第一个原因是集中。无论哪种人都不如他们的集中。第二个原因是经济地位低下。他们失了生产手段，剩下两手，绝了发财的望，又受着帝国主义、军阀、资产阶级的极残酷的待遇，所以他们特别能战斗。都市苦力工人的力量也很可注意。以码头搬运夫和人力车夫占多数，粪夫清道夫等亦属于这一类。他们除双手外，别无长物，其经济地位和产业工人相似，惟不及产业工人的集中和在生产上的重要。中国尚少新式的资本主义的农业。所谓农村无产阶级，是指长工、月工、零工等雇农而言。此等雇农不仅无土地，无农具，又无丝毫资金，只得营工度日。其劳动时间之长，工资之少，待遇之薄，职业之不安定，超过其他工人。此种人在乡村中是最感困难者，在农民运动中和贫农处于同一紧要的地位。

此外，还有数量不小的游民无产者，为失了土地的农民和失了工作机会的手工业工人。他们是人类生活中最不安定者。他们在各地都有秘密组织，如闽粤的"三合会"，湘鄂黔蜀的"哥老会"，皖豫鲁等省的"大刀会"，直隶及东三省的"在理会"，上海等处的"青帮"[17]，都曾经是他们的政治和经济斗争的互助团体。处置这一批人,是中国的困难的问题之一。这一批人很能勇敢奋斗,但有破坏性,如引导得法,可以变成一种革命力量。

综上所述,可知一切勾结帝国主义的军阀、官僚、买办阶级、大地主阶级以及附属于他们的一部分反动知识界,是我们的敌人。工业无产阶级是我们革命的领导力量。一切半无产阶级、小资产阶级,是我们最接近的朋友。那动摇不定的中产阶级,其右翼可能是我们的敌人,其左翼可能是我们的朋友——但我们要时常提防他们,不要让他们扰乱了我们的阵线。

注　释

〔1〕国家主义派指中国青年党,当时以其外围组织"中国国家主义青年团"的名义公开进行活动。组织这个政团的是一些反动政客,他们投靠帝国主义和当权的反动派,把反对中国共产党和苏联当作职业。

〔2〕戴季陶(一八九一——一九四九),又名传贤,原籍浙江湖州,生于四川广汉。早年参加中国同盟会,从事反对清政府和袁世凯的活动。后曾和蒋介石在上海共同经营交易所的投机事业。一九二五年随着孙中山的逝世和革命高潮的到来,他歪曲孙中山学说的革命内容,散布反对国共合作、反对工农革命运动的谬论,为后来蒋介石的反共活动作了准备。一九二七年南京国民政府成立后,历任国民政府委员、考试院院长等职。一九四九年二月,蒋介石的统治即将崩溃,戴季陶感到绝望而自杀。

〔3〕北京《晨报》,初名《晨钟报》,一九一六年八月创刊于北京,一九一八年十二月改名为《晨报》,一九二八年六月停刊。

〔4〕一九二二年和一九二三年间,孙中山在共产党人的帮助下,决定改组国民党,实行国共合作,容纳共产党人参加国民党,并于一九二四年一月在广州召开国民党第一次全国代表大会,实行联俄、联共、扶助农工的三大政策。李大钊、谭平山、毛泽东、林伯渠、瞿秋白等共产党人参加了这次大会。他们曾经被选为国民党中央执行委员会的委员或候补委员,担任过国民党的许多领导工作,对于帮助

国民党走上革命的道路,起了重大的作用。

〔5〕第三国际即共产国际,一九一九年三月在列宁领导下成立。一九二二年中国共产党参加共产国际,成为它的一个支部。一九四三年五月,共产国际执行委员会主席团通过决定,提议解散共产国际,同年六月共产国际正式宣布解散。

〔6〕国际联盟简称国联,一九二〇年一月正式成立。先后参加的有六十多个国家。国际联盟标榜以"促进国际合作,维持国际和平与安全"为目的,实际上日益成为帝国主义国家推行侵略政策的工具。第二次世界大战爆发后无形瓦解,一九四六年四月正式宣布解散。

〔7〕这里是指中农。

〔8〕赵公元帅是中国民间传说的财神,叫赵公明。

〔9〕指一九二五年五月三十日爆发的反帝爱国运动。一九二五年五月间,上海、青岛的日本纱厂先后发生工人罢工的斗争,遭到日本帝国主义和北洋军阀的镇压。上海内外棉第七厂日本资本家在五月十五日枪杀了工人顾正红,并伤工人十余人。二十九日青岛工人被反动政府屠杀八人。五月三十日,上海二千余学生分头在公共租界各马路进行宣传讲演,一百余名遭巡捕(租界内的警察)逮捕,被拘押在南京路老闸巡捕房内,引起了学生和市民的极大愤慨,有近万人聚集在巡捕房门口,要求释放被捕学生。英帝国主义的巡捕向群众开枪,打死打伤许多人。这就是震惊中外的五卅惨案。六月,英日等帝国主义在上海和其他地方继续进行屠杀。这些屠杀事件激起了全国人民的公愤。广大的工人、学生和部分工商业者,在许多城市和县镇举行游行示威和罢工、罢课、罢市,形成了全国规模的反帝爱国运动高潮。

〔10〕这里是指自己有一部分土地,同时租种一部分土地,或出卖一部分劳动力,或兼营小商的贫农。

〔11〕店员有不同的阶层,他们一般不占有生产资料,生活来源的全部或者主要部分是依靠向店主出卖劳动力所取得的工资。毛泽东在这里所指的是店员中的一部分,还有一部分下层店员过着无产阶级的生活。

〔12〕指一九二二年香港和上海的海员罢工。香港海员罢工爆发于一月十二日,坚持了八个星期。最后,香港英帝国主义当局被迫答应增加工资,恢复原工会,释放被捕工人,抚恤在罢工中死难烈士的家属。上海海员罢工于八月五日开始,坚持了三个星期,也得到胜利。

〔13〕指一九二二年和一九二三年中国共产党领导的各主要铁路线的工人罢工。在罢工过程中,工人群众的觉悟迅速提高,要求改善生活的经济斗争迅速发展为反对军阀的政治斗争。一九二三年二月四日,京汉铁路工人为争取组织总工会的自由,举行总罢工。其他许多铁路的工人也纷纷响应。二月七日,英帝国主

义支持的北洋军阀吴佩孚、萧耀南等,残酷地屠杀京汉铁路的工人,造成了二七惨案。

〔14〕开滦煤矿是直隶省(今河北省)开平、滦县一带煤矿的总称,当时为英帝国主义者所控制。开滦罢工指一九二二年十月、十一月间矿工三万余人举行的大罢工。英帝国主义者和北洋军阀对这次罢工进行残酷的镇压,工人死伤很多,但是仍然坚持斗争。最后,英帝国主义者不得不答应给工人增加一部分工资。焦作煤矿,在河南省省北部,当时也为英帝国主义者所控制。焦作罢工指一九二五年七月爆发的罢工。这次罢工是为响应五卅运动而发动的,前后坚持七个多月。最后,英帝国主义者不得不承认工会有代表工人的权利,并且被迫接受增加工资、不无故开除工人和补偿工人因罢工所受的损失等项条件。

〔15〕沙面当时是英法帝国主义在广州的租界。一九二四年七月,统治沙面的帝国主义者颁布新警律,规定沙面的中国人出入租界必须携带贴有本人相片的执照,在租界内行动必须受各种苛刻的限制,但是外国人却可以自由出入活动。沙面工人于七月十五日宣告罢工,抗议这些无理措施。这次沙面罢工迫使英法帝国主义者取消了新警律。

〔16〕指一九二五年六月一日开始的上海大罢工和六月十九日开始的香港大罢工。这两处罢工是当时全国反帝爱国运动的支柱。前者有二十多万工人参加,坚持了三四个月;后者有二十五万工人参加,坚持了一年零四个月,是截至当时为止的世界工人运动史中时间最长的一次罢工。

〔17〕三合会、哥老会、大刀会、在理会、青帮是旧中国的一些民间秘密团体,参加者主要的是破产农民、失业手工业工人和流氓无产者。这类团体大都用宗教迷信为团聚成员的工具,采取家长制的组织形式,有的还拥有武装。参加这类团体的人,在社会生活中有互相援助的义务,有时还共同反抗压迫他们的地主、官僚和外国侵略者。但是,农民和手工业工人不可能依靠这类团体得到出路。同时,由于这类团体带有严重的封建性和盲目的破坏性,它们又往往容易被反动统治阶级和帝国主义势力所操纵和利用。随着工人阶级力量的壮大和中国共产党的成立,农民和手工业工人在共产党的领导之下逐步地建立了完全新式的群众组织,这类落后的团体就失掉了它们的存在价值。

湖南农民运动考察报告 *

（一九二七年三月）

农民问题的严重性

我这回到湖南[1]，实地考察了湘潭、湘乡、衡山、醴陵、长沙五县的情况。从一月四日起至二月五日止，共三十二天，在乡下，在县城，召集有经验的农民和农运工作同志开调查会，仔细听他们的报告，所得材料不少。许多农民运动的道理，和在汉口、长沙从绅士阶级那里听得的道理，完全相反。许多奇事，则见所未见，闻所未闻。我想这些情形，很多地方都有。所有各种反对农民运动的议论，都必须迅速矫正。革命当局对农民运动的各种错误处置，必须迅速变更。这样，才于革命前途有所补益。因为目前农民运动的兴起是一个极大的问

---

* 毛泽东此文是为了答复当时党内党外对于农民革命斗争的责难而写的。为了这个目的，毛泽东到湖南做了三十二天的考察工作，并写了这一篇报告。当时党内以陈独秀为首的右倾机会主义者，不愿意接受毛泽东的意见，而坚持自己的错误见解。他们的错误，主要是被国民党的反动潮流所吓倒，不敢支持已经起来和正在起来的伟大的农民革命斗争。为了迁就国民党，他们宁愿抛弃农民这个最主要的同盟军，使工人阶级和共产党处于孤立无援的地位。一九二七年春夏国民党之所以敢于叛变，发动"清党运动"和反人民的战争，主要就是乘了共产党的这个弱点。

题。很短的时间内，将有几万万农民从中国中部、南部和北部各省起来，其势如暴风骤雨，迅猛异常，无论什么大的力量都将压抑不住。他们将冲决一切束缚他们的罗网，朝着解放的路上迅跑。一切帝国主义、军阀、贪官污吏、土豪劣绅，都将被他们葬入坟墓。一切革命的党派、革命的同志，都将在他们面前受他们的检验而决定弃取。站在他们的前头领导他们呢？还是站在他们的后头指手画脚地批评他们呢？还是站在他们的对面反对他们呢？每个中国人对于这三项都有选择的自由，不过时局将强迫你迅速地选择罢了。

组　织　起　来

湖南的农民运动，就湘中、湘南已发达的各县来说，大约分为两个时期。去年一月至九月为第一时期，即组织时期。此时期内，一月至六月为秘密活动时期，七月至九月革命军驱逐赵恒惕[2]，为公开活动时期。此时期内，农会会员的人数总计不过三四十万，能直接领导的群众也不过百余万，在农村中还没有什么斗争，因此各界对它也没有什么批评。因为农会会员能作向导，作侦探，作挑夫，北伐军的军官们还有说几句好话的。十月至今年一月为第二时期，即革命时期。农会会员激增到二百万，能直接领导的群众增加到一千万。因为农民入农会大多数每家只写一个人的名字，故会员二百万，群众便有约一千万。在湖南农民全数中，差不多组织了一半。如湘潭、湘乡、浏阳、长沙、醴陵、宁乡、平江、湘阴、衡山、衡阳、耒阳、郴县、安化等县，差不多全体农民都集合在农会的组织中，都立在农会领导之下。农民既已有了广大的组织，便开始行动起来，于是在四个月中造成一个空前的农村大革命。

打倒土豪劣绅，一切权力归农会

农民的主要攻击目标是土豪劣绅，不法地主，旁及各种宗法的思想和制度，城里的贪官污吏，乡村的恶劣习惯。这个攻击的形势，简直是急风暴雨，顺之者存，违之者灭。其结果，把几千年封建地主的特权，打得个落花流水。地主的体面威风，扫地以尽。地主权力既倒，农会便成了唯一的权力机关，真正办到了人们所谓"一切权力归农会"。连两公婆吵架的小事，也要到农民协会去解决。一切事情，农会的人不到场，便不能解决。农会在乡村简直独裁一切，真是"说得出，做得到"。外界的人只能说农会好，不能说农会坏。土豪劣绅，不法地主，则完全被剥夺了发言权，没有人敢说半个不字。在农会威力之下，土豪劣绅们头等的跑到上海，二等的跑到汉口，三等的跑到长沙，四等的跑到县城，五等以下土豪劣绅崽子则在乡里向农会投降。

"我出十块钱，请你们准我进农民协会。"小劣绅说。

"嘻！谁要你的臭钱！"农民这样回答。

好些中小地主、富农乃至中农，从前反对农会的，此刻求入农会不可得。我到各处，常常遇到这种人，这样向我求情："请省里来的委员作保！"

前清地方造丁口册，有正册、另册二种，好人入正册，匪盗等坏人入另册。现在有些地方的农民便拿了这事吓那些从前反对农会的人："把他们入另册!"

那些人怕入另册,便多方设法求入农会,一心要想把他们的名字写上那农会的册子才放心。但他们往往遭农会严厉拒绝,所以他们总是悬心吊胆地过日子;摈在农会的门外,好像无家可归的样子,乡里话叫做"打零"。总之,四个月前被一般人看不起的所谓"农民会",现在却变成顶荣耀的东西。从前拜倒在绅士权力下面的人,现在却拜倒在农民权力之下。无论什么人,都承认去年十月以前和十月以后是两个世界。

"糟得很"和"好得很"

农民在乡里造反,搅动了绅士们的酣梦。乡里消息传到城里来,城里的绅士立刻大哗。我初到长沙时,会到各方面的人,听到许多的街谈巷议。从中层以上社会至国民党右派,无不一言以蔽之曰:"糟得很。"即使是很革命的人吧,受了那班"糟得很"派的满城风雨的议论的压迫,他闭眼一想乡村的情况,也就气馁起来,没有法子否认这"糟"字。很进步的人也只是说:"这是革命过程中应有的事,虽则是糟。"总而言之,无论什么人都无法完全否认这"糟"字。实在呢,如前所说,乃是广大的农民群众起来完成他们的历史使命,乃是乡村的民主势力起来打翻乡村的封建势力。宗法封建性的土豪劣绅,不法地主阶级,是几千年专制政治的基础,帝国主义、军阀、贪官污吏的墙脚。打翻这个封建势力,乃是国民革命的真正目标。孙中山先生致力国民革命凡四十年,所要做而没有做到的事,农民在几个月内做到了。这是四十年乃至几千年未曾成就过的奇勋。这是好得很。完全没有什么"糟",完全不是什么"糟得很"。"糟得很",明明是站在地主利益方面打击农民起来的理论,明明是地主阶级企图保存封建旧秩序,阻碍建设民主新秩序的理论,明明是反革命的理论。每个革命的同志,都不应该跟着瞎说。你若是一个确定了革命观点的人,而且是跑到乡村里去看过一遍的,你必定觉到一种从来未有的痛快。无数万成群的奴隶——农民,在那里打翻他们的吃人的仇敌。农民的举动,完全是对的,他们的举动好得很!"好得很"是农民及其他革命派的理论。一切革命同志须知:国民革命需要一个大的农村变动。辛亥革命[3]没有这个变动,所以失败了。现在有了这个变动,乃是革命完成的重要因素。一切革命同志都要拥护这个变动,否则他就站到反革命立场上去了。

所谓"过分"的问题

又有一般人说:"农会虽要办,但是现在农会的举动未免太过分了。"这是中派的议论。实际怎样呢?的确的,农民在乡里颇有一点子"乱来"。农会权力无上,不许地主说话,把地主的威风扫光。这等于将地主打翻在地,再踏上一只脚。"把你入另册!"向土豪劣绅罚款捐款,打轿子。反对农会的土豪劣绅的家里,一群人涌进去,杀猪出谷。土豪劣绅的小姐少奶奶的牙床上,也可以踏上去滚一滚。动不动捉人戴高帽子游乡,"劣绅!今天认得我们!"为所欲为,一切反常,竟在乡村造成一种恐怖现象。这就是一些人的所谓"过分",所谓"矫枉过正",所谓"未免太不成话"。这派议论貌似有理,其实也是错的。第一，上述那些事，都是土豪劣绅、不法地主自己逼出来的。土豪劣绅、不法地主，历来凭借势力称霸，践踏农民，农民才有这种很大的反抗。凡是反抗最力、乱子闹得最大的地方，都是土豪劣绅、不法地主为恶最甚的地方。农民的眼睛，全然没有错的。谁个劣，谁个不劣，谁个最甚，谁个稍次，谁个惩办要严，谁个处罚从轻，农民都有极明白的计算，罚不当罪的极少。第二，革命不是请客吃饭，不是做文章，不是绘画绣花，不能那样雅致，那样从容不迫，文质彬彬，那样温良恭俭让。革命是暴动，是一个阶级推翻一个阶级的暴烈的行动。农村革命是农民阶级推翻封建地主阶级的权力的革命。农民若不用极大的力量，决不能推翻几千年根深蒂固的地主权力。农村中须有一个大的革命热潮，才能鼓动成千成万的群众，形成一个大的力量。上面所述那些所谓"过分"的举动，都是农民在乡村中由大的革命热潮鼓动出来的力量所造成的。这些举动，在农民运动第二时期（革命时期）是非常之需要的。在第二时期内，必须建立农民的绝对权力。必须不准人恶意地批评农会。必须把一切绅权都打倒，把绅士打在地下，甚至用脚踏上。所有一切所谓"过分"的举动，在第二时期都有革命的意义。质言之，每个农村都必须造成一个短时期的恐怖现象，非如此决不能镇压农村反革命派的活动，决不能打倒绅权。矫枉必须过正，不过正不能矫枉[4]。这一派的议论，表面上和前一派不同，但其实质则和前一派同站在一个观点上，依然是拥护特权阶级利益的地主理论。这种理论，阻碍农民运动的兴起，其结果破坏了革命，我们不能不坚决地反对。

所谓"痞子运动"

国民党右派说:"农民运动是痞子运动,是惰农运动。"这种议论,在长沙颇盛行。我跑到乡下,听见绅士们说:"农民协会可以办,但是现在办事人不行,要换人啦!"这种议论,和右派的话是一个意思,都是说农运可做(因农民运动已起来,无人敢说不可做),但是现在做农运的人不行,尤其痛恨下级农民协会办事人,说他们都是些"痞子"。总而言之,一切从前为绅士们看不起的人,一切被绅士们打在泥沟里,在社会上没有了立足地位,没有了发言权的人,现在居然伸起头来了。不但伸起头,而且掌权了。他们在乡农民协会(农民协会的最下级)称王,乡农民协会在他们手里弄成很凶的东西了。他们举起他们那粗黑的手,加在绅士们头上了。他们用绳子捆绑了劣绅,给他戴上高帽子,牵着游乡(湘潭、湘乡叫游团,醴陵叫游垅)。他们那粗重无情的斥责声,每天都有些送进绅士们的耳朵里去。他们发号施令,指挥一切。他们站在一切人之上——从前站在一切人之下,所以叫做反常。

革　命　先　锋

对于一件事或一种人,有相反的两种看法,便出来相反的两种议论。"糟得很"和"好得很","痞子"和"革命先锋",都是适例。

前面说了农民成就了多年未曾成就的革命事业,农民做了国民革命的重要工作。但是这种革命大业,革命重要工作,是不是农民全体做的呢? 不是的。农民中有富农、中农、贫农三种。三种状况不同,对于革命的观感也各别。当第一时期,富农耳里听得的是所谓江西一败如水,蒋介石打伤了脚[5],坐飞机回广东[6]了。吴佩孚[7]重新占了岳州。农民协会必定立不久,三民主义[8]也兴不起,因为这是所谓从来没有的东西。乡农民协会的办事人(多属所谓"痞子"之类),拿了农会的册子,跨进富农的大门,对富农说:"请你进农民协会。"富农怎样回答呢?"农民协会吗? 我在这里住了几十年,种了几十年田,没有见过什么农民协会,也吃饭。我劝你们不办的好!"富农中态度好点的这样说。"什么农民协会,砍脑壳会,莫害人!"富农中态度恶劣的这样说。新奇得很,农民协会居然成立了好几个月,而且敢于反对绅士。邻近的绅士因为不肯缴鸦片枪,被农民协会捉了去游乡。县城里并且杀了大绅士,例如湘潭的晏容秋,宁乡的杨致泽。十月革命纪念大会,反英大会,北伐胜利总庆祝,每乡都有上万的农民举起大小旗帜,杂以扁担锄头,浩浩荡荡,出队示威。这时,富农才开始惶惑起来。在北伐胜利总庆祝中,他们听见说,九江也打开了,蒋介石没有伤脚,吴佩孚究竟打败了。而且"三民主义万岁","农民协会万岁","农民万岁"等等,明明都写在"红绿告示"(标语)上面。"农民万岁,这些人也算作万岁吗?"富农表示很大的惶惑。农会于是神气十足了。农会的人对富农说:"把你们入另册!"或者说:"再过一个月,入会的每人会费十块钱!"在这样的形势之下,富农才慢慢地进了农会[9],有些是缴过五角钱或一块钱(本来只要一百钱)入会费的,有些是托人说情才邀了农会允许的。亦有好些顽固党,至今还没有入农会。富农入会,多把他那家里一个六七十岁的老头子到农会去上一个名字,因为他们始终怕"抽丁"。入会后,也并不热心替农会做事。他们的态度始终是消极的。

中农呢? 他们的态度是游移的。他们想到革命对他们没有什么大的好处。他们锅里有米煮,没有人半夜里敲门来讨账。他们也根据从来有没有的道理,独自皱着眉头在那里想:"农民协会果然立得起来吗?""三民主义果然兴得起来吗?"他们的结论是:"怕未必!"他们以为这全决于天意:"办农民会,晓得天意顺不顺咧?"在第一时期内,农会的人拿了册子,进了中农的门,对着中农说道:"请你加入农民协会!"中农回答道:"莫性急啦!"一直到第二时期,农会势力大盛,中农方加入农会。他们在农会的表现比富农好,但暂时还不甚积极,他们还要看一看。农会争取中农入会,向他们多作解释工作,是完全必要的。

乡村中一向苦战奋斗的主要力量是贫农。从秘密时期到公开时期,贫农都在那里积极奋斗。他们最听共产党的领导。他们和土豪劣绅是死对头,他们毫不迟疑地向土豪劣绅营垒进攻。他们对着富农说:"我们早进了农会,你们为什么还迟疑?"富农带着讥笑的声调说道:"你们上无片瓦,下无插针之地,有什么不进农会!"的确,贫农们不怕失掉什么。他们中间有很多人,确实是"上无片瓦,下无插针之地",他们有什么不进农会? 据长沙的调查:乡村人口中,贫农占百分之七十,中农占百分之二十,地主和富农占百分之十。百分之七十的贫农中,又分赤贫、次贫二类。全然无业,即既无土地,又无资金,完全失去生活依据,不得不出外当兵,或出去做工,或打流当乞丐的,都是"赤贫",占百分之二十。半无业,即略有土地,或略有资金,但吃的多,收的少,终年在劳碌愁苦中过生活的,如手工工人、佃农(富佃除外)、半自耕农〔10〕等,都是"次贫",占百分之五十。这个贫农大群众,合共占乡村人口百分之七十,乃是农民协会的中坚,打倒封建势力的先锋,成就那多年未曾成就的革命大业的元勋。没有贫农阶级(照绅士的话说,没有"痞子"),决不能造成现时乡村的革命状态,决不能打倒土豪劣绅,完成民主革命。贫农,因为最革命,所以他们取得了农会的领导权。所有最下一级农民协会的委员长、委员,在第一第二两个时期中,几乎全数是他们(衡山县乡农民协会职员,赤贫阶层占百分之五十,次贫阶层占百分之四十,穷苦知识分子占百分之十)。这个贫农领导,是非常之需要的。没有贫农,便没有革命。若否认他们,便是否认革命。若打击他们,便是打击革命。他们的革命大方向始终没有错。他们损伤了土豪劣绅的体面。他们打翻了大小土豪劣绅在地上,并且踏上一只脚。他们在革命期内的许多所谓"过分"举动,实在正是革命的需要。湖南有些县的县政府、县党部〔11〕和县农会,已经做了若干错处,竟有循地主之请,派兵拘捕下级农会职员的。衡山、湘乡二县的监狱里,关了好多个乡农民协会委员长、委员。这个错误非常之大,助长了反动派的气焰。只要看拘捕了农民协会委员长、委员,当地的不法地主们便大高兴,反动空气便大增高,就知道这事是否错误。我们要反对那些所谓"痞子运动"、"惰农运动"的反革命议论,尤其要注意不可做出帮助土豪劣绅打击贫农阶级的错误行动。事实上,贫农领袖中，从前虽有些确是有缺点的，但是现在多数都变好了。他们自己在那里努力禁牌赌，清盗匪。农会势盛地方，牌赌禁绝，盗匪潜踪。有些地方真个道不拾遗，夜不闭户。据衡山的调查，贫农领袖百人中八十五人都变得很好，很能干，很努力。只有百分之十五，尚有些不良习惯。这只能叫做"少数不良分子"，决不能跟着土豪劣绅的口白，笼统地骂"痞子"。要解决这"少数不良分子"的问题，也只能在农会整顿纪律的口号之下，对群众做宣传，对他们本人进行训练，把农会的纪律整好，决不能随便派兵捉人，损害贫农阶级的威信，助长土豪劣绅的气势。这一点是非常要注意的。

十　四　件　大　事

一般指摘农会的人说农会做了许多坏事。我在前面已经指出，农民打土豪劣绅这件事完全是革命行为，并没有什么可指摘。但是农民所做的事很多，为了答复人们的指摘，我们须得把农民所有的行动过细检查一遍，逐一来看他们的所作所为究竟是怎么样。我把几个月来农民的行动分类总计起来，农民在农民协会领导之下总共作了十四件大事，如下所记。

第一件　将农民组织在农会里

这是农民所做的第一件大事。像湘潭、湘乡、衡山这样的县，差不多所有的农民都组织起来了，几乎没有哪一只"角暗里"的农民没有起来，这是第一等。有些县，农民组织起来了一大部分，尚有一小部分没有组织，如益阳、华容等县，这是第二等。有些县，农民组织起来了一小部分，大部分尚未组织起来，如城步、零陵等县，这是第三等。湘西一带，在袁祖铭[12]势力之下，农会宣传未到，许多县的农民还全未组织起来，这是第四等。大概以长沙为中心的湘中各县最发展，湘南各县次之，湘西还在开始组织中。据去年十一月省农民协会统计，全省七十五县中，三十七县有了组织，会员人数一百三十六万七千七百二十七人。此数中，约有一百万是去年十月、十一月两个月内农会势力大盛时期组织的，九月以前还不过三四十万人。现又经过十二月、一月两个月，农民运动正大发展。截至一月底止，会员人数至少满了二百万。因入会一家多只登记一人，平均每家以五口计，群众便约有一千万。这种惊人的加速度的发展，是所以使一切土豪劣绅贪官污吏孤立，使社会惊为前后两个世界，使农村造成大革命的原因。这是农民在农民协会领导之下所做的第一件大事。

第二件　政治上打击地主

农民有了组织之后，第一个行动，便是从政治上把地主阶级特别是土豪劣绅的威风打下去，即是从农村的社会地位上把地主权力打下去，把农民权力长上来。这是一个极严重极紧要的斗争。这个斗争是第二时期即革命时期的中心斗争。这个斗争不胜利，一切减租减息，要求土地及其他生产手段等等的经济斗争，决无胜利之可能。湖南许多地方，像湘乡、衡山、湘潭等县，地主权力完全推翻，形成了农民的独一权力，自无问题。但是醴陵等县,尚有一部分地方(如醴陵之西南两区),表面上地主权力低于农民权力,实际上因为政治斗争不激烈,地主权力还隐隐和农民权力对抗。这些地方,还不能说农民已得了政治的胜利,还须加劲作政治斗争,至地主权力被农民完全打下去为止。综计农民从政治上打击地主的方法有如下各项:

清算。土豪劣绅经手地方公款,多半从中侵蚀,账目不清。这回农民拿了清算的题目,打翻了很多的土豪劣绅。好多地方组织了清算委员会,专门向土豪劣绅算账,土豪劣绅看了这样的机关就打颤。这样的清算运动,在农民运动起来的各县做得很普遍,意义不重在追回款子,重在宣布土豪劣绅的罪状,把土豪劣绅的政治地位和社会地位打下去。

罚款。清算结果,发现舞弊,或从前有鱼肉农民的劣迹,或现在有破坏农会的行为,或违禁牌赌,或不缴烟枪。在这些罪名之下,农民议决,某土豪罚款若干,某劣绅罚款若干,自数十元至数千元不等。被农民罚过的人,自然体面扫地。

捐款。向为富不仁的地主捐款救济贫民,办合作社,办农民贷款所,或作他用。捐款也是一种惩罚,不过较罚款为轻。地主为免祸计,自动地捐款给农会的,亦颇不少。

小质问。遇有破坏农会的言论行动而罪状较轻的,则邀集多人涌入其家,提出比较不甚严重的质问。结果,多要写个"休息字",写明从此终止破坏农会名誉的言论行动了事。

大示威。统率大众,向着和农会结仇的土豪劣绅示威,在他家里吃饭,少不得要杀猪出谷,此类事颇不少。最近湘潭马家河,有率领一万五千群众向六个劣绅问罪,延时四日,杀猪百三十余个的事。示威的结果，多半要罚款。

戴高帽子游乡。这种事各地做得很多。把土豪劣绅戴上一顶纸扎的高帽子，在那帽子上面写上土豪某某或劣绅某某字样。用绳子牵着，前后簇拥着一大群人。也有敲打铜锣，高举旗帜，引人注目的。这种处罚，最使土豪劣绅颤栗。戴过一次高帽子的，从此颜面扫地，做不起人。故有钱的多愿罚款，不愿戴高帽子。但农民不依时，还是要戴。有一个乡农会很巧妙，捉了一个劣绅来，声言今天要给他戴高帽子。劣绅于是吓黑了脸。但是，农会议决，今天不给他戴高帽子。因为今天给他戴过了，这劣绅横了心，不畏罪了，不如放他回去，等日再戴。那劣绅不知何日要戴高帽子，每日在家放心不下，坐卧不宁。

关进县监狱。这是比戴高帽子更重的罪。把土豪劣绅捉了，送进知事公署的监狱，关起来，要知事办他的罪。现在监狱里关人和从前两样，从前是绅士送农民来关，现在是农民送绅士来关。

驱逐。土豪劣绅中罪恶昭著的，农民不是要驱逐，而是要捉他们，或杀他们。他们怕捉怕杀，逃跑出外。重要的土豪劣绅，在农民运动发达县份，几乎都跑光了，结果等于被驱逐。他们中间，头等的跑到上海，次等的跑到汉口，三等的跑到长沙，四等的跑到县城。这些逃跑的土豪劣绅，以逃到上海的为最安全。逃到汉口的，如华容的三个劣绅，终被捉回。逃到长沙的，更随时有被各县旅省学生捕获之虞，我在长沙就亲眼看见捕获两个。逃到县城的，资格已是第四等了，农民耳目甚多，发觉甚易。湖南政府财政困难，财政当局曾归咎于农民驱逐阔人，以致筹款不易，亦可见土豪劣绅不容于乡里之一斑。

枪毙。这必是很大的土豪劣绅，农民和各界民众共同做的。例如宁乡的杨致泽，岳阳的周嘉淦，华容的傅道南、孙伯助，是农民和各界人民督促政府枪毙的。湘潭的晏容秋，则是农民和各界人民强迫县长同意从监狱取出，由农民自己动手枪毙的。宁乡的刘昭，是农民直接打死的。醴陵的彭志蕃，益阳的周天爵、曹云，则正待"审判土豪劣绅特别法庭"判罪处决。这样的大劣绅、大土豪，枪毙一个，全县震动，于肃清封建余孽，极有效力。这样的大土豪劣绅，各县多的有几十个，少的也有几个，每县至少要把几个罪大恶极的处决了，才是镇压反动派的有效方法。土豪劣绅势盛时，杀农民真是杀人不眨眼。长沙新康镇团防局长何迈泉，办团十年，在他手里杀死的贫苦农民将近一千人，美其名曰"杀匪"。我的家乡湘潭县银田镇团防局长汤峻岩、罗叔林二人，民国二年以来十四年间，杀人五十多，活埋四人。被杀的五十多人中，最先被杀的两人是完全无罪的乞丐。汤峻岩说："杀两个叫化子开张！"这两个叫化子就是这样一命呜呼了。以前土豪劣绅的残忍，土豪劣绅造成的农村白色恐怖是这样，现在农民起来枪毙几个土豪劣绅，造成一点小小的镇压反革命派的恐怖现象，有什么理由说不应该？

第三件　经济上打击地主

不准谷米出境，不准高抬谷价，不准囤积居奇。这是近月湖南农民经济斗争上一件大事。从去年十月至现在，贫农把地主富农的谷米阻止出境,并禁止高抬谷价和囤积居奇。结果,贫农的目的完全达到,谷米阻得水泄不通,谷价大减,囤积居奇的绝迹。

不准加租加押,宣传减租减押。去年七八月间,农会还在势力弱小时期,地主依然按照剥削从重老例,纷纷通知佃农定要加租加押。但是到了十月,农会势力大增,一致反对加租加押,地主便不敢再提加租加押四字。及至十一月后,农民势力压倒地主势力,农民乃进一步宣传减租减押。农民说:可惜去秋交租时农会尚无力量,不然去秋就减了租了。对于今秋减租,农民正大做宣传,地主们亦在问减租办法。至于减押,衡山等县目下已在进行。

不准退佃。去年七八月间,地主还有好多退佃另佃的事。十月以后,无人敢退佃了。现在退佃另佃已完全不消说起,只有退佃自耕略有点问题。有些地方,地主退佃自耕,农民也不准。有些地方,地主如自耕,可以允许退佃,但同时发生了佃农失业问题。此问题尚无一致的解决办法。

减息。安化已普遍地减了息,他县亦有减息的事。惟农会势盛地方,地主惧怕"共产",完全"卡借",农村几无放债的事。此时所谓减息,限于旧债。旧债不仅减息,连老本也不许债主有逼取之事。贫农说:"怪不得,年岁大了,明年再还吧!"

第四件　推翻土豪劣绅的封建统治
——打倒都团

旧式的都团(即区乡)政权机关,尤其是都之一级,即接近县之一级，几乎完全是土豪劣绅占领。"都"管辖的人口有一万至五六万之多，有独立的武装如团防局，有独立的财政征收权如亩捐[13]等，有独立的司法权如随意对农民施行逮捕、监禁、审问、处罚。这样的机关里的劣绅，简直是乡里王。农民对政府如总统、督军[14]、县长等还比较不留心，这班乡里王才真正是他们的"长上"，他们鼻子里哼一声，农民晓得这是要十分注意的。这回农村造反的结果，地主阶级的威风普遍地打下来，土豪劣绅把持的乡政机关，自然跟了倒塌。都总团总[15]躲起不敢出面，一切地方上的事都推到农民协会去办。他们应付的话是：

"不探（管）闲事！"

农民们相与议论，谈到都团总，则愤然说：

"那班东西么，不作用了！"

"不作用"三个字，的确描画了经过革命风潮地方的旧式乡政机关。

第五件　推翻地主武装，建立农民武装

湖南地主阶级的武装，中路较少，西南两路较多。平均每县以六百枝步枪计，七十五县共有步枪四万五千枝，事实上或者还要多。农民运动发展区域之中南两路，因农民起来形势甚猛，地主阶级招架不住，其武装势力大部分投降农会，站在农民利益这边，例如宁乡、平江、浏阳、长沙、醴陵、湘潭、湘乡、安化、衡山、衡阳等县。小部分站在中立地位，但倾向于投降，例如宝庆等县。再一小部分则站在和农会敌对地位，例如宜

章、临武、嘉禾等县，但现时农民正在加以打击，可能于不久时间消灭其势力。这样由反动的地主手里拿过来的武装，将一律改为"挨户团常备队"[16]，放在新的乡村自治机关——农民政权的乡村自治机关管理之下。这种旧武装拿过来，是建设农民武装的一方面。建设农民武装另有一个新的方面，即农会的梭镖队。梭镖——一种接以长柄的单尖两刃刀，单湘乡一县有十万枝。其他各县，如湘潭、衡山、醴陵、长沙等，七八万枝、五六万枝、三四万枝不等。凡有农民运动各县，梭镖队便迅速地发展。这种有梭镖的农民，将成为"挨户团非常备队"。这个广大的梭镖势力，大于前述旧武装势力，是使一切土豪劣绅看了打颤的一种新起的武装力量。湖南的革命当局，应使这种武装力量确实普及于七十五县二千余万农民之中，应使每个青年壮年农民都有一柄梭镖，而不应限制它，以为这是可以使人害怕的东西。若被这种梭镖队吓翻了，那真是胆小鬼！只有土豪劣绅看了害怕，革命党决不应该看了害怕。

第六件　推翻县官老爷衙门差役的政权

县政治必须农民起来才能澄清，广东的海丰已经有了证明。这回在湖南，尤其得到了充分的证明。在土豪劣绅霸占权力的县，无论什么人去做知事，几乎都是贪官污吏。在农民已经起来的县，无论什么人去，都是廉洁政府。我走过的几县，知事遇事要先问农民协会。在农民势力极盛的县，农民协会说话是"飞灵的"。农民协会要早晨捉土豪劣绅，知事不敢挨到中午，要中午捉，不敢挨到下午。农民的权力在乡间初涨起来的时候,县知事和土豪劣绅是勾结一起共同对付农民的。在农民的权力涨至和地主权力平行的时候,县知事取了向地主农民两边敷衍的态度,农民协会的话,有一些被他接受,有一些被他拒绝。上头所说农会说话飞灵,是在地主权力被农民权力完全打下去了的时候。现在像湘乡、湘潭、醴陵、衡山等县的县政治状况是:

(一)凡事取决于县长和革命民众团体的联合会议。这种会议,由县长召集,在县署开。有些县名之曰"公法团联席会议",有些县名之曰"县务会议"。出席的人,县长以外,为县农民协会、县总工会、县商民协会、县女界联合会、县教职员联合会、县学生联合会以及国民党县党部[17]的代表们。在这样的会议里,各民众团体的意见影响县长,县长总是唯命是听。所以,在湖南采用民主的委员制县政治组织,应当是没有问题的了。现在的县政府,形式和实质,都已经是颇民主的了。达到这种形势,是最近两三个月的事,即农民从四乡起来打倒了土豪劣绅权力以后的事。知事看见旧靠山已倒,要做官除非另找靠山,这才开始巴结民众团体,变成了上述的局面。

(二)承审员没有案子。湖南的司法制度,还是知事兼理司法,承审员助知事审案。知事及其僚佐要发财,全靠经手钱粮捐派,办兵差和在民刑诉讼上颠倒敲诈这几件事,尤以后一件为经常可靠的财源。几个月来,土豪劣绅倒了,没有了讼棍。农民的大小事,又一概在各级农会里处理。所以,县公署的承审员,简直没有事做。湘乡的承审员告诉我:"没有农民协会以前,县公署平均每日可收六十件民刑诉讼禀帖;有农会后,平均每日只有四五件了。"于是知事及其僚佐们的荷包,只好空着。

（三）警备队、警察、差役，一概敛迹，不敢下乡敲诈。从前乡里人怕城里人，现在城里人怕乡里人。尤其是县政府豢养的警察、警备队、差役这班恶狗，他们怕下乡，下乡也不敢再敲诈。他们看见农民的梭镖就发抖。

第七件　推翻祠堂族长的族权和城隍土地菩萨的神权以至丈夫的男权

中国的男子，普通要受三种有系统的权力的支配，即：（一）由一国、一省、一县以至一乡的国家系统（政权）；（二）由宗祠、支祠以至家长的家族系统（族权）；（三）由阎罗天子、城隍庙王以至土地菩萨的阴间系统以及由玉皇上帝以至各种神怪的神仙系统——总称之为鬼神系统（神权）。至于女子，除受上述三种权力的支配以外，还受男子的支配（夫权）。这四种权力——政权、族权、神权、夫权，代表了全部封建宗法的思想和制度，是束缚中国人民特别是农民的四条极大的绳索。农民在乡下怎样推翻地主的政权，已如前头所述。地主政权，是一切权力的基干。地主政权既被打翻，族权、神权、夫权便一概跟着动摇起来。农会势盛地方，族长及祠款经管人不敢再压迫族下子孙，不敢再侵蚀祠款。坏的族长、经管，已被当作土豪劣绅打掉了。从前祠堂里"打屁股"、"沉潭"、"活埋"等残酷的肉刑和死刑，再也不敢拿出来了。女子和穷人不能进祠堂吃酒的老例，也被打破。衡山白果地方的女子们，结队拥入祠堂，一屁股坐下便吃酒，族尊老爷们只好听她们的便。又有一处地方,因禁止贫农进祠堂吃酒,一批贫农拥进去,大喝大嚼,土豪劣绅长褂先生吓得都跑了。神权的动摇,也是跟着农民运动的发展而普遍。许多地方,农民协会占了神的庙宇做会所。一切地方的农民协会,都主张提取庙产办农民学校,做农会经费,名之曰"迷信公款"。醴陵禁迷信、打菩萨之风颇盛行。北乡各区农民禁止家神老爷(傩神)游香。渌口伏波岭庙内有许多菩萨,因为办国民党区党部房屋不够,把大小菩萨堆于一角,农民无异言。自此以后,人家死了人,敬神、做道场、送大王灯的,就很少了。这事,因为是农会委员长孙小山倡首,当地的道士们颇恨孙小山。北三区龙凤庵农民和小学教员,砍了木菩萨煮肉吃。南区东富寺三十几个菩萨都给学生和农民共同烧掉了,只有两个小菩萨名"包公老爷"者,被一个老年农民抢去了,他说:"莫造孽!"在农民势力占了统治地位的地方,信神的只有老年农民和妇女,青年和壮年农民都不信了。农民协会是青年和壮年农民当权,所以对于推翻神权,破除迷信,是各处都在进行中的。夫权这种东西,自来在贫农中就比较地弱一点,因为经济上贫农妇女不能不较富有阶级的女子多参加劳动,所以她们取得对于家事的发言权以至决定权的是比较多些。至近年,农村经济益发破产,男子控制女子的基本条件,业已破坏了。最近农民运动一起,许多地方,妇女跟着组织了乡村女界联合会,妇女抬头的机会已到,夫权便一天一天地动摇起来。总而言之,所有一切封建的宗法的思想和制度,都随着农民权力的升涨而动摇。但是现在时期,农民的精力集中于破坏地主的政治权力这一点。要是地主的政治权力破坏完了的地方,农民对家族神道男女关系这三点便开始进攻了。但是这种进攻,现在到底还在"开始",要完全推翻这三项,还要待农民的经济斗争全部胜利之后。因此,目前我们对农民应该领导他们极力做政治斗争,期于彻底推翻地主权力。并随即开始经济斗争,期于根本解决贫农的土地及其他经济问题。至于家族主义、迷信观念和不正确的男女关系之破坏,乃是政治斗争和经济斗争胜利以后自然而然的结果。若用过大的力量生硬地勉强地从事这些东西的破坏,那就必被土豪劣绅借为口实,提出"农民协会不孝祖宗"、"农民协会欺神灭道"、"农民协会主张共妻"等反革命宣传口号,来破坏农民运动。湖南的湘乡、湖北的阳新,最近都发生地主利用了农民反对打菩萨的事,就是明证。菩萨是农民立起来的,到了一定时期农民会用他们自己的双手丢开这些菩萨,无须旁人过早地代庖丢菩萨。共产党对于这些东西的宣传政策应当是:"引而不发,跃如也。"[18] 菩萨要农民自己去丢,烈女祠、节孝坊要农民自己去摧毁,别人代庖是不对的。

我在乡里也曾向农民宣传破除迷信。我的话是:

"信八字望走好运,信风水望坟山贯气。今年几个月光景,土豪劣绅贪官污吏一齐倒台了。难道这几个月以前土豪劣绅贪官污吏还大家走好运,大家坟山都贯气,这几个月忽然大家走坏运,坟山也一齐不贯气了吗? 土豪劣绅形容你们农会的话是:'巧得很啰,如今是委员世界呀,你看,屙尿都碰了委员。'的确不错,城里、乡里、工会、农会、国民党、共产党无一不有执行委员,确实是委员世界。但这也是八字坟山出的吗? 巧得很! 乡下穷光蛋八字忽然都好了! 坟山也忽然都贯气了! 神明吗? 那是很可敬的。但是不要农民会,只要关圣帝君、观音大士,能够打倒土豪劣绅吗?那些帝君、大士们也可怜,敬了几百年,一个土豪劣绅不曾替你们打倒!现在你们想减租,我请问你们有什么法子,信神呀,还是信农民会?"

我这些话,说得农民都笑起来。

第八件　普及政治宣传

开一万个法政学校,能不能在这样短时间内普及政治教育于穷乡僻壤的男女老少,像现在农会所做的政治教育一样呢?我想不能吧。打倒帝国主义,打倒军阀,打倒贪官污吏,打倒土豪劣绅,这几个政治口号,真是不翼而飞,飞到无数乡村的青年壮年老头子小孩子妇女们的面前,一直钻进他们的脑子里去,又从他们的脑子里流到了他们的嘴上。比如有一群小孩子在那里玩吧,如果你看见一个小孩子对着另一个小孩子鼓眼蹬脚扬手动气时,你就立刻可以听到一种尖锐的声音,那便是:"打倒帝国主义!"

湘潭一带的小孩子看牛时打起架来,一个做唐生智,一个做叶开鑫[19],一会儿一个打败了,一个跟着追,那追的就是唐生智,被追的就是叶开鑫。"打倒列强……"这个歌,街上的小孩子固然几乎人人晓得唱了,就是乡下的小孩子也有很多晓得唱了的。

孙中山先生的那篇遗嘱,乡下农民也有些晓得念了。他们从那篇遗嘱里取出了"自由"、"平等"、"三民主义"、"不平等条约"这些名词,颇生硬地应用在他们的生活上。一个绅士模样的人在路上碰了一个农民,那绅士摆格不肯让路,那农民便愤然说:"土豪劣绅! 晓得三民主义吗?"长沙近郊菜园农民进城卖菜,老被警察欺负。现在,农民可找到武器了,这武器就是三民主义。当警察打骂卖菜农民时,农民便立即抬出三民主义以相抵制,警察没有话说。湘潭一个区的农民协会,为了一件事和一个乡农民协会不和,那乡农民协会的委员长便宣言:"反对区农民协会的不平等条约!"

政治宣传的普及乡村,全是共产党和农民协会的功绩。很简单的一些标语、图画和讲演,使得农民如同每个都进过一下子政治学校一样,收效非常之广而速。据农村工作同志的报告,政治宣传在反英示威、十月革命纪念和北伐胜利总庆祝这三次大的群众集会时做得很普遍。在这些集会里,有农会的地方普遍地举行了政治宣传,引动了整个农村,效力很大。今后值得注意的,就是要利用各种机会,把上述那些简单的口号,内容渐渐充实,意义渐渐明了起来。

第九件　农民诸禁

共产党领导农会在乡下树立了威权,农民便把他们所不喜欢的事禁止或限制起来。最禁得严的便是牌、赌、鸦片这三件。

牌:农会势盛地方,麻雀、骨牌、纸叶子,一概禁绝。

湘乡十四都地方一个区农会,曾烧了一担麻雀牌。

跑到乡间去,什么牌都没有打,犯禁的即刻处罚,一点客气也没有。

赌:从前的"赌痞",现在自己在那里禁赌了,农会势盛地方,和牌一样弊绝风清。

鸦片:禁得非常之严。农会下命令缴烟枪,不敢稍违抗不缴。醴陵一个劣绅不缴烟枪,被捉去游乡。

农民这个"缴枪运动",其声势不弱于北伐军对吴佩孚、孙传芳[20]军队的缴枪。好些革命军军官家里的年尊老太爷,烟瘾极重,靠一杆"枪"救命的,都被"万岁"(劣绅讥诮农民之称)们缴了去。"万岁"们不仅禁种禁吃,还要禁运。由贵州经宝庆、湘乡、攸县、醴陵到江西去的鸦片,被拦截焚烧不少。这一来,和政府的财政发生了冲突。结果,还是省农会为了顾全北伐军饷,命令下级农会"暂缓禁运"。但农民在那里愤愤不乐。

三者以外,农民禁止或限制的东西还有很多,略举之则有:

花鼓。一种小戏,许多地方禁止演唱。

轿子。许多县有打轿子的事,湘乡特甚。农民最恨那些坐轿子的,总想打,但农会禁止他们。办农会的人对农民说:"你们打轿子,反倒替阔人省了钱,轿工要失业,岂非害了自己?"农民们想清了,出了新法子,就是大涨轿工价,以此惩富人。

煮酒熬糖。普遍禁止用谷米煮酒熬糖,糟行糖行叫苦不迭。衡山福田铺地方,不禁止煮酒,但限定酒价于一极小数目,酒店无钱赚,只好不煮了。

猪。限制每家喂猪的数目,因为猪吃去谷米。

鸡鸭。湘乡禁喂鸡鸭,但妇女们反对。衡山洋塘地方限制每家只准喂三个,福田铺地方只准喂五个。好些地方完全禁止喂鸭,因为鸭比鸡更无用,它不仅吃掉谷,而且搓死禾。

酒席。丰盛酒席普遍地被禁止。湘潭韶山地方议决客来吃三牲,即只吃鸡鱼猪。笋子、海带、南粉都禁止吃。衡山则议决吃八碗,不准多一碗。醴陵东三区只准吃五碗,北二区只准吃三荤三素,西三区禁止请春客。湘乡禁止"蛋糕席"——一种并不丰盛的席面。湘乡二都有一家讨媳妇,用了蛋糕席,农民以他不服从禁令,一群人涌进去,搅得稀烂。湘乡的嘉谟镇实行不吃好饮食,用果品祭祖。

牛。这是农民的宝贝。"杀牛的来生变牛",简直成了宗教,故牛是杀不得的。农民没有权力时,只能用宗教观念反对杀牛,没有实力去禁止。农会起来后,权力管到牛身上去了,禁止城里杀牛。湘潭城内从前有六家牛肉店,现在倒了五家,剩下一家是杀病牛和废牛的。衡山全县禁绝了杀牛。一个农民他有一头牛跌脱了脚,问过农会,才敢杀。株洲商会冒失地杀了一头牛,农民上街问罪,罚钱而外,放爆竹赔礼。

游民生活。如打春、赞土地、打莲花落,醴陵议决禁止。各县有禁止的,有自然消灭没人干这些事的。有一种"强告化"又叫"流民"者,平素非常之凶,现在亦只得屈服于农会之下。湘潭韶山地方有个雨神庙,素聚流民,谁也不怕,农会起来,悄悄地走了。同地湖堤乡农会,捉了三个流民挑土烧窑。拜年陋俗,议决禁止。

此外各地的小禁令还很多,如醴陵禁傩神游香,禁买南货斋果送情,禁中元烧衣包,禁新春贴瑞签。湘乡的谷水地方水烟也禁了。二都禁放鞭炮和三眼铳,放鞭炮的罚洋一元二角,放铳的罚洋二元四角。七都和二十都禁做道场。十八都禁送奠仪。诸如此类,不胜枚举,统名之曰农民诸禁。

这些禁令中,包含两个重要意义:第一是对于社会恶习之反抗,如禁牌赌鸦片等。这些东西是跟了地主阶级恶劣政治环境来的,地主权力既倒,这些东西也跟着扫光。第二是对于城市商人剥削之自卫,如禁吃酒席,禁买南货斋果送情等等。因为工业品特贵,农产品特贱,农民极为贫困,受商人剥削厉害,不得不提倡节俭,借以自卫。至于前述之农民阻谷出境,是因为贫农自己粮食不够吃,还要向市上买,所以不许粮价高涨。这都是农民贫困和城乡矛盾的缘故,并非农民拒绝工业品和城乡贸易,实行所谓东方文化主义[21]。农民为了经济自卫,必须组织合作社,实行共同买货和消费。还须政府予以援助,使农民协会能组织信用(放款)合作社。如此,农民自然不必以阻谷为限制食粮价格的方法,也不会以拒绝某些工业品入乡为经济自卫的方法了。

第十件　清　匪

从禹汤文武起吧,一直到清朝皇帝,民国总统,我想没有哪一个朝代的统治者有现在农民协会这样肃清盗匪的威力。什么盗匪,在农会势盛地方,连影子都不见了。巧得很,许多地方,连偷小菜的小偷都没有了。有些地方,还有小偷。至于土匪,则我所走过的各县全然绝了迹,哪怕从前是出土匪很多的地方。原因:一是农会会员漫山遍野,梭镖短棍一呼百应,土匪无处藏踪。二是农民运动起后,谷子价廉,去春每担六元的,去冬只二元,民食问题不如从前那样严重。三是会党[22]

加入了农会,在农会里公开地合法地逞英雄,吐怨气,"山、堂、香、水"[23]的秘密组织,没有存在的必要了。杀猪宰羊,重捐重罚,对压迫他们的土豪劣绅阶级出气也出够了。四是各军大招兵,"不逞之徒"去了许多。因此,农运一起,匪患告绝。对于这一点,绅富方面也同情于农会。他们的议论是:"农民协会吗? 讲良心话,也有一点点好处。"

对于禁牌、赌、鸦片和清匪,农民协会是博得一般人的同情的。

第十一件　废　苛　捐

全国未统一,帝国主义军阀势力未推翻,农民对政府税捐的繁重负担,质言之,即革命军的军费负担,还是没有法子解除的。但是土豪劣绅把持乡政时加于农民的苛捐如亩捐等,却因农民运动的兴起、土豪劣绅的倒塌而取消,至少也减轻了。这也要算是农民协会的功绩之一。

第十二件　文化运动

中国历来只是地主有文化,农民没有文化。可是地主的文化是由农民造成的,因为造成地主文化的东西,不是别的,正是从农民身上掠取的血汗。中国有百分之九十未受文化教育的人民,这个里面,最大多数是农民。农村里地主势力一倒,农民的文化运动便开始了。试看农民一向痛恶学校,如今却在努力办夜学。"洋学堂",农民是一向看不惯的。我从前做学生时,回乡看见农民反对"洋学堂",也和一般"洋学生"、"洋教习"一鼻孔出气,站在洋学堂的利益上面,总觉得农民未免有些不对。民国十四年在乡下住了半年,这时我是一个共产党员,有了马克思主义的观点,方才明白我是错了,农民的道理是对的。乡村小学校的教材,完全说些城里的东西,不合农村的需要。小学教师对待农民的态度又非常之不好,不但不是农民的帮助者,反而变成了农民所讨厌的人。故农民宁欢迎私塾(他们叫"汉学"),不欢迎学校(他们叫"洋学"),宁欢迎私塾老师,不欢迎小学教员。如今他们却大办其夜学,名之曰农民学校。有些已经举办,有些正在筹备,平均每乡有一所。他们非常热心开办这种学校,认为这样的学校才是他们自己的。夜学经费,提取迷信公款、祠堂公款及其他闲公闲产。这些公款,县教育局要提了办国民学校即是那不合农民需要的"洋学堂",农民要提了办农民学校,争议结果,各得若干,有些地方是农民全得了。农民运动发展的结果,农民的文化程度迅速地提高了。不久的时间内,全省当有几万所学校在乡村中涌出来,不若知识阶级和所谓"教育家"者流,空唤"普及教育",唤来唤去还是一句废话。

第十三件　合作社运动

　　合作社,特别是消费、贩卖、信用三种合作社,确是农民所需要的。他们买进货物要受商人的剥削,卖出农产要受商人的勒抑,钱米借贷要受重利盘剥者的剥削,他们很迫切地要解决这三个问题。去冬长江打仗,商旅路断,湖南盐贵,农民为盐的需要组织合作社的很多。地主"卡借",农民因借钱而企图组织"借贷所"的,亦所在多有。大问题,就是详细的正规的组织法没有。各地农民自动组织的,往往不合合作社的原则,因此做农民工作的同志,总是殷勤地问"章程"。假如有适当的指导,合作社运动可以随农会的发展而发展到各地。

第十四件　修道路,修塘坝

这也是农会的一件功绩。没有农会以前,乡村的道路非常之坏。无钱不能修路,有钱的人不肯拿出来,只好让它坏。略有修理,也当作慈善事业,从那些"肯积阴功"的人家化募几个,修出些又狭又薄的路。农会起来了,把命令发出去,三尺、五尺、七尺、一丈,按照路径所宜,分等定出宽狭,勒令沿路地主,各修一段。号令一出,谁敢不依? 不久时间,许多好走的路都出来了。这却并非慈善事业,乃是出于强迫,但是这一点子强迫实在强迫得还可以。塘坝也是一样。无情的地主总是要从佃农身上取得东西,却不肯花几个大钱修理塘坝,让塘干旱,饿死佃农,他们却只知收租。有了农会,可以不客气地发命令强迫地主修塘坝了。地主不修时,农会却很和气地对地主说道:"好! 你们不修,你们出谷吧,斗谷一工!"地主为斗谷一工划不来,赶快自己修。因此,许多不好的塘坝变成了好塘坝。

总上十四件事,都是农民在农会领导之下做出来的。就其基本的精神说来,就其革命意义说来,请读者们想一想,哪一件不好? 说这些事不好的,我想,只有土豪劣绅们吧! 很奇怪,南昌方面〔24〕传来消息,说蒋介石、张静江〔25〕诸位先生的意见,颇不以湖南农民的举动为然。湖南的右派领袖刘岳峙〔26〕辈,与蒋、张诸公一个意见,都说:"这简直是赤化了!"我想,这一点子赤化若没有时,还成个什么国民革命! 嘴里天天说"唤起民众",民众起来了又害怕得要死,这和叶公好龙〔27〕有什么两样!

注　释

〔1〕湖南是当时全国农民运动的中心。

〔2〕赵恒惕(一八八〇——一九七一),湖南衡山人。一九二〇年以后,他是统治湖南的军阀。一九二六年三月,在湖南人民掀起反赵高潮的形势下,被迫辞去湖南省长的职务。同年七月至九月,他的旧部被北伐军击溃。

〔3〕辛亥革命是以孙中山为首的资产阶级革命团体同盟会所领导的推翻清朝专制王朝的革命。一九一一年(辛亥年)十月十日,革命党人发动新军在湖北武昌举行起义,接着各省响应,外国帝国主义所支持的清朝反动统治迅速瓦解。一九一二年一月在南京成立了中华民国临时政府,孙中山就任临时大总统。统治中国两千多年的君主专制制度从此结束,民主共和国的观念从此深入人心。但是资产阶级革命派力量很弱,并具有妥协性,没有能力发动广大人民的力量比较彻底地进行反帝反封建的革命。辛亥革命的成果迅即被北洋军阀袁世凯篡夺,中国仍然没有摆脱半殖民地、半封建的状态。

〔4〕"矫枉过正"是一句成语,原意是纠正错误而超过了应有的限度。但旧时有人常用这句话去拘束人们的活动,要人们只在修正旧成规的范围内活动,而不许完全破坏旧成规。在修正旧成规的范围内活动,叫做合乎"正",如果完全破坏旧成规,就叫做"过正"。这也正是改良派和革命队伍内机会主义者的理论。毛泽东在这里驳斥了这类改良派的理论。这里说"矫枉必须过正,不过正不能矫枉",就是说,要终结旧的封建秩序,必须用群众的革命方法,而不是用修正的——改良的方法。

〔5〕一九二六年九月北伐军进军江西的时候,排斥共产党人的蒋介石嫡系部队打了败仗。许多报刊刊登消息说蒋介石受了伤。当时蒋介石的反革命面目还没有充分暴露出来,农民群众还认为他是革命的;地主富农则反对他,听到北伐军打败仗和蒋介石受伤的消息后很高兴。一九二七年四月十二日,蒋介石在上海发

动反革命政变,他的反革命面目才完全暴露出来。从这时起,地主富农就对他改取拥护态度了。

〔6〕广东是第一次国内革命战争时期的最早的革命根据地。

〔7〕吴佩孚(一八七四——一九三九),山东蓬莱人,北洋直系军阀首领之一。一九二〇年七月,他打败皖系军阀段祺瑞,开始左右北洋军阀的中央政权,为英美帝国主义的代理人。一九二四年十月,他在军阀混战中失败。一年后再起,到一九二六年北伐战争前,他据有直隶(今河北)南部和湖北、湖南、河南等省。北伐军从广东出发,首先打倒的敌人就是吴佩孚。

〔8〕三民主义是孙中山在中国资产阶级民主革命中提出的民族、民权、民生三个问题的原则和纲领。随着时代的不同,三民主义的内容有新旧的区别。旧三民主义是中国旧民主主义革命的纲领。一九二四年一月,孙中山接受共产党人的建议,在中国国民党第一次全国代表大会上,对三民主义重新作了解释,旧三民主义从此发展为新三民主义。新三民主义包含联俄、联共、扶助农工的三大政策和反对帝国主义、反对封建主义的纲领,是第一次国内革命战争时期中国共产党同国民党合作的政治基础。参见本书第二卷《新民主主义论》第十节。

〔9〕不应当容许富农加入农会。一九二七年时期,农民群众还不知道这一点。

〔10〕见本卷《中国社会各阶级的分析》注〔10〕。

〔11〕指当时的国民党县党部。

〔12〕袁祖铭,贵州军阀,在一九二六年六月至一九二七年一月期间曾经盘据湘西一带。

〔13〕亩捐是当时县、区、乡豪绅政权除抽收原有田赋之外,另行按田亩摊派的一种苛捐。这种捐税连租种地主土地的贫苦农民都要直接负担。

〔14〕督军是北洋军阀统治时期管辖一省的军事首脑。督军大都总揽全省的军事政治大权,对外勾结帝国主义,对内实行地方性的封建军事割据,是一省范围内的独裁者。

〔15〕都总、团总是都、团政权机关的头领。

〔16〕"挨户团"是当时湖南农村武装的一种,它分常备队和非常备队两部分。"挨户"是形容几乎每一户人家都要参加的意思。在一九二七年革命失败以后,许多地方的"挨户团"被地主所夺取,变成了反革命的武装组织。

〔17〕当时在武汉国民党中央领导下的各地国民党县党部,很多是属于执行孙中山联俄、联共、扶助农工三大政策的组织,是共产党人、左派国民党员和其他革命分子的革命联盟。

〔18〕这句话引自《孟子·尽心上》,大意是说善于教人射箭的人,引满了弓,却

不射出去,只摆着跃跃欲动的姿势。毛泽东在这里是借来比喻共产党人应当善于教育和启发农民,使农民自觉地去破除迷信和其他不良的风俗习惯,而不是不顾农民的觉悟程度,靠发号施令代替农民去破除。

〔19〕唐生智是当时站在革命方面参加北伐的一个将军。叶开鑫是当时站在北洋军阀方面反对革命的一个将军。

〔20〕孙传芳(一八八五——一九三五),山东泰安人,北洋直系军阀。一九二五年十一月以后,曾经统治浙江、福建、江苏、安徽、江西五省。他镇压过上海工人的起义。一九二六年九月至十一月间,他的军队主力在江西的南昌、九江一带,被北伐军击溃。

〔21〕东方文化主义,是排斥近代科学文明,标榜和宣扬东方落后的农业生产和封建文化的一种反动思想。

〔22〕会党指哥老会等旧中国民间秘密团体。参见本卷《中国社会各阶级的分析》注〔17〕。

〔23〕山、堂、香、水,是旧中国民间秘密团体的一些宗派的称号。

〔24〕一九二六年十一月至一九二七年三月,蒋介石把国民革命军总司令部设在南昌。蒋介石在南昌集合了国民党右派和一部分北洋军阀的政客,勾结帝国主义,策划反革命的阴谋,形成了与当时的革命中心武汉对抗的局面。

〔25〕张静江(一八七七——一九五〇),浙江湖州人。当时任国民党中央执行委员会常务委员会代理主席,是国民党右派头子之一,为蒋介石设谋划策的人。

〔26〕刘岳峙,湖南国民党右派组织“左社”的头子。一九二七年二月,他被当时还执行革命政策的国民党湖南省党部清洗出党,成为人所共知的反动分子。

〔27〕叶公好龙,见汉朝刘向所作《新序·杂事》:“叶公子高好龙,钩以写龙,凿以写龙,屋室雕文以写龙。于是天龙闻而下之,窥头于牖,施尾于堂。叶公见之,弃而还走,失其魂魄,五色无主。是叶公非好龙也,好夫似龙而非龙者也。”毛泽东在这里用以比喻蒋介石辈口谈革命,实际上畏惧革命,反对革命。

第二次国内革命战争时期

中国的红色政权为什么
能够存在？*

（一九二八年十月五日）

一　国内的政治状况

现在国民党新军阀的统治，依然是城市买办阶级和乡村豪绅阶级的统治，对外投降帝国主义，对内以新军阀代替旧军阀，对工农阶级的经济的剥削和政治的压迫比从前更加厉害。从广东出发的资产阶级民主革命，到半路被买办豪绅阶级篡夺了领导权，立即转向反革命路上，全国工农平民以至资产阶级[1]，依然在反革命统治底下，没有得到丝毫政治上经济上的解放。

国民党新军阀蒋桂冯阎四派[2]，在北京天津没有打下以前，有一个对张作霖[3]的临时的团结。北京天津打下以后，这个团结立即解散，变为四派内部激烈斗争的局面，蒋桂两派且在酝酿战争中。中国内部各派军阀的矛盾和斗争，反映着帝国主义各国的矛盾和斗争。故只要各国帝国主义分裂中国的状况存在，各派军阀就无论如何不能妥协，所有妥协都是暂时

---

　　* 这是毛泽东为中共湘赣边界第二次代表大会写的决议的一部分，原题为《政治问题和边界党的任务》。

的。今天的暂时的妥协，即酝酿着明天的更大的战争。

中国迫切需要一个资产阶级的民主革命，这个革命必须由无产阶级领导才能完成。从广东出发向长江发展的一九二六年到一九二七年的革命，因为无产阶级没有坚决地执行自己的领导权，被买办豪绅阶级夺取了领导，以反革命代替了革命。资产阶级民主革命乃遭遇到暂时的失败。中国无产阶级和农民在此次失败中，受到很大的打击，中国资产阶级（非买办豪绅阶级）也受了打击。但最近数个月来，工农阶级在共产党领导之下的有组织的城市罢工和农村暴动，在南北各地发展起来。军阀军队中的士兵因饥寒而酝酿着很大的不安。同时资产阶级在汪精卫、陈公博一派鼓动之下，亦在沿海沿江各地发展着颇大的改良主义运动[4]。这种运动的发展是新的事实。

中国的民主革命的内容，依国际及中央的指示，包括推翻帝国主义及其工具军阀在中国的统治，完成民族革命，并实行土地革命，消灭豪绅阶级对农民的封建的剥削。这种革命的实际运动，在一九二八年五月济南惨案[5]以后，是一天一天在发展的。

二　中国红色政权[6]发生和存在的原因

一国之内，在四围白色政权的包围中，有一小块或若干小块红色政权的区域长期地存在，这是世界各国从来没有的事。这种奇事的发生，有其独特的原因。而其存在和发展，亦必有相当的条件。第一,它的发生不能在任何帝国主义的国家,也不能在任何帝国主义直接统治的殖民地[7],必然是在帝国主义间接统治的经济落后的半殖民地的中国。因为这种奇怪现象必定伴着另外一件奇怪现象,那就是白色政权之间的战争。帝国主义和国内买办豪绅阶级支持着的各派新旧军阀,从民国元年以来,相互间进行着继续不断的战争,这是半殖民地中国的特征之一。不但全世界帝国主义国家没有一国有这种现象,就是帝国主义直接统治的殖民地也没有一处有这种现象,仅仅帝国主义间接统治的中国这样的国家才有这种现象。这种现象产生的原因有两种,即地方的农业经济(不是统一的资本主义经济)和帝国主义划分势力范围的分裂剥削政策。因为有了白色政权间的长期的分裂和战争,便给了一种条件,使一小块或若干小块的共产党领导的红色区域,能够在四围白色政权包围的中间发生和坚持下来。湘赣边界的割据,就是这许多小块中间的一小块。有些同志在困难和危急的时候,往往怀疑这样的红色政权的存在,而发生悲观的情绪。这是没有找出这种红色政权所以发生和存在的正确的解释的缘故。我们只须知道中国白色政权的分裂和战争是继续不断的,则红色政权的发生、存在并且日益发展,便是无疑的了。第二,中国红色政权首先发生和能够长期地存在的地方,不是那种并未经过民主革命影响的地方,例如四川、贵州、云南及北方各省,而是在一九二六和一九二七两年资产阶级民主革命过程中工农兵士群众曾经大大地起来过的地方,例如湖南、广东、湖北、江西等省。这些省份的许多地方,曾经有过很广大的工会和农民协会的组织,有过工农阶级对地主豪绅阶级和资产阶级的许多经济的政治的斗争。所以广州产生过三天的城市民众政权,而海陆丰、湘东、湘南、湘赣边界、湖北的黄安等地都有过农民的割据[8]。至于此刻的红军,也是由经过民主的政治训练和接受过工农群众影响的国民革命军中分化出来的。那些毫未经过民主的政治训练、毫未接受过工农影响的军队,例如阎锡山、张作霖的军队,此时便决然不能分化出可以造成红军的成分来。第三,小地方民众政权之能否长期地存在,则决定于全国革命形势是否向前发展这一个条件。全国革命形势是向前发展的,则小块红色区域的长期存在,不但没有疑义,而且必然地要作为取得全国政权的许多力量中间的一个力量。全国革命形势若不是继续地向前发展,而有一个比较长期的停顿,则小块红色区域的长期存在是不可能的。现在中国革命形势是跟着国内买办豪绅阶级和国际资产阶级的继续的分裂和战争,而继续地向前发展的。所以,不但小块红色区域的长期存在没有疑义,而且这些红色区域将继续发展,日渐接近于全国政权的取得。第四,相当力量的正式红军的存在,是红色政权存在的必要条件。若只有地方性质的赤卫队[9]而没有正式的红军,则只能对付挨户团[10],而不能对付正式的白色军队。所以虽有很好的工农群众,若没有相当力量的正式武装,便决然不能造成割据局面,更不能造成长期的和日益发展的割据局面。所以"工农武装割据"的思想,是共产党和割据地方的工农群众必须充分具备的一个重要的思想。第五,红色政权的长期的存在并且发展,除了上述条件之外,还须有一个要紧的条件,就是共产党组织的有力量和它的政策的不错误。

三　湘赣边界的割据和八月的失败

　　军阀间的分裂和战争，削弱了白色政权的统治势力。因此，小地方红色政权得以乘时产生出来。但军阀之间的战争不是每天不停的。每当一省或几省之间的白色政权有一个暂时稳定的时候，那一省的统治阶级或几省的统治阶级必然联合起来用尽力量来消灭这个红色政权。在为建立和坚持红色政权所必须的各种条件尚不完备的地方，便有被敌人推倒的危险。本年四月以前乘时而起的许多红色政权，如广州、海陆丰、湘赣边界、湘南、醴陵、黄安各地，都先后受到白色政权的摧残，就是这个道理。四月以后湘赣边界的割据，正值南方统治势力暂时稳定的时候，湘赣两省派来"进剿"的军队，随时都有八九个团以上的兵力，多的到过十八个团。然而我们以不足四个团的兵力和敌人斗争四个月之久，使割据地区一天一天扩大，土地革命一天一天深入，民众政权的组织一天一天推广，红军和赤卫队一天一天壮大，原因就在于湘赣边界的共产党（地方的党和军队的党）的政策是正确的。当时党的特委和军委的政策是：坚决地和敌人作斗争，创造罗霄山脉[11]中段政权，反对逃跑主义；深入割据地区的土地革命；军队党帮助地方党的发展，正规军队帮助地方武装的发展；集中红军相机应付当前之敌，反对分兵，避免被敌人各个击破；割据地区的扩大采取波浪式的推进政策，反对冒进政策。因为这些策略的适当，加上地形之利于斗争，湘赣两省进攻军队之不尽一致，于是才有四月至七月四个月中的各次胜利[12]。虽以数倍于我之敌,不但不能破坏此割据,并且不能阻止此割据的日益扩大,此割据对湘赣两省的影响则有日益加大之势。八月失败,完全在于一部分同志不明了当时正是统治阶级暂时稳定的时候,反而采取统治阶级政治破裂时候的战略,分兵冒进,致边界和湘南同归失败。湖南省委代表杜修经同志不察当时环境,不顾特委、军委及永新县委联席会议的决议,只知形式地执行湖南省委的命令,附和红军第二十九团逃避斗争欲回家乡的意见,其错误实在非常之大。这种失败的形势,因为九月以后特委和军委采取了纠正错误的步骤,而挽救过来了。

四　湘赣边界的割据局面在湘鄂赣三省的地位

以宁冈为中心的湘赣边界工农武装割据,其意义决不限于边界数县,这种割据在湘鄂赣三省工农暴动夺取三省政权的过程中是有很大的意义的。使边界土地革命和民众政权的影响远及于湘赣两省的下游乃至于湖北;使红军从斗争中日益增加其数量和提高其质量,能在将来三省总的暴动中执行它的必要的使命;使各县地方武装即赤卫队和工农暴动队的数量增加质量提高起来,此时能够与挨户团和小量军队作战,将来能够保全边界政权;使地方工作人材逐渐减少依靠红军中工作人材的帮助,能完全自立,以边界的人材任边界的工作,进一步能够供给红军的工作人材和扩大割据区域的工作人材——这些都是边界党在湘鄂赣三省暴动发展中极其重要的任务。

五　经 济 问 题

　　在白色势力的四面包围中,军民日用必需品和现金的缺乏,成了极大的问题。一年以来,边界政权割据的地区,因为敌人的严密封锁,食盐、布匹、药材等日用必需品,无时不在十分缺乏和十分昂贵之中,因此引起工农小资产阶级[13]群众和红军士兵群众的生活的不安,有时真是到了极度。红军一面要打仗,一面又要筹饷。每天除粮食外的五分钱伙食费都感到缺乏,营养不足,病的甚多,医院伤兵,其苦更甚。这种困难,在全国总政权没有取得以前当然是不能免的,但是这种困难的比较地获得解决,使生活比较地好一点,特别是红军的给养使之比较地充足一点,则是迫切地需要的。边界党如不能对经济问题有一个适当的办法,在敌人势力的稳定还有一个比较长的期间的条件下,割据将要遇到很大的困难。这个经济问题的相当的解决,实在值得每个党员注意。

六　军事根据地问题

　　边界党还有一个任务,就是大小五井[14]和九陇两个军事根据地的巩固。永新、酃县、宁冈、遂川四县交界的大小五井山区,和永新、宁冈、茶陵、莲花四县交界的九陇山区,这两个地形优越的地方,特别是既有民众拥护、地形又极险要的大小五井,不但在边界此时是重要的军事根据地,就是在湘鄂赣三省暴动发展的将来,亦将仍然是重要的军事根据地。巩固此根据地的方法：第一，修筑完备的工事；第二，储备充足的粮食；第三，建设较好的红军医院。把这三件事切实做好，是边界党应该努力的。

注　　释

〔1〕毛泽东在这里指的是民族资产阶级。毛泽东在一九三五年十二月作的《论反对日本帝国主义的策略》和一九三九年十二月作的《中国革命和中国共产党》中，对于买办大资产阶级与民族资产阶级的区别，曾作了详细的说明。

〔2〕蒋派指蒋介石派。桂派指广西军阀李宗仁、白崇禧派。冯派指冯玉祥派。阎派指山西军阀阎锡山派。他们曾经联合对张作霖作战，于一九二八年六月占领了北京和天津。

〔3〕张作霖（一八七五——一九二八），辽宁海城人，奉系军阀首领。一九二四年吴佩孚在第二次直奉战争中被打败后，张作霖成为北方最有势力的一个军阀。一九二六年他联合吴佩孚入据北京。一九二八年六月从北京退回东北，在路上被向来利用他做工具的日本帝国主义者所炸死。

〔4〕一九二八年五月济南惨案发生及蒋介石公开对日妥协之后，曾经追随蒋介石参加一九二七年反革命政变的民族资产阶级，有一部分因为自己的利益，开始逐步形成蒋介石政权的在野反派，他们既不满意蒋介石政权的大地主、大资产阶级的反革命统治，又反对无产阶级领导的人民民主革命。他们发动了一个改良主义运动，幻想在革命和反革命两条道路之外，另找一条有利于中国资本主义发展的道路。当时，同蒋介石争权夺利的汪精卫、陈公博等政客，曾在这个运动中进行投机活动，形成了国民党中的所谓"改组派"。

〔5〕一九二八年蒋介石在英美帝国主义支持下，北上攻打张作霖。日本帝国主义为阻止英美势力向北方发展，出兵山东，侵占济南、青岛和胶济路沿线，截断津浦铁路。五月三日，日本侵略军在济南进行大屠杀，在这前后十几天内，共惨杀中国军民数千人。这次屠杀事件被称为"济南惨案"。

〔6〕中国红色政权在组织形式上，和苏联的苏维埃政权是相同的。苏维埃即代表会议，是俄国工人阶级在一九〇五年革命时创造的一种政治制度。列宁根据马克思主义的原理，从巴黎公社和一九〇五年俄国革命的经验中，得出这样的结论：苏维埃是工农革命政府的最好的组织形式，是从资本主义到社会主义的过渡时期中最适当的国家政权的组织形式。一九一七年俄国十月社会主义革命，在布尔什维克党的领导下，第一次在世界上建立了无产阶级专政的社会主义的苏维埃

共和国。在中国，一九二七年革命失败以后，中国共产党以毛泽东为代表所领导的各地人民革命起义，即以代表会议为工农民主政权的组织形式。但是，这时的中国革命仍然处于民主革命阶段，这种政权的性质，是无产阶级领导的反帝反封建的工农民主专政，同苏联的无产阶级专政的政权性质是有区别的。

〔7〕在第二次世界大战期间，原来属于英、美、法、荷各帝国主义统治下的东方许多殖民地，被日本帝国主义者所占领，那里的工人、农民、城市小资产阶级群众及民族资产阶级分子在共产党领导下，利用英、美、法、荷各帝国主义与日本帝国主义的矛盾，组织了反法西斯侵略的广泛统一战线，建立了抗日根据地，进行了艰苦的抗日游击战争，已开始改变了第二次世界大战以前的政治情况。第二次世界大战结束，日本帝国主义被逐出，英、美、法、荷各帝国主义企图继续原来的殖民地统治，但各殖民地人民已在抗日战争中锻炼出了一种相当有力的武装力量，他们不愿意照旧生活下去；而由于苏联的强大，由于除美国以外的一切帝国主义国家在战争中或被推翻或被削弱，更由于中国革命的胜利使帝国主义阵线在中国被突破，因而使整个帝国主义制度已在世界上发生很大的动摇。这样，就使东方各殖民地至少是某些殖民地的人民也和中国差不多一样地有可能长期坚持大小不一的革命根据地和革命政权，有可能长期坚持由乡村包围城市的革命战争，并有可能由此逐步推进而取得城市、取得该殖民地全国范围内的胜利。根据这种新的情况，毛泽东于一九二八年对于在帝国主义直接统治的殖民地条件下这一个问题上所作的观察，已有了改变。

〔8〕这是指一九二七年蒋介石、汪精卫相继叛变革命以后，各地人民在共产党领导下，最初爆发起来的对反革命势力的反击行动。在广州，一九二七年十二月十一日，工人和革命士兵在一部分市郊农民的配合下联合起义，建立过为时三天的人民政权。广东省东部沿海的海丰、陆丰等地的农民，在一九二七年五月和九月举行起义，都曾经建立过革命政权；在这年十月举行的起义中建立的革命政权，一直坚持到一九二八年三月。在湖南省东部，一九二七年九月，起义的农民曾经占据过浏阳、平江、醴陵、株洲一带，醴陵农民并于一九二八年二三月间建立过农村革命政权。湖北省东北部的黄安（今红安）、麻城等地的起义农民，曾经在一九二七年十一月占领黄安县城，建立革命政权二十多天。在湖南省南部，一九二八年一月，宜章、郴县、耒阳、永兴、资兴等县的起义农民，建立过革命政权达三月之久。关于湘赣边的革命斗争，参见本卷《井冈山的斗争》。

〔9〕赤卫队是革命根据地中群众的武装组织，不脱离生产。

〔10〕参见本卷《湖南农民运动考察报告》注〔16〕。

〔11〕罗霄山脉是江西、湖南两省边界的大山脉，井冈山位于罗霄山脉的中段。

〔12〕一九二八年四月，毛泽东率领的军队和朱德率领的军队在井冈山会师

后,合编为工农革命军第四军(六月改称红军第四军)。四五月间,第四军在遂川的五斗江、永新的草市坳和永新城,先后打败江西国民党军队的第二、三次"进剿"。六月二十三日,红四军在宁冈、永新交界的七溪岭和龙源口地区,打败江西敌军第四次"进剿"。江西的国民党军队在遭到多次失败以后,又联合湖南的国民党反动派,调集四个师的兵力,对井冈山发动第一次"会剿"。七月间,"会剿"的敌军先后侵占宁冈、永新、莲花等县城。红四军以两个团的兵力出击湖南敌军后方的酃县,以一个团的兵力对付江西敌军,同时发动广大群众到处包围袭击敌军。结果,湖南敌军仓皇退守茶陵;江西敌军也被围困于永新地区。

〔13〕毛泽东这里所说的小资产阶级,是指农民以外的手工业者、小商人、各种自由职业者和小资产阶级出身的知识分子。中国的这类社会成分主要在城镇,但在乡村中也占有相当数量。参见本卷《中国社会各阶级的分析》和本书第二卷《中国革命和中国共产党》。

〔14〕大小五井山区就是指介于江西西部的永新、宁冈、遂川和湖南东部的酃县四县之间的井冈山,井冈山上有大井、小井、上井、中井、下井等地。

井 冈 山 的 斗 争[*]

（一九二八年十一月二十五日）

湘赣边界的割据和八月失败

　　一国之内，在四围白色政权的包围中间，产生一小块或若干小块的红色政权区域，在目前的世界上只有中国有这种事。我们分析它发生的原因之一，在于中国有买办豪绅阶级间的不断的分裂和战争。只要买办豪绅阶级间的分裂和战争是继续的，则工农武装割据的存在和发展也将是能够继续的。此外，工农武装割据的存在和发展，还需要具备下列的条件：（1）有很好的群众；（2）有很好的党；（3）有相当力量的红军；（4）有便利于作战的地势；（5）有足够给养的经济力。

　　在统治阶级政权的暂时稳定的时期和破裂的时期，割据地区对四围统治阶级必须采取不同的战略。在统治阶级内部发生破裂时期，例如两湖在李宗仁唐生智战争时期^[1]，广东在张发奎李济深战争时期^[2]，我们的战略可以比较地冒进，用军事发展割据的地方可以比较地广大。但是仍然需要注意建立中心区域的坚实基础，以备白色恐怖到来时有所恃而不

　　＊　这是毛泽东写给中共中央的报告。

恐。若在统治阶级政权比较稳定的时期,例如今年四月以后的南方各省,则我们的战略必须是逐渐地推进的。这时在军事上最忌分兵冒进,在地方工作方面(分配土地,建立政权,发展党,组织地方武装)最忌把人力分得四散,而不注意建立中心区域的坚实基础。各地许多小块红色区域的失败,不是客观上条件不具备,就是主观上策略有错误。至于策略之所以错误,全在未曾把统治阶级政权暂时稳定的时期和破裂的时期这两个不同的时期分别清楚。有些同志在统治阶级政权暂时稳定的时期,也主张分兵冒进,甚至主张只用赤卫队[3]保卫大块地方,好像完全不知道敌人方面除了挨户团[4]之外还有正式军队集中来打的一回事。在地方工作方面,则完全不注意建立中心区域的坚实的基础,不顾主观力量的可能,只图无限量的推广。如果遇到什么人在军事方面主张采取逐步推广的政策,在地方工作方面主张集中力量建立中心区域的坚实基础,以求自立于不败之地,则谥之曰"保守主义"。他们的这种错误意见,就是今年八月湘赣边界失败以及同时红军第四军在湘南失败的根本原因。

湘赣边界的工作,从去年十月做起。开头,各县完全没有了党的组织,地方武装只袁文才、王佐各六十枝坏枪在井冈山附近,永新、莲花、茶陵、酃县四县农民自卫军枪枝全数缴给了豪绅阶级,群众革命情绪已经被压下去了。到今年二月,宁冈、永新、茶陵、遂川都有了党的县委,酃县有了特别区委,莲花亦开始建立了党的组织,和万安县委发生了关系。地方武装,除酃县外,各县都有了少数。在宁冈、茶陵、遂川、永新,特别是遂川、永新二县,进行了很多次打倒豪绅、发动群众的游击暴动,成绩都还好。这个时期,土地革命还没有深入。政权机关称为工农兵政府。军中组织了士兵委员会[5]。部队分开行动时,则组织行动委员会指挥之。这时党的高级指导机关,是秋收起义时湖南省委任命的前敌委员会(毛泽东任书记)。三月上旬,前委因湘南特委的要求而取消,改组为师委(何挺颖为书记),变成单管军中党的机关,对地方党不能过问。同时毛部又因湘南特委的要求调往湘南,遂使边界被敌占领者一个多月。三月底湘南失败,四月朱、毛两部及湘南农军退到宁冈,再开始边界的割据。

四月以后,湘赣边界的割据,正值南方统治势力暂时稳定的时候,湘赣两省派来"进剿"的反动军队,至少有八九个团,多的时候到过十八个团。然而我们以不足四个团的兵力,和敌人斗争了四个月之久,使割据地区一天一天扩大,土地革命一天一天深入,民众政权一天一天推广,红军和赤卫队一天一天扩大,原因就在于边界党(地方的党和军队的党)的政策是正确的。当时边界特委(毛泽东为书记)和军委(陈毅为书记)的政策是:坚决地和敌人作斗争,造成罗霄山脉中段政权,反对逃跑主义;深入割据地区的土地革命;军队的党帮助地方党的发展,军队的武装帮助地方武装的发展;对统治势力比较强大的湖南取守势,对统治势力比较薄弱的江西取攻势;用大力经营永新,创造群众的割据,布置长期斗争;集中红军相机迎击当前之敌,反对分兵,避免被敌人各个击破;割据地区的扩大采取波浪式的推进政策,反对冒进政策。因为这些策略的适当,加以边界地形的利于斗争,湘赣两省进攻军队的不尽一致,于是才有四月至七月四个月的各次军事胜利[6]和群众割据的发展。虽以数倍于我之敌，不但不能破坏此割据，且亦不能阻止此割据的发展。此割据对湘赣两省的影响，则有日益扩大之势。八月失败，完全在于一部分同志不明了当时正是统治阶级暂时稳定时期，反而采取在统治阶级破裂时期的政策，分兵向湘南冒进，致使边界和湘南同归失败。湖南省委代表杜修经和省委派充边界特委书记的杨开明，乘力持异议的毛泽东、宛希先诸人远在永新的时候，不察当时的环境，不顾军委、特委、永新县委联席会议不同意湖南省委主张的决议，只知形式地执行湖南省委向湘南去的命令，附和红军第二十九团（成分是宜章农民）逃避斗争欲回家乡的情绪，因而招致边界和湘南两方面的失败。

原来七月中旬，湖南敌人第八军吴尚侵入宁冈，再进永新，求战不得（我军从间道出击不值），畏我群众，仓卒经莲花退回茶陵。这时红军大队正由宁冈进攻酃县、茶陵，并在酃县变计折赴湘南，而江西敌人第三军王均、金汉鼎部五个团，第六军胡文斗部六个团，又协力进攻永新。此时我军只有一个团在永新，在广大群众的掩护之下，用四面游击的方式，将此十一团敌军困在永新县城附近三十里内至二十五天之久。最后因敌人猛攻，才失去永新，随后又失去莲花、宁冈。这时江西敌人忽然发生内讧，胡文斗的第六军仓皇退去，随即和王均的第三军战于樟树。留下的赣军五个团，亦仓皇退至永新城内。设我大队不往湘南，击溃此敌，使割据地区推广至吉安、安福、萍乡，和平江、浏阳衔接起来，是完全有可能的。大队已不在，我一团兵复疲惫不堪，乃决留一部分会同袁、王两部守井冈山，而由我率兵一部往桂东方向迎还大队。此时大队已由湘南退向桂东,八月二十三日我们在桂东得到会合。

红军大队七月中刚到酃县时,第二十九团官兵即因政治动摇,欲回湘南家乡,不受约束;第二十八团反对往湘南,欲往赣南,但也不愿回永新。杜修经导扬第二十九团的错误意见,军委亦未能加以阻止,大队遂于七月十七日由酃县出发,向郴州前进。七月二十四日与敌范石生战于郴州,先胜后败,撤出战斗。第二十九团随即自由行动,跑向宜章家乡,结果一部在乐昌被土匪胡凤章消灭,一部散在郴宜各地,不知所终,当日收集的不过百人。幸主力第二十八团损失不大,于八月十八日占领桂东。二十三日,会合从井冈山来的部队,议决经崇义、上犹重回井冈山。当到崇义时,营长袁崇全率一步兵连一炮兵连叛变,虽然追回了这两个连,但牺牲了团长王尔琢。八月三十日敌湘赣两军各一部乘我军欲归未归之际,攻击井冈山。我守军不足一营,凭险抵抗,将敌击溃,保存了这个根据地。

此次失败的原因是:(1)一部官兵动摇思家,失掉战斗力;一部官兵不愿往湘南,缺乏积极性。(2)盛暑远征,兵力疲惫。(3)从酃县冒进数百里,和边界失去联系,成了孤军。(4)湘南群众未起来,成了单纯的军事冒险。(5)敌情不明。(6)准备不好,官兵不了解作战的意义。

割据地区的现势

今年四月以来,红色区域逐渐推广。六月二十三日龙源口(永新宁冈交界)一战,第四次击破江西敌人之后,我区有宁冈、永新、莲花三个全县，吉安、安福各一小部，遂川北部，酃县东南部，是为边界全盛时期。在红色区域，土地大部分配了，小部在分配中。区乡政权普遍建立。宁冈、永新、莲花、遂川都有县政府，并成立了边界政府。乡村普遍组织了工农暴动队，区县两级则有赤卫队。七月赣敌进攻，八月湘赣两敌会攻井冈山，边界各县的县城及平原地区尽为敌据。为虎作伥的保安队、挨户团横行无忌，白色恐怖布满城乡。党的组织和政权的组织大部塌台。富农和党内的投机分子纷纷反水[7]。八月三十日井冈山一战，湘敌始退往酃县，赣敌仍盘踞各县城及大部乡村。然而山区是敌人始终无法夺取的，这在宁冈有西北两区，在永新有北乡的天龙区、西乡的小江区、南乡的万年山区，在莲花有上西区，在遂川有井冈山区，在酃县有青石冈和大院区。七、八两月，红军一个团配合各县赤卫队、暴动队大小数十战，仅失枪三十枝，最后退入山区。

　　我军经崇义、上犹向井冈山回军之际，赣南敌军独立第七师刘士毅部追至遂川。九月十三日，我军击败刘士毅，缴枪数百，占领遂川。九月二十六日回到井冈山。十月一日，与敌熊式辉部周浑元旅战于宁冈获胜，收复宁冈全县。此时湘敌驻桂东的阎仲儒部有一百二十六人投入我军，编为特务营，毕占云为营长。十一月九日，我军又击破周旅一个团于宁冈城和龙源口。翌日进占永新，随即退回宁冈。目前我区南自遂川井冈山南麓，北至莲花边界，包括宁冈全县，遂川、酃县、永新各一部，成一南北狭长的整块。莲花的上西区，永新的天龙区、万年山区，则和整块不甚连属。敌人企图以军事进攻和经济封锁消灭我们的根据地，我们正在准备打破敌人的进攻。

军 事 问 题

边界的斗争,完全是军事的斗争,党和群众不得不一齐军事化。怎样对付敌人,怎样作战,成了日常生活的中心问题。所谓割据,必须是武装的。哪一处没有武装,或者武装不够,或者对付敌人的策略错了,地方就立即被敌人占去了。这种斗争,一天比一天激烈,问题也就非常地繁复和严重。

边界红军的来源:(一)潮汕叶贺旧部[8];(二)前武昌国民政府警卫团[9];(三)平浏的农民[10];(四)湘南的农民[11]和水口山的工人[12];(五)许克祥、唐生智、白崇禧、朱培德、吴尚、熊式辉等部的俘虏兵;(六)边界各县的农民。但是叶贺旧部、警卫团和平浏农民,经过一年多的战斗,只剩下三分之一。湘南农民,伤亡也大。因此,前四项虽然至今还是红军第四军的骨干,但已远不如后二项多。后二项中又以敌军俘虏为多,设无此项补充,则兵员大成问题。虽然如此,兵的增加和枪的增加仍不相称,枪不容易损失,兵有伤、亡、病、逃,损失甚易。湖南省委答应送安源工人[13]来此,亟盼实行。

红军成分,一部是工人、农民,一部是游民无产者。游民成分太多,当然不好。但因天天在战斗,伤亡又大,游民分子却有战斗力,能找到游民补充已属不易。在此种情形下,只有加紧政治训练的一法。

红军士兵大部分是由雇佣军队来的,但一到红军即变了性质。首先是红军废除了雇佣制,使士兵感觉不是为他人打仗,而是为自己为人民打仗。红军至今没有什么正规的薪饷制,只发粮食、油盐柴菜钱和少数的零用钱。红军官兵中的边界本地人都分得了土地,只是远籍人分配土地颇为困难。

经过政治教育,红军士兵都有了阶级觉悟,都有了分配土地、建立政权和武装工农等项常识,都知道是为了自己和工农阶级而作战。因此,他们能在艰苦的斗争中不出怨言。连、营、团都有了士兵会,代表士兵利益,并做政治工作和民众工作。

党代表制度[14],经验证明不能废除。特别是在连一级,因党的支部建设在连上,党代表更为重要。他要督促士兵委员会进行政治训练,指导民运工作,同时要担任党的支部书记。事实证明,哪一个连的党代表较好,哪一个连就较健全,而连长在政治上却不易有这样大的作用。因为下级干部死伤太多,敌军俘虏兵往往过来不久,就要当连排长;今年二三月间的俘虏兵,现在有当了营长的。从表面看,似乎既称红军,就可以不要党代表了,实在大谬不然。第二十八团在湘南曾经取消了党代表,后来又恢复了。改称指导员,则和国民党的指导员相混,为俘虏兵所厌恶。且易一名称,于制度的本质无关。故我们决定不改。党代表伤亡太多,除自办训练班训练补充外,希望中央和两省委派可充党代表的同志至少三十人来。

普通的兵要训练半年一年才能打仗,我们的兵,昨天入伍今天就要打仗,简直无所谓训练。军事技术太差,作战只靠勇敢。长时间的休息训练是不可能的,只有设法避开一些战斗,争取时间训练,看可能否。为着训练下级军官,现在办了一个百五十人的教导队,准备经常办下去。希望中央和两省委多派连排长以上的军官来。

湖南省委要我们注意士兵的物质生活,至少要比普通工农的生活好些。现在则相反,除粮食外,每天每人只有五分大洋的油盐柴菜钱,还是难乎为继。仅仅发油盐柴菜钱,每月也需现洋万元以上,全靠打土豪供给[15]。现在全军五千人的冬衣,有了棉花,还缺少布。这样冷了,许多士兵还是穿两层单衣。好在苦惯了。而且什么人都是一样苦,从军长到伙夫,除粮食外一律吃五分钱的伙食。发零用钱,两角即一律两角,四角即一律四角[16]。因此士兵也不怨恨什么人。

作战一次,就有一批伤兵。由于营养不足、受冻和其他原因,官兵病的很多。医院设在山上,用中西两法治疗,医生药品均缺。现在医院中共有八百多人。湖南省委答应办药,至今不见送到。仍祈中央和两省委送几个西医和一些碘片来。

红军的物质生活如此菲薄,战斗如此频繁,仍能维持不敝,除党的作用外,就是靠实行军队内的民主主义。官长不打士兵,官兵待遇平等,士兵有开会说话的自由,废除烦琐的礼节,经济公开。士兵管理伙食,仍能从每日五分的油盐柴菜钱中节余一点作零用,名曰"伙食尾子",每人每日约得六七十文。这些办法,士兵很满意。尤其是新来的俘虏兵,他们感觉国民党军队和我们军队是两个世界。他们虽然感觉红军的物质生活不如白军,但是精神得到了解放。同样一个兵,昨天在敌军不勇敢,今天在红军很勇敢,就是民主主义的影响。红军像一个火炉,俘虏兵过来马上就熔化了。中国不但人民需要民主主义,军队也需要民主主义。军队内的民主主义制度,将是破坏封建雇佣军队的一个重要的武器[17]。

党的组织,现分连支部、营委、团委、军委四级。连有支部,班有小组。红军所以艰难奋战而不溃散,"支部建在连上"

是一个重要原因。两年前,我们在国民党军中的组织,完全没有抓住士兵,即在叶挺部[18]也还是每团只有一个支部,故经不起严重的考验。现在红军中党员和非党员约为一与三之比,即平均四个人中有一个党员。最近决定在战斗兵中发展党员数量,达到党员非党员各半的目的[19]。现在连支部缺乏好的书记,请中央从各地不能立足的活动分子中派遣多人来此充当。湘南来的工作人员,几乎尽数在军中做党的工作。可是八月间在湘南跑散了一些,所以现在不能调出人去。

地方武装有赤卫队和工农暴动队。暴动队以梭镖、鸟枪为武器,乡为单位,每乡一队,人数以乡的大小为比例。职务是镇压反革命,保卫乡政权,敌人来了帮助红军或赤卫队作战。暴动队始于永新,原是秘密的,夺取全县以后,公开了。这个制度现已推行于边界各县,名称未改。赤卫队的武器主要是五响枪,也有九响和单响枪。各县枪数:宁冈百四十,永新二百二十,莲花四十三,茶陵五十,酃县九十,遂川百三十,万安十,共六百八十三。大部是红军发给的,小部是自己从敌人夺取的。各县赤卫队大都经常地和豪绅的保安队、挨户团作战,战斗力日益增强。马日事变[20]以前,各县有农民自卫军。枪数:攸县三百,茶陵三百,酃县六十,遂川五十,永新八十,莲花六十,宁冈(袁文才部)六十,井冈山(王佐部)六十,共九百七十。马日事变后,除袁、王两部无损失外,仅遂川保存六枝,莲花保存一枝,其余概被豪绅缴去。农民自卫军如此没有把握枪枝的能力,这是机会主义路线的结果。现在各县赤卫队的枪枝还是很不够,不如豪绅的枪多,红军必须继续在武器上给赤卫队以帮助。在不降低红军战斗力的条件之下,必须尽量帮助人民武装起来。我们业经规定红军每营用四连制，每连步枪七十五枝，加上特务连，机关枪连，迫击炮连，团部和三个营部，每团有步枪一千零七十五枝。作战缴获的枪，则尽量武装地方。赤卫队的指挥官，由各县派人进红军所办的教导队受训后充当。由红军派远地人到地方去当队长，必须逐渐减少。朱培德、吴尚亦在武装保安队和挨户团，边界各县豪绅武装的数量和战斗力，颇为可观。我们红色地方武装的扩大，更是刻不容缓。

红军以集中为原则，赤卫队以分散为原则。当此反动政权暂时稳定时期，敌人能集中大量军力来打红军，红军分散是不利的。我们的经验，分兵几乎没有一次不失败，集中兵力以击小于我或等于我或稍大于我之敌，则往往胜利。中央指示我们发展的游击区域，纵横数千里，失之太广，这大概是对我们力量估计过大的缘故。赤卫队则以分散为有利，现在各县赤卫队都采取分散作战办法。

对敌军的宣传，最有效的方法是释放俘虏和医治伤兵。敌军的士兵和营、连、排长被我们俘虏过来，即对他们进行宣传工作，分为愿留愿去两种，愿去的即发路费释放。这样就把敌人所谓"共匪见人就杀"的欺骗，立即打破。杨池生的《九师旬刊》，对于我们的这种办法有"毒矣哉"的惊叹。红军士兵们对于所捉俘虏的抚慰和欢送，十分热烈，在每次"欢送新弟兄大会"上，俘虏兵演说也回报我们以热烈的感激。医治敌方伤兵，效力也很大。聪明的敌人例如李文彬，近来也仿效我们的办法，不杀俘虏，医治被俘伤兵。不过，在再作战时，我们的人还是有拖枪回来的，这样的事已有过两回。此外，文字宣传，如写标语等，也尽力在做。每到一处，壁上写满了口号。惟缺绘图的技术人材，请中央和两省委送几个来。

军事根据地：第一个根据地是井冈山，介在宁冈、酃县、遂川、永新四县之交。北麓是宁冈的茅坪，南麓是遂川的黄坳，两地相距九十里。东麓是永新的拿山，西麓是酃县的水口，两地相距百八十里。四周从拿山起经龙源口（以上永新）、新城、茅坪、大陇（以上宁冈）、十都、水口、下村（以上酃县）、营盘圩、戴家埔、大汾、堆子前、黄坳、五斗江、车坳（以上遂川）到拿山，共计五百五十里。山上大井、小井、上井、中井、下井、茨坪、下庄、行洲、草坪、白银湖、罗浮各地，均有水田和村庄，为自来土匪、散军窟宅之所，现在作了我们的根据地。但人口不满两千，产谷不满万担，军粮全靠宁冈、永新、遂川三县输送。山上要隘，都筑了工事。医院、被服厂、军械处、各团留守处，均在这里。现在正从宁冈搬运粮食上山。若有充足的给养，敌人是打不进来的。第二个根据地是宁冈、永新、莲花、茶陵四县交界的九陇山，重要性不及井冈山，为四县地方武装的最后根据地，也筑了工事。在四围白色政权中间的红色割据，利用山险是必要的。

土　地　问　题

边界土地状况：大体说来，土地的百分之六十以上在地主手里，百分之四十以下在农民手里。江西方面，遂川的土地最集中，约百分之八十是地主的。永新次之，约百分之七十是地主的。万安、宁冈、莲花自耕农较多，但地主的土地仍占比较的多数,约百分之六十,农民只占百分之四十。湖南方面,茶陵、酃县两县均有约百分之七十的土地在地主手中。

中间阶级问题:在上述土地状况之下,没收一切土地重新分配[21],是能得到大多数人拥护的。但农村中略分为三种阶级,即大、中地主阶级,小地主、富农的中间阶级,中农、贫农阶级。富农往往与小地主利害联在一起。富农土地在土地总额中占少数,但与小地主土地合计,则数量颇大。这种情形,恐全国亦差不多。边界对于土地是采取全部没收、彻底分配的政策;故在红色区域,豪绅阶级和中间阶级,同被打击。政策是如此,实际执行时却大受中间阶级的阻碍。当革命初期,中间阶级表面上投降贫农阶级,实际则利用他们从前的社会地位及家族主义,恐吓贫农,延宕分田的时间。到无可延宕时,即隐瞒土地实数,或自据肥田,把瘠田让人。此时期内,贫农因长期地被摧残及感觉革命胜利无保障,往往接受中间阶级的意见,不敢积极行动。必待进至革命高涨,如得了全县甚至几县政权,反动军队几次战败,红军的威力几次表现之后,农村中才有对于中间阶级的积极行动。如永新南乡,是中间阶级最多的地方,延宕分田及隐瞒土地也最厉害。到六月二十三日龙源口红军大胜之后,区政府又处理了几个延宕分田的人,才实际地分下去。但是无论哪一县,封建的家族组织十分普遍,多是一姓一个村子,或一姓几个村子,非有一个比较长的时间,村子内阶级分化不能完成,家族主义不能战胜。

白色恐怖下中间阶级的反水:中间阶级在革命高涨时受到打击,白色恐怖一来,马上反水。引导反动军队大烧永新、宁冈革命农民的房子的,就是两县的小地主和富农。他们依照反动派的指示,烧屋、捉人,十分勇敢。红军再度到宁冈新城、古城、砻市一带时,有数千农民听信反动派的共产党将要杀死他们的宣传,跟了反动派跑到永新。经过我们"不杀反水农民"、"欢迎反水农民回来割禾"的宣传之后,才有一些农民慢慢地跑回来。

全国革命低潮时,割据地区最困难的问题,就在拿不住中间阶级。中间阶级之所以反叛,受到革命的过重打击是主因。然若全国在革命高涨中,贫农阶级有所恃而增加勇气,中间阶级亦有所惧而不敢乱为。当李宗仁唐生智战争向湖南发展时,茶陵的小地主向农民求和,有送猪肉给农民过年的(这时红军已退出茶陵向遂川去了)。李唐战争结束,就不见有这等事了。现在全国是反革命高涨时期,被打击的中间阶级在白色区域内几乎完全附属于豪绅阶级去了,贫农阶级成了孤军。此问题实在严重得很[22]。

日常生活压迫,影响中间阶级反水:红区白区对抗,成为两个敌国。因为敌人的严密封锁和我们对小资产阶级的处理失当这两个原因,两区几乎完全断绝贸易,食盐、布匹、药材等项日常必需品的缺乏和昂贵,木材、茶油等农产品不能输出,农民断绝进款,影响及于一般人民。贫农阶级比较尚能忍受此苦痛,中等阶级到忍不住时,就投降豪绅阶级。中国豪绅军阀的分裂和战争若不是继续进行的,全国革命形势若不是向前发展的,则小块地区的红色割据,在经济上将受到极大的压迫,割据的长期存在将成问题。因为这种经济压迫,不但中等阶级忍不住,工人、贫农和红军亦恐将有耐不住之时。永新、宁冈两县没有盐吃,布匹、药材完全断绝,其他更不必说。现在盐已有卖，但极贵。布匹、药材仍然没有。宁冈及永新西部、遂川北部（以上均目前割据地）出产最多的木材和茶油，仍然运不出去[23]。

土地分配的标准：以乡为分配土地的单位。山多田少地方，如永新之小江区，以三四乡为一个单位去分配的也有，但极少。所有乡村中男女老幼，一律平分。现依中央办法，改以劳动力为标准，能劳动的比不能劳动的多分一倍[24]。

向自耕农让步问题：尚未详细讨论。自耕农中之富农，自己提出要求，欲以生产力为标准，即人工和资本（农具等）多的多分田。富农觉得平均分和按劳动力分两种方法都于他们不利。他们的意思，在人工方面，他们愿意多努力，加上资本的力量，他们可以多得收获。若照普通人一样分了，蔑视了（闲置了）他们的特别努力和多余的资本，他们是不愿意的。此间仍照中央办法执行。但此问题，仍当讨论，候得结论再作报告。

土地税：宁冈收的是百分之二十，比中央办法多收半成，已在征收中，不好变更，明年再减。此外，遂川、酃县、永新各一部在割据区域内，都是山地，农民太苦，不好收税。政府和赤卫队用费，靠向白色区域打土豪。至于红军给养，米暂可从宁冈土地税取得，钱亦完全靠打土豪。十月在遂川游击，筹得万余元，可用一时，用完再讲。

政　权　问　题

县、区、乡各级民众政权是普遍地组织了，但是名不副实。

许多地方无所谓工农兵代表会。乡、区两级乃至县一级,政府的执行委员会,都是用一种群众会选举的。一哄而集的群众会,不能讨论问题,不能使群众得到政治训练,又最便于知识分子或投机分子的操纵。一些地方有了代表会,亦仅认为是对执行委员会的临时选举机关;选举完毕,大权揽于委员会,代表会再不谈起。名副其实的工农兵代表会组织,不是没有,只是少极了。所以如此,就是因为缺乏对于代表会这个新的政治制度的宣传和教育。封建时代独裁专断的恶习惯深中于群众乃至一般党员的头脑中,一时扫除不净,遇事贪图便利,不喜欢麻烦的民主制度。民主集中主义的制度,一定要在革命斗争中显出了它的效力,使群众了解它是最能发动群众力量和最利于斗争的,方能普遍地真实地应用于群众组织。我们正在制订详细的各级代表会组织法(依据中央的大纲),把以前的错误逐渐纠正。红军中的各级士兵代表会议,现亦正在使之经常建立起来,纠正从前只有士兵委员会而无士兵代表会的错误。

现在民众普遍知道的“工农兵政府”,是指委员会,因为他们尚不认识代表会的权力,以为委员会才是真正的权力机关。没有代表大会作依靠的执行委员会,其处理事情,往往脱离群众的意见,对没收及分配土地的犹豫妥协,对经费的滥用和贪污,对白色势力的畏避或斗争不坚决,到处发现。委员会也很少开全体会,遇事由常委处决。区乡两级政府则常委会也少开,遇事由主席、秘书、财务或赤卫队长(暴动队长)各自处理决定,这四个人是经常驻会的。所以,民主集中主义,在政府工作中也用得不习惯。

　　初期的政府委员会中,特别是乡政府一级,小地主富农争着要干。他们挂起红带子,装得很热心,用骗术钻入了政府委员会,把持一切,使贫农委员只作配角。只有在斗争中揭破了他们的假面,贫农阶级起来之后,方能去掉他们。这种现象虽不普遍,但在很多地方都发现了。

　　党在群众中有极大的威权,政府的威权却差得多。这是由于许多事情为图省便,党在那里直接做了,把政权机关搁置一边。这种情形是很多的。政权机关里的党团组织有些地方没有,有些地方有了也用得不完满。以后党要执行领导政府的任务;党的主张办法,除宣传外,执行的时候必须通过政府的组织。国民党直接向政府下命令的错误办法,是要避免的。

党 的 组 织 问 题

　　与机会主义斗争的经过:马日事变前后,边界各县的党,可以说是被机会主义操纵的。当反革命到来时,很少坚决的斗争。去年十月,红军(工农革命军第一军第一师第一团)到达边界各县时,只剩下若干避难藏匿的党员,党的组织全部被敌人破坏了。十一月到今年四月,为重新建党时期,五月以后为大发展时期。一年以来,党内机会主义现象仍然到处发现:一部分党员无斗争决心,敌来躲入深山,叫做"打埋伏";一部分党员富有积极性,却又流于盲目的暴动。这些都是小资产阶级思想的表现。这种情形,经过长期的斗争锻炼和党内教育,逐渐减少了。同时,在红军中,这种小资产阶级的思想,也是存在的。敌人来了,主张拼一下,否则就要逃跑。这两种思想,往往在讨论作战时由一个人说出来。经过了长时间党内的斗争和客观事实的教训,例如拼一下遭了损伤,逃跑遭了失败,才逐渐地改变过来。

地方主义:边界的经济,是农业经济,有些地方还停留在杵臼时代(山地大都用杵臼舂米,平地方有许多石碓)。社会组织是普遍地以一姓为单位的家族组织。党在村落中的组织,因居住关系,许多是一姓的党员为一个支部,支部会议简直同时就是家族会议。在这种情形下,"斗争的布尔什维克党"的建设,真是难得很。说共产党不分国界省界的话,他们不大懂,不分县界、区界、乡界的话,他们也是不大懂得的。各县之间地方主义很重,一县内的各区乃至各乡之间也有很深的地方主义。这种地方主义的改变,说道理,至多发生几分效力,多半要靠白色势力的非地方主义的压迫。例如反革命的两省"会剿",使人民在斗争中有了共同的利害,才可以逐渐地打破他们的地方主义。经过了许多这样的教训,地方主义是减少了。

土客籍问题:边界各县还有一件特别的事,就是土客籍的界限。土籍的本地人和数百年前从北方移来的客籍人之间存在着很大的界限,历史上的仇怨非常深,有时发生很激烈的斗争。这种客籍人从闽粤边起,沿湘、赣两省边界,直至鄂南,大概有几百万人。客籍占领山地,为占领平地的土籍所压迫,素无政治权利。前年和去年的国民革命,客籍表示欢迎,以为出头有日。不料革命失败,客籍被土籍压迫如故。我们的区域内,宁冈、遂川、酃县、茶陵,都有土客籍问题,而以宁冈的问题为最严重。前年至去年,宁冈的土籍革命派和客籍结合,在共产党领导之下,推翻了土籍豪绅的政权,掌握了全县。去年六月,江西朱培德政府反革命,九月,豪绅带领朱培德军队"进剿"宁冈,重新挑起土客籍人民之间斗争。这种土客籍的界限,在道理上讲不应引到被剥削的工农阶级内部来,尤其不应引到共产党内部来。然而在事实上,因为多年遗留下来的习惯,这种界限依然存在。例如边界八月失败,土籍豪绅带领反动军队回宁冈,宣传客籍将要杀土籍,土籍农民大部分反水,挂起白带子,带领白军烧屋搜山。十月、十一月红军打败白军,土籍农民跟着反动派逃走,客籍农民又去没收土籍农民的财物。这种情况,反映到党内来,时常发生无谓的斗争。我们的办法是一面宣传"不杀反水农民","反水农民回来一样得田地",使他们脱离豪绅的影响,安心回家;一面由县政府责令客籍农民将没收的财物退还原主,并出布告保护土籍农民。在党内,加紧教育,务使两部分党员团结一致。

投机分子的反水:革命高涨时(六月),许多投机分子乘公开征收党员的机会混入党内,边界党员数量一时增到一万以上。支部和区委的负责人多属新党员,不能有好的党内教育。白色恐怖一到,投机分子反水,带领反动派捉拿同志,白区党的组织大半塌台。九月以后,厉行洗党,对于党员成分加以严格的限制。永新、宁冈两县的党组织全部解散,重新登记。党员数量大为减少,战斗力反而增加。过去党的组织全部公开,九月以后,建设秘密的组织,准备在反动派来了也能活动。同时多方伸入白区,在敌人营垒中去活动。但在附近各城市中还没有党的基础。其原因一因城市中敌人势力较大,二因我军在占领这些城市时太损害了资产阶级的利益,致使党员在那里难于立足。现在纠正错误，力求在城市中建设我们的组织，但成效尚不多见。

党的领导机关：支部干事会改称委员会。支部上为区委，区委上为县委。区委县委之间因特别情况有组织特别区委的，如永新的北乡特区及东南特区。边区共有宁冈、永新、莲花、遂川、酃县五个县委。茶陵原有县委，因工作做不进去，去冬今春建设的许多组织大部被白色势力打塌了，半年以来只能在靠近宁冈永新一带的山地工作，因此将县委改为特别区委。攸县、安仁均须越过茶陵，派人去过，无功而返。万安县委一月间曾和我们在遂川开过一次联席会议，大半年被白色势力隔断，九月红军游击到万安，才又接一次头。有八十个革命农民跟随到井冈山，组织万安赤卫队。安福没有党的组织。吉安邻接永新，吉安县委仅和我们接过两次头，一点帮助不给，奇怪得很。桂东的沙田一带，三月八月两度分配土地，建设了党的组织，属于以龙溪十二洞为中心的湘南特委管辖。各县县委之上为湘赣边界特委。五月二十日，边界党的第一次代表大会在宁冈茅坪开会，选举第一届特委会委员二十三人，毛泽东为书记。七月湖南省委派杨开明来，杨代理书记。九月杨病，谭震林代理书记。八月红军大队往湘南，白色势力高压边界，我们曾在永新开过一次紧急会议。十月红军返至宁冈，乃在茅坪召集边界党的第二次代表大会。十月四日起开会三天，通过了《政治问题和边界党的任务》等决议，选举了谭震林、朱德、陈毅、龙超清、朱昌偕、刘天干、盘圆珠、谭思聪、谭兵、李却非、朱亦岳、袁文才、王佐农、陈正人、毛泽东、宛希先、王佐、杨开明、何挺颖等十九人为第二届特委会的委员。五人为常委,谭震林(工人)为书记,陈正人(知识分子)为副书记。十一月十四日红军第六次全军大会[25],选举二十三人组织军委,五人为常委,朱德为书记。特委及军委统辖于前委。前委是十一月六日重新组织的,依中央的指定,以毛泽东、朱德、地方党部书记(谭震林)、一工人同志(宋乔生)、一农民同志(毛科文)五人组成,毛泽东为书记。前委暂设秘书处、宣传科、组织科和职工运动委员会、军事委员会。前委管理地方党。特委仍有存在的必要,因为前委有时要随军行动。我们感觉无产阶级思想领导的问题,是一个非常重要的问题。边界各县的党,几乎完全是农民成分的党,若不给以无产阶级的思想领导,其趋向是会要错误的。除应积极注意各县城和大市镇的职工运动外,并应在政权机关中增加工人的代表。党的各级领导机关也应增加工人和贫农的成分。

革 命 性 质 问 题

我们完全同意共产国际关于中国问题的决议。中国现时确实还是处在资产阶级民权革命的阶段。中国彻底的民权主义革命的纲领,包括对外推翻帝国主义,求得彻底的民族解放;对内肃清买办阶级的在城市的势力,完成土地革命,消灭乡村的封建关系,推翻军阀政府。必定要经过这样的民权主义革命,方能造成过渡到社会主义的真正基础。我们一年来转战各地,深感全国革命潮流的低落。一方面有少数小块地方的红色政权,一方面全国人民还没有普通的民权,工人农民以至民权派的资产阶级,一概没有言论集会的权利,加入共产党是最大的犯罪。红军每到一地，群众冷冷清清，经过宣传之后，才慢慢地起来。和敌军打仗，不论哪一军都要硬打，没有什么敌军内部的倒戈或暴动。马日事变后招募"暴徒"最多的第六军，也是这样。我们深深感觉寂寞，我们时刻盼望这种寂寞生活的终了。要转入到沸热的全国高涨的革命中去，则包括城市小资产阶级在内的政治的经济的民权主义斗争的发动，是必经的道路。

对小资产阶级的政策，我们在今年二月以前，是比较地执行得好的。三月湘南特委的代表到宁冈，批评我们太右，烧杀太少，没有执行所谓"使小资产变成无产，然后强迫他们革命"的政策，于是改变原来前委的领导人，政策一变。四月全军到边界后，烧杀虽仍不多，但对城市中等商人的没收和乡村小地主富农的派款，是做得十分厉害的。湘南特委提出的"一切工厂归工人"的口号，也宣传得很普遍。这种打击小资产阶级的过左的政策，把小资产阶级大部驱到豪绅一边，使他们挂起白带子反对我们。近来逐渐改变这种政策，情形渐渐好些。在遂川特别收到了好的效果，县城和市镇上的商人不畏避我们了，颇有说红军的好话的。草林圩上逢圩（日中为市，三天一次），到圩两万人，为从来所未有。这件事，证明我们的政策是正确的了。豪绅对人民的税捐很重，遂川靖卫团[26]在黄坳到草林七十里路上要抽五道税，无论什么农产都不能免。我们打掉靖卫团，取消这些税，获得了农民和中小商人全体的拥护。

中央要我们发布一个包括小资产阶级利益的政纲，我们则提议请中央制订一个整个民权革命的政纲，包括工人利益、土地革命和民族解放,使各地有所遵循。

以农业为主要经济的中国的革命,以军事发展暴动,是一种特征。我们建议中央,用大力做军事运动。

割 据 地 区 问 题

广东北部沿湖南江西两省边界至湖北南部,都属罗霄山脉区域。整个的罗霄山脉我们都走遍了;各部分比较起来,以宁冈为中心的罗霄山脉的中段,最利于我们的军事割据。北段地势不如中段可进可守,又太迫近了大的政治都会,如果没有迅速夺取长沙或武汉的计划,则以大部兵力放在浏阳、醴陵、萍乡、铜鼓一带是很危险的。南段地势较北段好,但群众基础不如中段,政治上及于湘赣两省的影响也小些,不如中段一举一动可以影响两省的下游。中段的长处:(1)有经营了一年多的群众基础。(2)党的组织有相当的基础。(3)经过一年多的时间,创造了富有斗争经验的地方武装,这是十分难得的;这个地方武装的力量,加上红军第四军的力量,是任凭什么敌人也不能消灭的。(4)有很好的军事根据地——井冈山,地方武装的根据地则各县都有。(5)影响两省,且能影响两省的下游,比较湘南赣南等处只影响一省,且在一省的上游和僻地者,政治意义大不相同。中段的缺点,是因割据已久,"围剿"军多,经济问题,特别是现金问题,十分困难。

湖南省委对于此间的行动计划,六七月间数星期内,曾三变其主张。第一次袁德生来,赞成罗霄山脉中段政权计划。第二次杜修经、杨开明来,主张红军毫不犹豫地向湘南发展,只留二百枝枪会同赤卫队保卫边界,并说这是"绝对正确"的方针。第三次袁德生又来,相隔不过十天,这次信上除骂了我们一大篇外,却主张红军向湘东去,又说是"绝对正确"的方针,而且又要我们"毫不犹豫"。我们接受了这样硬性的指示,不从则迹近违抗,从则明知失败,真是不好处。当第二次信到时,军委、特委、永新县委举行联席会议,认为往湘南危险,决定不执行省委的意见。数天之后,却由杜修经杨开明坚持省委意见,利用第二十九团的乡土观念,把红军拉去攻郴州,致边界和红军一齐失败。红军数量上约损失一半;边界则被焚之屋、被杀之人不可胜数,各县相继失陷,至今未能完全恢复。至于往湘东,在湘鄂赣三省豪绅政权尚未分裂之前,亦决不宜用红军的主力去。设七月无去湘南一举,则不但可免边界的八月失败,且可乘国民党第六军和王均战于江西樟树之际,击破永新敌军,席卷吉安、安福,前锋可达萍乡,而与北段之红第五军取得联系。即在这种时候,也应以宁冈为大本营,去湘东的只能是游击部队。因豪绅间战争未起,湘边酃县、茶陵、攸县尚有大敌,主力北向,必为所乘。中央要我们考虑往湘东或往湘南,实行起来都很危险,湘东之议虽未实现,湘南则已有证验。这种痛苦的经验,是值得我们时时记着的。

　　现在是豪绅阶级统治还没有破裂的时期,环边界而"进剿"的敌军,尚有十余团之多。但若我们于现金问题能继续找得出路(粮食衣服已不成大问题),则凭借边界的基础,对付此数敌人,甚至更多的敌人,均有办法。为边界计,红军若走,则像八月那样的蹂躏,立可重来。赤卫队虽不至完全消灭,党和群众的基础将受到极大的摧残,除山头割据可以保存一些外,平地均将转入秘密状态,如八九月间一样。红军不走,以现在的基础可以逐渐向四周发展,前途的希望是很大的。为红军计,欲求扩大,只有在有群众基础的井冈山四周即宁冈、永新、酃县、遂川四县,利用湘赣两敌利害不一致,四面防守,无法集中的情况,和敌人作长期的斗争。利用正确的战术,不战则已,战则必胜,必有俘获,如此可以逐渐扩大红军。以四月至七月那时边界群众的准备,红军大队若无湘南之行,则八月间红军的扩大是没有疑义的。虽然犯了一次错误,红军已卷土重来此地利人和之边界,前途希望还是不恶。红军必须在边界这等地方,下斗争的决心,有耐战的勇气,才能增加武器,练出好兵。边界的红旗子,业已打了一年,虽然一方面引起了湘鄂赣三省乃至全国豪绅阶级的痛恨,另一方面却渐渐引起了附近省份工农士兵群众的希望。以士兵论,因军阀们把向边界"剿匪"当做一件大事,"剿匪经年,耗费百万"(鲁涤平),"人称二万,枪号五千"(王均),如此等类的话,逐渐引起敌军士兵和无出路的下级官长对我们注意,自拔来归的将日益增多,红军扩充,又是一条来路。并且边界红旗子始终不倒,不但表示了共产党的力量,而且表示了统治阶级的破产,在全国政治上有重大的意义。所以我们始终认为罗霄山脉中段政权的创造和扩大,是十分必要和十分正确的。

注　释

〔1〕这个战争发生于一九二七年十月,到第二年三月结束。
〔2〕这个战争发生于一九二七年十一月,到第二年二月结束。
〔3〕见本卷《中国的红色政权为什么能够存在?》注〔9〕。

〔4〕参见本卷《湖南农民运动考察报告》注〔16〕。

〔5〕红军中的士兵代表会议和士兵委员会是为了发扬军队内部民主而建立的一种制度。这种制度,后来被废除了。一九四七年新式整军运动开始以后,在人民解放军中,根据红军时期和新式整军运动中的经验,又在连队中建立过干部领导的士兵会和士兵委员会的制度。

〔6〕见本卷《中国的红色政权为什么能够存在?》注〔12〕。

〔7〕"反水"意为叛变。

〔8〕即一九二七年八月一日在南昌起义的叶挺、贺龙的旧部(叶部见本文注〔18〕)。这些部队在潮州、汕头一带失败后,一部分到达海陆丰地区,继续在广东坚持斗争,另一部分由朱德、陈毅等率领退出广东,经福建、江西,转入湖南南部,会合当地农军举行湘南起义,开展苏维埃运动。起义失败后,于一九二八年四月到达井冈山同毛泽东领导的工农革命军会师。

〔9〕指一九二七年革命时期的国民革命军第四集团军第二方面军总指挥部警卫团。它的干部有很多是共产党员。汪精卫等叛变革命以后,这个警卫团在八月初离开武昌,准备到南昌参加起义军。行至中途,闻南昌起义军已经南下,就转到修水,同平江、浏阳的农军会合。

〔10〕湖南平江、浏阳一带在一九二七年春已经形成相当有力的农民武装。五月二十一日许克祥在长沙发动反革命事变(即"马日事变"),屠杀革命群众。为了向反革命还击,浏阳的农军,同长沙附近其他各县的工农武装一起,曾经向长沙前进。在进军途中,由于中共湖南省委传达了中共中央撤退农军的命令,其他各县工农武装都向后撤退,只有浏阳农军未接到命令,一直攻到长沙城下,遭到失败后撤退。七月中旬,这支农军同平江的农民武装会合。九月又与国民革命军第四集团军第二方面军总指挥部警卫团、安源工人武装等合编为工农革命军第一军第一师,在毛泽东领导下,于修水、铜鼓、平江、浏阳一带举行秋收起义。十月,起义部队到达井冈山。

〔11〕一九二八年初,朱德、陈毅率部在湘南开展革命游击战争,原来农民运动有基础的宜章、郴县、耒阳、永兴、资兴五县,这时都组织了农军。后来这部分农军由朱德、陈毅率领到达井冈山,同毛泽东领导的部队会师。

〔12〕湖南省常宁县水口山是重要的铅锌矿产地。一九二二年,水口山的工人在共产党领导下,组织了工会,历年与反革命斗争。一九二七年冬,以水口山的工人为主,组成了湘南游击总队,进行游击战争。一九二八年初,湘南游击总队编入朱德率领的中国工农革命军,参加了湘南起义。后随起义军一起,到达井冈山。

〔13〕指安源煤矿和株萍铁路的工人。一九二一年秋,中国共产党派人到安源工作,第二年,建立了共产党和工会的组织,在毛泽东、李立三、刘少奇等的领导

下，发动了著名的安源路矿大罢工。当时，安源一带有一万二千多工人参加了工会。一九二七年九月，安源工人武装参加了毛泽东领导的秋收起义。

〔14〕红军中的党代表一九二九年起改称政治委员，连的政治委员一九三〇年起改称政治指导员。

〔15〕用"打土豪"罚款的方法筹措军费，只能是临时的和部分的。军队大了，地域宽了，就必须而且可能用收税等方法筹措军费。

〔16〕此种办法在红军中施行了一个很长时期，在当时曾是必要的，后来改变为按等级略有一些区别。

〔17〕在军队内部实行一定的民主，是毛泽东一贯的思想。在这里毛泽东特别着重地指出革命军队内部民主生活的必要，是因为当时红军初建，非强调民主，不足以鼓舞新入伍的农民和俘虏过来的国民党军士兵的革命积极性，不足以肃清干部中由反动军队传来的军阀主义的习气。当然，部队中的民主生活必须是在军事纪律所许可的范围内，必须是为着加强纪律而不是为着减弱纪律，所以在部队中提倡必要的民主的时候，必须同时反对要求极端民主的无纪律现象。而这种现象在初期的红军中，曾经一度严重地存在过。关于毛泽东反对军队中极端民主化的斗争，参见本卷《关于纠正党内的错误思想》。

〔18〕一九二六年北伐时，叶挺领导的部队为一个独立团。这个团以共产党员为骨干，是北伐中有名的战斗部队。革命军占领武昌以后，独立团本身改编为第二十五师七十三团。同时，抽调该团部分骨干组建第二十五师七十五团的三个营和第四集团军第二方面军总指挥部警卫团；抽调该团的大批骨干组建第二十四师，叶挺任师长。参加南昌起义后，二十四师、二十五师等部合编为第十一军，叶挺兼任军长。

〔19〕事实上红军中的党员人数占全军三分之一左右即好，后来在红军和人民解放军中大体上都是如此。

〔20〕一九二七年蒋介石在上海发动四一二反革命政变后，湖南、湖北的反动军官相继叛变革命。五月二十一日，国民党军第三十五军独立第三十三团团长许克祥在军长何键的策动下，在长沙发动反革命叛乱，围攻湖南省总工会、省农民协会等革命群众组织，捕杀共产党人和革命的工农群众。旧时的文电，习惯以通行的诗韵韵目代替日期，以诗韵第二十一韵的韵目"马"字代替二十一日，所以这一天发生的事变被称为"马日事变"。这个事变是以汪精卫为首的武汉国民党反革命派和以蒋介石为首的南京反革命派公开合流的信号。

〔21〕一九二八年湘赣边界土地法中曾经有这样的规定。毛泽东后来指出，没收一切土地而不是只没收地主的土地，是一种错误，这种错误是由于当时缺乏土地斗争的经验而来的。一九二九年四月兴国县土地法把"没收一切土地"改为

"没收一切公共土地及地主阶级的土地"。

〔22〕鉴于争取农村中间阶级的重要,毛泽东随即纠正了打击中间阶级过重的错误政策。毛泽东对中间阶级的政策主张,除见于本文外,又见于一九二八年十一月红军第四军第六次党的代表大会提案(内有"禁止盲目焚杀","保护中小商人利益"等项)、一九二九年一月红军第四军布告(内有"城市商人,积铢累寸,只要服从,馀皆不论"等语)和一九二九年四月兴国县土地法(参见本文注〔21〕)等。

〔23〕此种情况,依靠革命战争的发展、根据地的扩大和革命政府保护工商业的政策,是可以改变的,后来也已经改变了。这里的关键是坚决地保护民族工商业,反对过左的政策。

〔24〕以劳动力为标准分配土地的方法,是不妥当的。事实上,在革命根据地,长时期都是实行按人口平分土地的原则。

〔25〕这里指中共红四军第六次代表大会。这次会议在一九二八年十一月十三日开预备会,十四日正式开会,十五日闭幕。

〔26〕靖卫团是一种反革命的地方武装。

关于纠正党内的错误思想*

（一九二九年十二月）

　　红军第四军的共产党内存在着各种非无产阶级的思想，这对于执行党的正确路线，妨碍极大。若不彻底纠正，则中国伟大革命斗争给予红军第四军的任务，是必然担负不起来的。四军党内种种不正确思想的来源，自然是由于党的组织基础的最大部分是由农民和其他小资产阶级出身的成分所构成的；但是党的领导机关对于这些不正确的思想缺乏一致的坚决的斗争，缺乏对党员作正确路线的教育，也是使这些不正确思想存在和发展的重要原因。大会根据中央九月来信的精神，指出四军党内各种非无产阶级思想的表现、来源及其纠正

――――――――
　　* 这是毛泽东为中国共产党红军第四军第九次代表大会写的决议的第一部分。中国人民军队的建设，是经过了艰难的道路的。中国红军（抗日时期是八路军、新四军，现在是人民解放军）从一九二七年八月一日南昌起义创始，到一九二九年十二月，经过了两年多的时间。在这个时期内，红军中的共产党和各种错误思想作斗争，学到了许多东西，积累了相当丰富的经验。毛泽东写的这个决议，就是这些经验的总结。这个决议使红军肃清旧式军队的影响，完全建立在马克思列宁主义的基础上。这个决议不但在红军第四军实行了，后来各部分红军都先后不等地照此做了，这样就使整个中国红军完全成为真正的人民军队。中国人民军队中的党的工作和政治工作，以后有广大的发展和创造，现在的面貌和过去大不相同了，但是基本的路线还是继承了这个决议的路线。

的方法,号召同志们起来彻底地加以肃清。

关于单纯军事观点

单纯军事观点在红军一部分同志中非常发展。其表现如:

(一)认为军事政治二者是对立的,不承认军事只是完成政治任务的工具之一。甚至还有说"军事好,政治自然会好,军事不好,政治也不会好"的,则更进一步认为军事领导政治了。

(二)以为红军的任务也和白军相仿佛,只是单纯地打仗的。不知道中国的红军是一个执行革命的政治任务的武装集团。特别是现在,红军决不是单纯地打仗的,它除了打仗消灭敌人军事力量之外,还要负担宣传群众、组织群众、武装群众、帮助群众建立革命政权以至于建立共产党的组织等项重大的任务。红军的打仗,不是单纯地为了打仗而打仗,而是为了宣传群众、组织群众、武装群众,并帮助群众建设革命政权才去打仗的,离了对群众的宣传、组织、武装和建设革命政权等项目标,就是失去了打仗的意义,也就是失去了红军存在的意义。

(三)因此,在组织上,把红军的政治工作机关隶属于军事工作机关,提出"司令部对外"的口号。这种思想如果发展下去,便有走到脱离群众、以军队控制政权、离开无产阶级领导的危险,如像国民党军队所走的军阀主义的道路一样。

(四)同时,在宣传工作上,忽视宣传队的重要性。在群众组织上,忽视军队士兵会[1]的组织和对地方工农群众的组织。结果,宣传和组织工作,都成了被取消的状态。

(五)打胜仗就骄傲,打败仗就消极。

(六)本位主义,一切只知道为四军打算,不知道武装地方群众是红军的重要任务之一。这是一种放大了的小团体主义。

(七)有少数同志囿于四军的局部环境,以为除此就没有别的革命势力了。因此,保存实力、避免斗争的思想非常浓厚。这是机会主义的残余。

(八)不顾主客观条件,犯着革命的急性病,不愿意艰苦地做细小严密的群众工作,只想大干,充满着幻想。这是盲动主义的残余[2]。

单纯军事观点的来源:

(一)政治水平低。因此不认识军队中政治领导的作用,不认识红军和白军是根本不同的。

(二)雇佣军队的思想。因为历次作战俘虏兵甚多,此种分子加入红军,带来了浓厚的雇佣军队的思想,使单纯军事观点有了下层基础。

(三)因有以上两个原因,便发生第三个原因,就是过分相信军事力量,而不相信人民群众的力量。

(四)党对于军事工作没有积极的注意和讨论,也是形成一部分同志的单纯军事观点的原因。

纠正的方法:

(一)从教育上提高党内的政治水平,肃清单纯军事观点的理论根源,认清红军和白军的根本区别。同时,还要肃清机会主义和盲动主义的残余,打破四军本位主义。

(二)加紧官兵的政治训练,特别是对俘虏成分的教育要加紧。同时,尽可能由地方政权机关选派有斗争经验的工农分子,加入红军,从组织上削弱以至去掉单纯军事观点的根源。

(三)发动地方党对红军党的批评和群众政权机关对红军的批评,以影响红军的党和红军的官兵。

(四)党对于军事工作要有积极的注意和讨论。一切工作,在党的讨论和决议之后,再经过群众去执行。

(五)编制红军法规,明白地规定红军的任务,军事工作系统和政治工作系统的关系,红军和人民群众的关系,士兵会的权能及其和军事政治机关的关系。

关于极端民主化

红军第四军在接受中央指示之后,极端民主化的现象,减少了许多。例如党的决议比较地能够执行了;要求在红军中实行所谓"由下而上的民主集权制"、"先交下级讨论,再由上级决议"等项错误主张,也没有人再提了。但是在实际上,这种减少,只是一时的和表面的现象,还不是极端民主化的思想的肃清。这就是说,极端民主化的根苗还深种在许多同志的思想中。例如对于决议案的执行,表示种种勉强的态度,就是证据。

纠正的方法:

(一)从理论上铲除极端民主化的根苗。首先,要指出极端民主化的危险,在于损伤以至完全破坏党的组织,削弱以至完全毁灭党的战斗力,使党担负不起斗争的责任,由此造成革命的失败。其次,要指出极端民主化的来源,在于小资产阶级的自由散漫性。这种自由散漫性带到党内，就成了政治上的和组织上的极端民主化的思想。这种思想是和无产阶级的斗争任务根本不相容的。

（二）在组织上，厉行集中指导下的民主生活。其路线是：

1　党的领导机关要有正确的指导路线，遇事要拿出办法，以建立领导的中枢。

2　上级机关要明了下级机关的情况和群众生活的情况，成为正确指导的客观基础。

3　党的各级机关解决问题，不要太随便。一成决议，就须坚决执行。

4　上级机关的决议，凡属重要一点的，必须迅速地传达到下级机关和党员群众中去。其办法是开活动分子会，或开支部以至纵队的党员大会（须看环境的可能），派人出席作报告。

5　党的下级机关和党员群众对于上级机关的指示，要经过详尽的讨论，以求彻底地了解指示的意义，并决定对它的执行方法。

关于非组织观点

四军党内存在着的非组织的观点，其表现如下：

甲　少数不服从多数。例如少数人的提议被否决，他们就不诚意地执行党的决议。

纠正的方法：

（一）开会时要使到会的人尽量发表意见。有争论的问题,要把是非弄明白,不要调和敷衍。一次不能解决的,二次再议(以不妨碍工作为条件),以期得到明晰的结论。

(二)党的纪律之一是少数服从多数。少数人在自己的意见被否决之后,必须拥护多数人所通过的决议。除必要时得在下一次会议再提出讨论外,不得在行动上有任何反对的表示。

乙　非组织的批评:

(一)党内批评是坚强党的组织、增加党的战斗力的武器。但是红军党内的批评有些不是这样,变成了攻击个人。其结果,不但毁坏了个人,也毁坏了党的组织。这是小资产阶级个人主义的表现。纠正的方法,在于使党员明白批评的目的是增加党的战斗力以达到阶级斗争的胜利,不应当利用批评去做攻击个人的工具。

(二)许多党员不在党内批评而在党外去批评。这是因为一般党员还不懂得党的组织(会议等)的重要,以为批评在组织内或在组织外没有什么分别。纠正的方法,就是要教育党员懂得党的组织的重要性,对党委或同志有所批评应当在党的会议上提出。

关于绝对平均主义

红军中的绝对平均主义,有一个时期发展得很厉害。例如:发给伤兵用费,反对分伤轻伤重,要求平均发给。官长骑马,不认为是工作需要,而认为是不平等制度。分物品要求极端平均,不愿意有特别情形的部分多分去一点。背米不问大人小孩体强体弱,要平均背。住房子要分得一样平,司令部住了一间大点的房子也要骂起来。派勤务要派得一样平，稍微多做一点就不肯。甚至在一副担架两个伤兵的情况，宁愿大家抬不成，不愿把一个人抬了去。这些都证明红军官兵中的绝对平均主义还很严重。

绝对平均主义的来源，和政治上的极端民主化一样，是手工业和小农经济的产物，不过一则见之于政治生活方面，一则见之于物质生活方面罢了。

纠正的方法：应指出绝对平均主义不但在资本主义没有消灭的时期，只是农民小资产者的一种幻想；就是在社会主义时期，物质的分配也要按照"各尽所能按劳取酬"的原则和工作的需要，决无所谓绝对的平均。红军人员的物质分配，应该做到大体上的平均，例如官兵薪饷平等，因为这是现时斗争环境所需要的。但是必须反对不问一切理由的绝对平均主义，因为这不是斗争的需要，适得其反，是于斗争有妨碍的。

关 于 主 观 主 义

主观主义，在某些党员中浓厚地存在，这对分析政治形势和指导工作，都非常不利。因为对于政治形势的主观主义的分析和对于工作的主观主义的指导，其必然的结果，不是机会主义，就是盲动主义。至于党内的主观主义的批评，不要证据的乱说，或互相猜忌，往往酿成党内的无原则纠纷，破坏党的组织。

关于党内批评问题，还有一点要说及的，就是有些同志的批评不注意大的方面，只注意小的方面。他们不明白批评的主要任务，是指出政治上的错误和组织上的错误。至于个人缺点,如果不是与政治的和组织的错误有联系,则不必多所指摘,使同志们无所措手足。而且这种批评一发展,党内精神完全集注到小的缺点方面,人人变成了谨小慎微的君子,就会忘记党的政治任务,这是很大的危险。

纠正的方法:主要是教育党员使党员的思想和党内的生活都政治化,科学化。要达到这个目的,就要:(一)教育党员用马克思列宁主义的方法去作政治形势的分析和阶级势力的估量,以代替主观主义的分析和估量。(二)使党员注意社会经济的调查和研究,由此来决定斗争的策略和工作的方法,使同志们知道离开了实际情况的调查,就要堕入空想和盲动的深坑。(三)党内批评要防止主观武断和把批评庸俗化,说话要有证据,批评要注意政治。

关 于 个 人 主 义

红军党内的个人主义的倾向有如下各种表现:

(一)报复主义。在党内受了士兵同志的批评,到党外找机会报复他,打骂就是报复的一种手段。在党内也寻报复:你在这次会议上说了我,我就在下次会议上找岔子报复你。这种报复主义,完全从个人观点出发,不知有阶级的利益和整个党的利益。它的目标不在敌对阶级,而在自己队伍里的别的个人。这是一种削弱组织、削弱战斗力的销蚀剂。

(二)小团体主义。只注意自己小团体的利益,不注意整体的利益,表面上不是为个人,实际上包含了极狭隘的个人主义,同样地具有很大的销蚀作用和离心作用。红军中历来小团体风气很盛,经过批评现在是好些了,但其残余依然存在,还须努力克服。

(三)雇佣思想。不认识党和红军都是执行革命任务的工具,而自己是其中的一员。不认识自己是革命的主体,以为自己仅仅对长官个人负责任,不是对革命负责任。这种消极的雇佣革命的思想,也是一种个人主义的表现。这种雇佣革命的思想,是无条件努力的积极活动分子所以不很多的原因。雇佣思想不肃清,积极活动分子便无由增加,革命的重担便始终放在少数人的肩上,于斗争极为不利。

(四)享乐主义。个人主义见于享乐方面的,在红军中也有不少的人。他们总是希望队伍开到大城市去。他们要到大城市不是为了去工作,而是为了去享乐。他们最不乐意的是在生活艰难的红色区域里工作。

(五)消极怠工。稍不遂意,就消极起来,不做工作。其原因主要是缺乏教育,但也有是领导者处理问题、分配工作或执行纪律不适当。

(六)离队思想。在红军工作的人要求脱离队伍调地方工作的与日俱增。其原因,也不完全是个人的,尚有一,红军物质生活过差;二,长期斗争,感觉疲劳;三,领导者处理问题、分配工作或执行纪律不适当等项原因。

纠正的方法:主要是加强教育,从思想上纠正个人主义。再则处理问题、分配工作、执行纪律要得当。并要设法改善红军的物质生活,利用一切可能时机休息整理,以改善物质条件。个人主义的社会来源是小资产阶级和资产阶级的思想在党内的反映,当进行教育的时候必须说明这一点。

关于流寇思想

由于红军中游民成分占了很大的数量和全国特别是南方各省有广大游民群众的存在,就在红军中产生了流寇主义的政治思想。这种思想表现在:一,不愿意做艰苦工作建立根据地,建立人民群众的政权,并由此去扩大政治影响,而只想用流动游击的方法,去扩大政治影响。二,扩大红军,不走由扩大地方赤卫队[3]、地方红军到扩大主力红军的路线,而要走"招兵买马""招降纳叛"的路线。三,不耐烦和群众在一块作艰苦的斗争,只希望跑到大城市去大吃大喝。凡此一切流寇思想的表现,极大地妨碍着红军去执行正确的任务,故肃清流寇思想,实为红军党内思想斗争的一个重要目标。应当认识,历史上黄巢[4]、李闯[5]式的流寇主义,已为今日的环境所不许可。

纠正的方法:

(一)加紧教育,批评不正确思想,肃清流寇主义。

(二)对现有红军基本队伍和新来的俘虏兵,加紧反流氓意识的教育。

(三)争取有斗争经验的工农积极分子加入红军队伍,改变红军的成分。

(四)从斗争的工农群众中创造出新的红军部队。

关于盲动主义残余

红军党内对盲动主义已经做了斗争,但尚不充分。因此,红军中还有盲动主义思想的残余存在着。其表现如：一，不顾主观和客观条件的盲干。二，城市政策执行得不充分，不坚决。三，军纪松懈，特别是打败仗时。四，还有某些部队有烧屋行为。五，枪毙逃兵的制度和肉刑制度，也是带着盲动主义性质的。盲动主义的社会来源是流氓无产者的思想和小资产阶级的思想的综合。

纠正的方法：

（一）从思想上肃清盲动主义。

（二）从制度上和政策上纠正盲动的行为。

注　　释

〔1〕见本卷《井冈山的斗争》注〔5〕。

〔2〕一九二七年革命失败后的短期间，在共产党内曾经出现一种"左"倾盲动主义倾向，认为中国革命的性质是所谓"不断革命"，中国革命的形势是所谓"不断高涨"，因而不肯去组织有秩序的退却，错误地使用命令主义的方法，企图依靠少数党员和少数群众在全国组织毫无胜利希望的许多的地方起义。这种盲动主义的行动曾经在一九二七年底流行过，到了一九二八年初渐渐地停止了下来。但有些党员也还存在着这种情绪。盲动主义就是冒险主义。

〔3〕见本卷《中国的红色政权为什么能够存在？》注〔9〕。

〔4〕黄巢（？——八八四），曹州冤句（今山东菏泽）人，唐朝末年农民起义领袖。公元八七五年，即唐僖宗乾符二年，黄巢聚众响应王仙芝领导的起义。公元八七八年，王仙芝被杀后，黄巢收集王的余部，被推为领袖，号"冲天大将军"。他领导的起义队伍，曾经多次出山东流动作战，转战于山东、河南、安徽、江苏、湖北、湖南、江西、浙江、福建、广东、广西、陕西等省。公元八八〇年，黄巢攻破潼关，不久占领长安，建立齐国，自称皇帝。后因内部分裂（大将朱温降唐），又受到李克用沙陀军及诸道军队的进攻，黄巢被迫退出长安，转入河南，由河南回到山东，于公元八八四年失败自杀。黄巢领导的农民战争持续了十年，是中国历史上有名的农民战争之一。它沉重地打击了当时的封建统治阶级，受到贫苦农民的拥护。由于黄巢起义军只是简单地进行流动的战争，没有建立过比较稳固的根据地，所以被封建统治者称为"流寇"。

〔5〕李闯即李自成(一六○六———一六四五),陕西米脂人,明朝末年农民起义领袖。一六二八年,即明思宗崇祯元年,陕西北部形成农民起义的潮流。李自成参加高迎祥的起义队伍,曾经由陕西入河南,到安徽,折回陕西。一六三六年高迎祥死,李自成被推为闯王。李自成在群众中的主要口号是"迎闯王,不纳粮";同时他不准部下扰害群众,曾经提出"杀一人如杀我父,淫一妇如淫我母"的口号,来约束自己的部队。因此,拥护他的人很多,成为当时农民起义的主流之一。但他也没有建立过比较稳固的根据地,总是流动作战。他在被推为闯王后,率部入川,折回陕南,经湖北又入川,又经湖北入河南,旋占湖北襄阳、安陆等地,再经河南攻陕占西安,于一六四四年经山西攻入北京。不久,在明将吴三桂勾引清兵联合进攻下失败。

星星之火,可以燎原[*]

(一九三○年一月五日)

在对于时局的估量和伴随而来的我们的行动问题上,我
们党内有一部分同志还缺少正确的认识。他们虽然相信革命
高潮不可避免地要到来,却不相信革命高潮有迅速到来的可
能。因此他们不赞成争取江西的计划,而只赞成在福建、广
东、江西之间的三个边界区域的流动游击,同时也没有在游击
区域建立红色政权的深刻的观念,因此也就没有用这种红色
政权的巩固和扩大去促进全国革命高潮的深刻的观念。他们
似乎认为在距离革命高潮尚远的时期做这种建立政权的艰苦
工作为徒劳,而希望用比较轻便的流动游击方式去扩大政治
影响,等到全国各地争取群众的工作做好了,或做到某个地步
了,然后再来一个全国武装起义,那时把红军的力量加上去,
就成为全国范围的大革命。他们这种全国范围的、包括一切
地方的、先争取群众后建立政权的理论,是于中国革命的实

*　这是毛泽东给林彪的一封信,是为答复林彪散发的一封对红军前途究
竟应该如何估计的征求意见的信。毛泽东在这封信中批评了当时林彪
以及党内一些同志对时局估量的一种悲观思想。一九四八年林彪向中
央提出,希望公开刊行这封信时不要提他的姓名。毛泽东同意了这个
意见。在收入本书第一版的时候,这封信改题为《星星之火,可以燎
原》,指名批评林彪的地方作了删改。

情不适合的。他们的这种理论的来源,主要是没有把中国是一个许多帝国主义国家互相争夺的半殖民地这件事认清楚。如果认清了中国是一个许多帝国主义国家互相争夺的半殖民地,则一,就会明白全世界何以只有中国有这种统治阶级内部互相长期混战的怪事,而且何以混战一天激烈一天,一天扩大一天,何以始终不能有一个统一的政权。二,就会明白农民问题的严重性,因之,也就会明白农村起义何以有现在这样的全国规模的发展。三,就会明白工农民主政权这个口号的正确。四,就会明白相应于全世界只有中国有统治阶级内部长期混战的一件怪事而产生出来的另一件怪事,即红军和游击队的存在和发展,以及伴随着红军和游击队而来的,成长于四围白色政权中的小块红色区域的存在和发展(中国以外无此怪事)。五,也就会明白红军、游击队和红色区域的建立和发展,是半殖民地中国在无产阶级领导之下的农民斗争的最高形式,和半殖民地农民斗争发展的必然结果;并且无疑义地是促进全国革命高潮的最重要因素。六,也就会明白单纯的流动游击政策,不能完成促进全国革命高潮的任务,而朱德毛泽东式、方志敏[1]式之有根据地的,有计划地建设政权的,深入土地革命的,扩大人民武装的路线是经由乡赤卫队、区赤卫大队、县赤卫总队[2]、地方红军直至正规红军这样一套办法的,政权发展是波浪式地向前扩大的,等等的政策,无疑义地是正确的。必须这样,才能树立全国革命群众的信仰,如苏联之于全世界然。必须这样,才能给反动统治阶级以甚大的困难,动摇其基础而促进其内部的分解。也必须这样,才能真正地创造红军,成为将来大革命的主要工具。总而言之,必须这样,才能促进革命的高潮。

犯着革命急性病的同志们不切当地看大了革命的主观力量[3]，而看小了反革命力量。这种估量，多半是从主观主义出发。其结果，无疑地是要走上盲动主义的道路。另一方面，如果把革命的主观力量看小了，把反革命力量看大了，这也是一种不切当的估量，又必然要产生另一方面的坏结果。因此，在判断中国政治形势的时候，需要认识下面的这些要点：

（一）现在中国革命的主观力量虽然弱，但是立足于中国落后的脆弱的社会经济组织之上的反动统治阶级的一切组织（政权、武装、党派等）也是弱的。这样就可以解释现在西欧各国的革命的主观力量虽然比现在中国的革命的主观力量也许要强些，但因为它们的反动统治阶级的力量比中国的反动统治阶级的力量更要强大许多倍，所以仍然不能即时爆发革命。现时中国革命的主观力量虽然弱，但是因为反革命力量也是相对地弱的，所以中国革命的走向高潮，一定会比西欧快。

（二）一九二七年革命失败以后，革命的主观力量确实大为削弱了。剩下的一点小小的力量，若仅依据某些现象来看，自然要使同志们（作这样看法的同志们）发生悲观的念头。但若从实质上看，便大大不然。这里用得着中国的一句老话："星星之火，可以燎原。"这就是说，现在虽只有一点小小的力量，但是它的发展会是很快的。它在中国的环境里不仅是具备了发展的可能性，简直是具备了发展的必然性，这在五卅运动[4]及其以后的大革命运动已经得了充分的证明。我们看事情必须要看它的实质，而把它的现象只看作入门的向导，一进了门就要抓住它的实质，这才是可靠的科学的分析方法。

（三）对反革命力量的估量也是这样，决不可只看它的现象，要去看它的实质。当湘赣边界割据的初期，有些同志真正相信了当时湖南省委的不正确的估量，把阶级敌人看得一钱不值；到现在还传为笑谈的所谓"十分动摇"、"恐慌万状"两句话，就是那时（一九二八年五月至六月）湖南省委估量湖南的统治者鲁涤平[5]的形容词。在这种估量之下，就必然要产生政治上的盲动主义。但是到了同年十一月至去年二月（蒋桂战争[6]尚未爆发之前）约四个月期间内，敌人的第三次"会剿"[7]临到了井冈山的时候，一部分同志又有"红旗到底打得多久"的疑问提出来了。其实，那时英、美、日在中国的斗争已到十分露骨的地步，蒋桂冯混战的形势业已形成，实质上是反革命潮流开始下落，革命潮流开始复兴的时候。但是在那个时候，不但红军和地方党内有一种悲观的思想，就是中央那时也不免为那种表面上的情况所迷惑，而发生了悲观的论调。中央二月来信[8]就是代表那时候党内悲观分析的证据。

（四）现时的客观情况，还是容易给只观察当前表面现象不观察实质的同志们以迷惑。特别是我们在红军中工作的人，一遇到败仗，或四面被围，或强敌跟追的时候，往往不自觉地把这种一时的特殊的小的环境，一般化扩大化起来，仿佛全国全世界的形势概属未可乐观，革命胜利的前途未免渺茫得很。所以有这种抓住表面抛弃实质的观察，是因为他们对于一般情况的实质并没有科学地加以分析。如问中国革命高潮是否快要到来，只有详细地去察看引起革命高潮的各种矛盾是否真正向前发展了，才能作决定。既然国际上帝国主义相互之间、帝国主义和殖民地之间、帝国主义和它们本国的无产阶级之间的矛盾是发展了，帝国主义争夺中国的需要就更迫切了。帝国主义争夺中国一迫切，帝国主义和整个中国的矛盾，帝国主义者相互间的矛盾，就同时在中国境内发展起来，因此就造成中国各派反动统治者之间的一天天扩大、一天天激烈的混战，中国各派反动统治者之间的矛盾，就日益发展起来。伴随各派反动统治者之间的矛盾——军阀混战而来的，是赋税的加重，这样就会促令广大的负担赋税者和反动统治者之间的矛盾日益发展。伴随着帝国主义和中国民族工业的矛盾而来的，是中国民族工业得不到帝国主义的让步的事实，这就发展了中国资产阶级和中国工人阶级之间的矛盾，中国资本家从拚命压榨工人找出路，中国工人则给以抵抗。伴随着帝国主义的商品侵略、中国商业资本的剥蚀和政府的赋税加重等项情况，便使地主阶级和农民的矛盾更加深刻化，即地租和高利贷的剥削更加重了，农民则更加仇恨地主。因为外货的压迫、广大工农群众购买力的枯竭和政府赋税的加重，使得国货商人和独立生产者日益走上破产的道路。因为反动政府在粮饷不足的条件之下无限制地增加军队，并因此而使战争一天多于一天，使得士兵群众经常处在困苦的环境之中。因为国家的赋税加重，地主的租息加重和战祸的日广一日，造成了普遍于全国的灾荒和匪祸，使得广大的农民和城市贫民走上求生不得的道路。因为无钱开学，许多在学学生有失学之忧；因为生产落后，许多毕业学生无就业之望。如果我们认识了以上这些矛盾，就知道中国是处在怎样一种皇皇不可终日的局面之下，处在怎样一种混乱状态之下。就知道反帝反军阀反地主的革命高潮，是怎样不可避免，而且是很快会要到来。中国是全国都布满了干柴,很快就会燃成烈火。"星火燎原"的话,正是时局发展的适当的描写。只要看一看许多地方工人罢工、农民暴动、士兵哗变、学生罢课的发展,就知道这个"星星之火",距"燎原"的时期,毫无疑义地是不远了。

上面的话的大意,在去年四月五日前委给中央的信中,就已经有了。那封信上说:

"中央此信(去年二月七日)对客观形势和主观力量的估量,都太悲观了。国民党三次'进剿'井冈山[9],表示了反革命的最高潮。然至此为止,往后便是反革命潮流逐渐低落,革命潮流逐渐升涨。党的战斗力组织力虽然弱到如中央所云,但在反革命潮流逐渐低落的形势之下,恢复一定很快,党内干部分子的消极态度也会迅速消灭。群众是一定归向我们的。屠杀主义[10]固然是为渊驱鱼,改良主义也再不能号召群众了。群众对国民党的幻想一定很快地消灭。在将来的形势之下,什么党派都是不能和共产党争群众的。党的六次大会[11]所指示的政治路线和组织路线是对的:革命的现时阶段是民权主义而不是社会主义,党(按:应加'在大城市中'五个字)的目前任务是争取群众而不是马上举行暴动。但是革命的发展将是很快的,武装暴动的宣传和准备应该采取积极的态度。在大混乱的现局之下,只有积极的口号积极的态度才能领导群众。党的战斗力的恢复也一定要在这种积极态度之下才有可能。……无产阶级领导是革命胜利的唯一关键。党的无产阶级基础的建立,中心区域产业支部的创造,是目前党在组织方面的重要任务;但是在同时,农村斗争的发展,小区域红色政权的建立,红军的创造和扩大,尤其是帮助城市斗争、促进革命潮流高涨的主要条件。所以,抛弃城市斗争,是错误的;但是畏惧农民势力的发展,以为将超过工人的势力而不利于革命,如果党员中有这种意见,我们以为也是错误的。因为半殖民地中国的革命，只有农民斗争得不到工人的领导而失败，没有农民斗争的发展超过工人的势力而不利于革命本身的。"

这封信对红军的行动策略问题有如下的答复：

"中央要我们将队伍分得很小，散向农村中，朱、毛离开队伍，隐匿大的目标，目的在于保存红军和发动群众。这是一种不切实际的想法。以连或营为单位，单独行动，分散在农村中，用游击的战术发动群众，避免目标，我们从一九二七年冬天就计划过，而且多次实行过，但是都失败了。因为：（一）主力红军多不是本地人，和地方赤卫队来历不同。（二）分小则领导不健全，恶劣环境应付不来，容易失败。（三）容易被敌人各个击破。（四）愈是恶劣环境，队伍愈须集中，领导者愈须坚决奋斗，方能团结内部，应付敌人。只有在好的环境里才好分兵游击，领导者也不如在恶劣环境时的刻不能离。"

这一段话的缺点是：所举不能分兵的理由，都是消极的，这是很不够的。兵力集中的积极的理由是：集中了才能消灭大一点的敌人，才能占领城镇。消灭了大一点的敌人，占领了城镇，才能发动大范围的群众，建立几个县联在一块的政权。这样才能耸动远近的视听（所谓扩大政治影响），才能于促进革命高潮发生实际的效力。例如我们前年干的湘赣边界政权，去年干的闽西政权[12]，都是这种兵力集中政策的结果。这是一般的原则。至于说到也有分兵的时候没有呢？也是有的。前委给中央的信上说了红军的游击战术，那里面包括了近距离的分兵：

"我们三年来从斗争中所得的战术，真是和古今中外的战术都不同。用我们的战术,群众斗争的发动是一天比一天扩大的,任何强大的敌人是奈何我们不得的。我们的战术就是游击的战术。大要说来是:'分兵以发动群众,集中以应付敌人。''敌进我退,敌驻我扰,敌疲我打,敌退我追。''固定区域的割据[13],用波浪式的推进政策。强敌跟追,用盘旋式的打圈子政策。''很短的时间,很好的方法,发动很大的群众。'这种战术正如打网,要随时打开,又要随时收拢。打开以争取群众,收拢以应付敌人。三年以来,都是用的这种战术。"

这里所谓"打开",就是指近距离的分兵。例如湘赣边界第一次打下永新时,二十九团和三十一团在永新境内的分兵。又如第三次打下永新时,二十八团往安福边境,二十九团往莲花,三十一团往吉安边界的分兵。又如去年四月至五月在赣南各县的分兵,七月在闽西各县的分兵。至于远距离的分兵,则要在好一点的环境和在比较健全的领导机关两个条件之下才有可能。因为分兵的目的,是为了更能争取群众,更能深入土地革命和建立政权,更能扩大红军和地方武装。若不能达到这些目的,或者反因分兵而遭受失败,削弱了红军的力量,例如前年八月湘赣边界分兵打郴州那样,则不如不分为好。如果具备了上述两个条件,那就无疑地应该分兵,因为在这两个条件下,分散比集中更有利。

中央二月来信的精神是不好的,这封信给了四军党内一部分同志以不良影响。中央那时还有一个通告,谓蒋桂战争不一定会爆发。但从此以后,中央的估量和指示,大体上说来就都是对的了。对于那个估量不适当的通告,中央已发了一个通告去更正。对于红军的这一封信,虽然没有更正,但是后来的指示，就没有那些悲观的论调了，对于红军行动的主张也和我们的主张一致了。但是中央那个信给一部分同志的不良影响是仍然存在的。因此，我觉得就在现时仍有对此问题加以解释的必要。

关于一年争取江西的计划，也是去年四月前委向中央提出的，后来又在于都有一次决定。当时指出的理由，见之于给中央信上的，如下：

"蒋桂部队在九江一带彼此逼近，大战爆发即在眼前。群众斗争的恢复，加上反动统治内部矛盾的扩大，使革命高潮可能快要到来。在这种局面之下来布置工作，我们觉得南方数省中广东湖南两省买办地主的军力太大，湖南则更因党的盲动主义的错误，党内党外群众几乎尽失。闽赣浙三省则另成一种形势。第一，三省敌人军力最弱。浙江只有蒋伯诚[14]的少数省防军。福建五部虽有十四团，但郭[15]旅已被击破；陈卢[16]两部均土匪军，战斗力甚低；陆战队两旅在沿海从前并未打过仗，战斗力必不大；只有张贞[17]比较能打，但据福建省委分析，张亦只有两个团战力较强。且福建现在完全是混乱状态，不统一。江西朱培德[18]、熊式辉[19]两部共有十六团，比闽浙军力为强，然比起湖南来就差得多。第二，三省的盲动主义错误比较少。除浙江情况我们不大明了外，江西福建两省党和群众的基础，都比湖南好些。以江西论，赣北之德安、修水、铜鼓尚有相当基础；赣西宁冈、永新、莲花、遂川，党和赤卫队的势力是依然存在的；赣南的希望更大，吉安、永丰、兴国等县的红军第二第四团有日益发展之势；方志敏的红军并未消灭。这样就造成了向南昌包围的形势。我们建议中央，在国民党军阀长期战争期间，我们要和蒋桂两派争取江西，同时兼及闽西、浙西。在三省扩大红军的数量，造成群众的割据，以一年为期完成此计划。"

上面争取江西的话,不对的是规定一年为期。至于争取江西,除开江西的本身条件之外,还包含有全国革命高潮快要到来的条件。因为如果不相信革命高潮快要到来,便决不能得到一年争取江西的结论。那个建议的缺点就是不该规定为一年,因此,影响到革命高潮快要到来的所谓"快要",也不免伴上了一些急躁性。至于江西的主观客观条件是很值得注意的。除主观条件如给中央信上所说外,客观条件现在可以明白指出的有三点:一是江西的经济主要是封建的经济,商业资产阶级势力较小,而地主的武装在南方各省中又比哪一省都弱。二是江西没有本省的军队,向来都是外省军队来此驻防。外来军队"剿共""剿匪",情形不熟,又远非本省军队那样关系切身,往往不很热心。三是距离帝国主义的影响比较远一点,不比广东接近香港,差不多什么都受英国的支配。我们懂得了这三点,就可以解释为什么江西的农村起义比哪一省都要普遍,红军游击队比哪一省都要多了。

所谓革命高潮快要到来的"快要"二字作何解释,这点是许多同志的共同的问题。马克思主义者不是算命先生,未来的发展和变化,只应该也只能说出个大的方向,不应该也不可能机械地规定时日。但我所说的中国革命高潮快要到来,决不是如有些人所谓"有到来之可能"那样完全没有行动意义的、可望而不可即的一种空的东西。它是站在海岸遥望海中已经看得见桅杆尖头了的一只航船,它是立于高山之巅远看东方已见光芒四射喷薄欲出的一轮朝日,它是躁动于母腹中的快要成熟了的一个婴儿。

注　　释

〔1〕方志敏（一八九九——一九三五），江西弋阳人，赣东北革命根据地和红军第十军的主要创建人。一九二二年加入中国社会主义青年团，一九二四年加入中国共产党，曾被增补为中国共产党第六届中央委员会委员。一九二八年一月，在江西的弋阳、横峰一带发动农民举行武装起义。一九二八年至一九三三年，领导起义的农民坚持游击战争，实行土地革命，建立红色政权，逐步地将农村革命根据地扩大到江西东北部和福建北部、安徽南部、浙江西部，将地方游击队发展为正规红军。一九三四年十一月，带领红军第十军团向皖南进军，继续执行抗日先遣队北上的任务。一九三五年一月，在同国民党军队作战中被捕。同年八月，在南昌英勇牺牲。

〔2〕见本卷《中国的红色政权为什么能够存在？》注〔9〕。

〔3〕这里所说的"革命的主观力量"，是指有组织的革命力量。

〔4〕见本卷《中国社会各阶级的分析》注〔9〕。

〔5〕鲁涤平（一八八七——一九三五），湖南宁乡人。一九二八年时任国民党湖南省政府主席。

〔6〕指一九二九年三四月间蒋介石和广西军阀李宗仁、白崇禧之间的战争。

〔7〕一九二八年七月至十一月，江西、湖南两省的国民党军队两次"会剿"井冈山革命根据地失败后，又于同年底至一九二九年初调集湖南、江西两省共六个旅的兵力，对井冈山革命根据地发动第三次"会剿"。毛泽东等周密地研究了粉碎敌人"会剿"的计划，决定红军第四军主力转入外线打击敌人，以红四军的一部配合红五军留守井冈山。经过内外线的艰苦转战，红军开辟了赣南、闽西革命根据地，曾经被敌人一度侵占的井冈山革命根据地也得到了恢复和发展。

〔8〕指中共中央一九二九年二月七日给红军第四军前敌委员会的信。本文中引录的一九二九年四月五日红军第四军前敌委员会给中央的信上，曾大略地摘出该信的内容，主要是关于当时形势的估计和红军的行动策略问题。中央的这封信所提出的意见是不适当的，所以前委在给中央的信中提出了不同的意见。

〔9〕这里是指湖南、江西两省国民党军队对井冈山革命根据地的第三次"会剿"。

〔10〕指反革命势力对付人民的革命力量采用血腥屠杀的手段。

〔11〕中国共产党第六次全国代表大会于一九二八年六月十八日至七月十一日在莫斯科举行。会上，瞿秋白作了《中国革命与共产党》的报告，周恩来作了组织问题和军事问题的报告，刘伯承作了军事问题的补充报告。会议通过了政治、

苏维埃政权组织、土地、农民等问题决议案和军事工作草案。这次大会肯定了中国社会仍旧是半殖民地半封建社会,中国当时的革命依然是资产阶级民主革命,指出了当时的政治形势是在两个高潮之间和革命发展是不平衡的,党在当时的总任务不是进攻,而是争取群众。会议在批判右倾机会主义的同时,特别指出了当时党内最主要的危险倾向是脱离群众的盲动主义、军事冒险主义和命令主义。这次大会的主要方面是正确的,但也有缺点和错误。它对于中间阶级的两面性和反动势力的内部矛盾缺乏正确的估计和适当的政策;对于大革命失败后党所需要的策略上的有秩序的退却,对于农村根据地的重要性和民主革命的长期性,也缺乏必要的认识。

〔12〕指福建西部长汀、龙岩、永定、上杭等县的工农民主政权,它是红军第四军主力一九二九年离开井冈山进入福建时新开辟的革命根据地。

〔13〕"固定区域的割据"指工农红军建立比较巩固的革命根据地。

〔14〕蒋伯诚,当时任国民党浙江省防军司令。

〔15〕郭,指国民党福建省防军暂编第二混成旅旅长郭凤鸣。

〔16〕陈卢,指福建的著匪陈国辉和卢兴邦,他们的部队在一九二六年被国民党政府收编。

〔17〕张贞,当时任国民党军暂编第一师师长。

〔18〕朱培德(一八八九——一九三七),云南盐兴(今禄丰县)人。当时任国民党江西省政府主席。

〔19〕熊式辉(一八九三——一九七四),江西安义人。当时任国民党江西省政府委员、第五师师长。

反 对 本 本 主 义 *

（一九三〇年五月）

一　没有调查，没有发言权[1]

你对于某个问题没有调查，就停止你对于某个问题的发言权。这不太野蛮了吗？一点也不野蛮。你对那个问题的现实情况和历史情况既然没有调查，不知底里，对于那个问题的发言便一定是瞎说一顿。瞎说一顿之不能解决问题是大家明了的，那末，停止你的发言权有什么不公道呢？许多的同志都成天地闭着眼睛在那里瞎说，这是共产党员的耻辱，岂有共产党员而可以闭着眼睛瞎说一顿的吗？

要不得！

要不得！

注重调查！

反对瞎说！

　＊　毛泽东的这篇文章是为了反对当时红军中的教条主义思想而写的。那时没有用"教条主义"这个名称，而叫它做"本本主义"。

二　调查就是解决问题

　　你对于那个问题不能解决吗？那末，你就去调查那个问题的现状和它的历史吧！你完完全全调查明白了，你对那个问题就有解决的办法了。一切结论产生于调查情况的末尾，而不是在它的先头。只有蠢人，才是他一个人，或者邀集一堆人，不作调查，而只是冥思苦索地"想办法"，"打主意"。须知这是一定不能想出什么好办法，打出什么好主意的。换一句话说，他一定要产生错办法和错主意。

　　许多巡视员，许多游击队的领导者，许多新接任的工作干部，喜欢一到就宣布政见，看到一点表面，一个枝节，就指手画脚地说这也不对，那也错误。这种纯主观地"瞎说一顿"，实在是最可恶没有的。他一定要弄坏事情，一定要失掉群众，一定不能解决问题。

　　许多做领导工作的人，遇到困难问题，只是叹气，不能解决。他恼火，请求调动工作，理由是"才力小，干不下"。这是懦夫讲的话。迈开你的两脚，到你的工作范围的各部分各地方去走走，学个孔夫子的"每事问"[2]，任凭什么才力小也能解决问题，因为你未出门时脑子是空的，归来时脑子已经不是空的了，已经载来了解决问题的各种必要材料，问题就是这样子解决了。一定要出门吗？也不一定，可以召集那些明了情况的人来开个调查会，把你所谓困难问题的"来源"找到手，"现状"弄明白，你的这个困难问题也就容易解决了。

　　调查就像"十月怀胎"，解决问题就像"一朝分娩"。调查就是解决问题。

三　反对本本主义

以为上了书的就是对的，文化落后的中国农民至今还存着这种心理。不谓共产党内讨论问题，也还有人开口闭口"拿本本来"。我们说上级领导机关的指示是正确的，决不单是因为它出于"上级领导机关"，而是因为它的内容是适合于斗争中客观和主观情势的，是斗争所需要的。不根据实际情况进行讨论和审察，一味盲目执行，这种单纯建立在"上级"观念上的形式主义的态度是很不对的。为什么党的策略路线总是不能深入群众，就是这种形式主义在那里作怪。盲目地表面上完全无异议地执行上级的指示，这不是真正在执行上级的指示，这是反对上级指示或者对上级指示怠工的最妙方法。

本本主义的社会科学研究法也同样是最危险的，甚至可能走上反革命的道路，中国有许多专门从书本上讨生活的从事社会科学研究的共产党员，不是一批一批地成了反革命吗？就是明显的证据。我们说马克思主义是对的，决不是因为马克思这个人是什么"先哲"，而是因为他的理论，在我们的实践中，在我们的斗争中，证明了是对的。我们的斗争需要马克思主义。我们欢迎这个理论，丝毫不存什么"先哲"一类的形式的甚至神秘的念头在里面。读过马克思主义"本本"的许多人，成了革命叛徒，那些不识字的工人常常能够很好地掌握马克思主义。马克思主义的"本本"是要学习的，但是必须同我国的实际情况相结合。我们需要"本本"，但是一定要纠正脱离实际情况的本本主义。

怎样纠正这种本本主义？只有向实际情况作调查。

四　离开实际调查就要产生唯心的阶级估量和唯心的工作指导，那末，它的结果，不是机会主义，便是盲动主义

你不相信这个结论吗？事实要强迫你信。你试试离开实际调查去估量政治形势，去指导斗争工作，是不是空洞的唯心的呢？这种空洞的唯心的政治估量和工作指导，是不是要产生机会主义错误，或者盲动主义错误呢？一定要弄出错误。这并不是他在行动之前不留心计划，而是他于计划之前不留心了解社会实际情况，这是红军游击队里时常遇见的。那些李逵[3]式的官长，看见弟兄们犯事，就懵懵懂懂地乱处置一顿。结果，犯事人不服，闹出许多纠纷，领导者的威信也丧失干净，这不是红军里常见的吗？

必须洗刷唯心精神，防止一切机会主义盲动主义错误出现，才能完成争取群众战胜敌人的任务。必须努力作实际调查，才能洗刷唯心精神。

五　社会经济调查，是为了得到
　　　正确的阶级估量，接着定出
　　　正确的斗争策略

　　为什么要作社会经济调查？我们就是这样回答。因此，作为我们社会经济调查的对象的是社会的各阶级，而不是各种片断的社会现象。近来红军第四军的同志们一般的都注意调查工作了[4]，但是很多人的调查方法是错误的。调查的结果就像挂了一篇狗肉账，像乡下人上街听了许多新奇故事，又像站在高山顶上观察人民城郭。这种调查用处不大，不能达到我们的主要目的。我们的主要目的，是要明了社会各阶级的政治经济情况。我们调查所要得到的结论，是各阶级现在的以及历史的盛衰荣辱的情况。举例来说，我们调查农民成分时，不但要知道自耕农[5]，半自耕农[6]，佃农，这些以租佃关系区别的各种农民的数目有多少，我们尤其要知道富农，中农，贫农，这些以阶级区别阶层区别的各种农民的数目有多少。我们调查商人成分，不但要知道粮食业、衣服业、药材业等行业的人数各有多少，尤其要调查小商人、中等商人、大商人各有多少。我们不仅要调查各业的情况，尤其要调查各业内部的阶级情况。我们不仅要调查各业之间的相互关系，尤其要调查各阶级之间的相互关系。我们调查工作的主要方法是解剖各种社会阶级，我们的终极目的是要明了各种阶级的相互关系，得到正确的阶级估量，然后定出我们正确的斗争策略,确定哪些阶级是革命斗争的主力,哪些阶级是我们应当争取的同盟者,哪些阶级是要打倒的。我们的目的完全在这里。

什么是调查时要注意的社会阶级?下面那些就是:

工业无产阶级

手工业工人

雇农

贫农

城市贫民

游民

手工业者

小商人

中农

富农

地主阶级

商业资产阶级

工业资产阶级

这些阶级(有的是阶层)的状况,都是我们调查时要注意的。在我们暂时的工作区域中所没有的,只是工业无产阶级和工业资产阶级,其余都是经常碰见的。我们的斗争策略就是对这许多阶级阶层的策略。

我们从前的调查还有一个极大的缺点,就是偏于农村而不注意城市,以致许多同志对城市贫民和商业资产阶级这二者的策略始终模糊。斗争的发展使我们离开山头跑向平地了[7],我们的身子早已下山了,但是我们的思想依然还在山上。我们要了解农村,也要了解城市,否则将不能适应革命斗争的需要。

六　中国革命斗争的胜利要靠
中国同志了解中国情况

我们的斗争目的是要从民权主义转变到社会主义。我们的任务第一步是，争取工人阶级的大多数，发动农民群众和城市贫民，打倒地主阶级，打倒帝国主义，打倒国民党政权，完成民权主义革命。由这种斗争的发展，跟着就要执行社会主义革命的任务。这些伟大的革命任务的完成不是简单容易的，它全靠无产阶级政党的斗争策略的正确和坚决。倘若无产阶级政党的斗争策略是错误的，或者是动摇犹豫的，那末，革命就非走向暂时的失败不可。须知资产阶级政党也是天天在那里讨论斗争策略的，他们的问题是怎样在工人阶级中传播改良主义影响，使工人阶级受他们的欺骗，而脱离共产党的领导，怎样争取富农去消灭贫农的暴动，怎样组织流氓去镇压革命等等。在这样日益走向尖锐的短兵相接的阶级斗争的形势之下，无产阶级要取得胜利，就完全要靠他的政党——共产党的斗争策略的正确和坚决。共产党的正确而不动摇的斗争策略，决不是少数人坐在房子里能够产生的，它是要在群众的斗争过程中才能产生的，这就是说要在实际经验中才能产生。因此，我们需要时时了解社会情况，时时进行实际调查。那些具有一成不变的保守的形式的空洞乐观的头脑的同志们，以为现在的斗争策略已经是再好没有了，党的第六次全国代表大会的"本本"[8]保障了永久的胜利，只要遵守既定办法就无往而不胜利。这些想法是完全错误的,完全不是共产党人从斗争中创造新局面的思想路线,完全是一种保守路线。这种保守路线如不根本丢掉,将会给革命造成很大损失,也会害了这些同志自己。红军中显然有一部分同志是安于现状,不求甚解,空洞乐观,提倡所谓"无产阶级就是这样"的错误思想,饱食终日,坐在机关里面打瞌睡,从不肯伸只脚到社会群众中去调查调查。对人讲话一向是那几句老生常谈,使人厌听。我们要大声疾呼,唤醒这些同志:

速速改变保守思想!

换取共产党人的进步的斗争思想!

到斗争中去!

到群众中作实际调查去!

七　调查的技术

(1)要开调查会作讨论式的调查

只有这样才能近于正确,才能抽出结论。那种不开调查会,不作讨论式的调查,只凭一个人讲他的经验的方法,是容易犯错误的。那种只随便问一下子,不提出中心问题在会议席上经过辩论的方法,是不能抽出近于正确的结论的。

(2)调查会到些什么人?

要是能深切明了社会经济情况的人。以年龄说,老年人最好,因为他们有丰富的经验,不但懂得现状,而且明白因果。有斗争经验的青年人也要,因为他们有进步的思想,有锐利的观察。以职业说,工人也要,农民也要,商人也要,知识分子也要,有时兵士也要,流氓也要。自然,调查某个问题时,和那个问题无关的人不必在座,如调查商业时,工农学各业不必在座。

(3)开调查会人多好还是人少好?

看调查人的指挥能力。那种善于指挥的,可以多到十几个人或者二十几个人。人多有人多的好处,就是在做统计时(如征询贫农占农民总数的百分之几),在做结论时(如征询土地分配平均分好还是差别分好),能得到比较正确的回答。自然人多也有人多的坏处,指挥能力欠缺的人会无法使会场得到安静。究竟人多人少,要依调查人的情况决定。但是至少需要三人,不然会囿于见闻,不符合真实情况。

(4)要定调查纲目

纲目要事先准备,调查人按照纲目发问,会众口说。不明了的,有疑义的,提起辩论。所谓"调查纲目",要有大纲,还要有细目,如"商业"是个大纲,"布匹","粮食","杂货","药材"都是细目,布匹下再分"洋布","土布","绸缎"各项细目。

(5)要亲身出马

凡担负指导工作的人,从乡政府主席到全国中央政府主席,从大队长到总司令,从支部书记到总书记,一定都要亲身从事社会经济的实际调查,不能单靠书面报告,因为二者是两回事。

(6)要深入

初次从事调查工作的人,要作一两回深入的调查工作,就是要了解一处地方(例如一个农村、一个城市),或者一个问题(例如粮食问题、货币问题)的底里。深切地了解一处地方或者一个问题了,往后调查别处地方、别个问题,便容易找到门路了。

(7)要自己做记录

调查不但要自己当主席,适当地指挥调查会的到会人,而且要自己做记录,把调查的结果记下来。假手于人是不行的。

注　释

〔1〕一九三一年四月二日毛泽东在《总政治部关于调查人口和土地状况的通知》中,对"没有调查,没有发言权"的论断作了补充和发展,提出"我们的口号是:一,不做调查没有发言权。二,不做正确的调查同样没有发言权。"

〔2〕见《论语·八佾》。原文是:"子入太庙,每事问。"

〔3〕李逵是《水浒传》中的一个英雄人物。他朴直豪爽,对农民革命事业很忠诚,但是处事鲁莽。

〔4〕毛泽东历来重视调查工作,把进行社会调查作为领导工作的首要任务和决定政策的基础。在毛泽东的倡导下,红军第四军的调查工作逐渐地开展起来。毛泽东还把进行社会调查规定为工作制度,红军政治部制订了详细的调查表,包括群众斗争状况、反动派状况、经济生活情况和农村各阶级占有土地的情况等项目。红军每到一个地方,都首先要弄清当地的阶级关系状况,然后再提出切合群众需要的口号。

〔5〕这里是指中农。

〔6〕见本卷《中国社会各阶级的分析》注〔10〕。

〔7〕这里所说的山头指江西、湖南边界的井冈山地区,平地指江西南部、福建西部地区。一九二九年一月,毛泽东、朱德率领红军第四军的主力,自井冈山出发,向江西南部、福建西部进军,开辟赣南、闽西两大革命根据地。

〔8〕指一九二八年六月至七月召开的中国共产党第六次全国代表大会通过的各项决议案。一九二九年初,红军第四军前敌委员会曾经把这些决议案汇集印成单行本,发给红军和地方的党组织。

必须注意经济工作[*]

（一九三三年八月十二日）

革命战争的激烈发展，要求我们动员群众，立即开展经济战线上的运动，进行各项必要和可能的经济建设事业。为什么？现在我们的一切工作，都应当为着革命战争的胜利，首先是粉碎敌人第五次"围剿"[1]的战争的彻底胜利；为着争取物质上的条件去保障红军的给养和供给；为着改善人民群众的生活，由此更加激发人民群众参加革命战争的积极性；为着在经济战线上把广大人民群众组织起来，并且教育他们，使战争得着新的群众力量；为着从经济建设去巩固工人和农民的联盟，去巩固工农民主专政，去加强无产阶级的领导。为着这一切，就需要进行经济方面的建设工作。这是每个革命工作人员必须认识清楚的。过去有些同志认为革命战争已经忙不了，哪里还有闲工夫去做经济建设工作，因此见到谁谈经济建设，就要骂为"右倾"。他们认为在革命战争环境中没有进行经济建设的可能，要等战争最后胜利了，有了和平的安静的环境，才能进行经济建设。同志们，这些意见是不对的。抱着这些意见的同志，他们不了解如果不进行经济建设，革命战争的

---

[*] 这是毛泽东在一九三三年八月十二日至十五日召开的中央革命根据地南部十七县经济建设大会上所作的报告的一部分。

物质条件就不能有保障,人民在长期的战争中就会感觉疲惫。你们看,敌人在进行经济封锁,奸商和反动派在破坏我们的金融和商业,我们红色区域的对外贸易,受到极大的妨碍。我们如果不把这些困难克服,革命战争不是要受到很大的影响吗?盐很贵,有时买不到。谷子秋冬便宜,春夏又贵得厉害。这些情形,立即影响到工农的生活,使工农生活不能改良。这不是要影响到工农联盟这一个基本路线吗?工农群众如果对于他们的生活发生不满意,这不是要影响到我们的扩大红军、动员群众参加革命战争的工作吗?所以,这种以为革命战争的环境不应该进行经济建设的意见,是极端错误的。有这种意见的人,也常说一切应服从战争,他们不知道如果取消了经济建设,这就不是服从战争,而是削弱战争。只有开展经济战线方面的工作,发展红色区域的经济,才能使革命战争得到相当的物质基础,才能顺利地开展我们军事上的进攻,给敌人的"围剿"以有力的打击;才能使我们有力量去扩大红军,把我们的战线开展到几千里路的地方去,使我们的红军毫无顾虑地在将来顺利的条件下去打南昌,打九江,使我们的红军减少自己找给养的这一部分工作,专心一意去打敌人;也才能使我们的广大群众都得到生活上的相当的满足,而更加高兴地去当红军,去做各项革命工作。必须这样干才叫做服从战争。现在各地革命工作人员中,还有许多人不明了经济建设工作在革命战争中的重要性,还有许多地方政府没有着重讨论经济建设的问题。各地政府的国民经济部的组织还不健全,有些连部长还没有找到,或者也只拿工作能力较差的人去凑数。合作社的发展还只在开始的阶段,调剂粮食的工作也还只在一部分地方做起来。各地还没有把经济建设这个任务宣传到广大群众中去(这是十分紧要的),还没有在群众中造成为着经济建设而斗争的热烈的空气。这些情形,都是由于忽视经济建设的重要性而来的。我们一定要经过同志们在这次会议上的讨论和会后回去的传达,在全体政府工作人员中,在广大工农群众中,造成一种热烈的经济建设的空气。要大家懂得经济建设在革命战争中的重要性,努力推销经济建设公债,发展合作社运动,普遍建设谷仓,建设备荒仓。每个县要设立一个粮食调剂分局,重要的区,重要的圩场[2],要设粮食调剂支局。一方面要使我们的粮食,在红色区域内由有余的地方流通到不足的地方,不使有的地方成了堆,有的地方买不到,有的地方价格过低,有的地方价格又过高;一方面要把我区多余的粮食,有计划地(不是无限制地)运输出口,不受奸商的中间剥削,从白区购买必需品进来。大家要努力去发展农业和手工业的生产,多造农具,多产石灰,使明年的收获增多,恢复钨砂、木头、樟脑、纸张、烟叶、夏布、香菇、薄荷油等特产过去的产量,并把它们大批地输出到白区去。

　　从出入口贸易的数量来看,我们第一个大宗出口是粮食。每年大约有三百万担谷子出口,三百万群众中每人平均输出一担谷交换必需品进来,不会是更少的吧。这笔生意是什么人做的? 全是商人在做,商人在这中间进行了残酷的剥削。去年万安、泰和两县的农民五角钱一担谷卖给商人,而商人运到赣州卖四块钱一担,赚去了七倍。又看三百万群众每年要吃差不多九百万块钱的盐,要穿差不多六百万块钱的布。这一千五百万元盐、布的进口,过去不消说都是商人在那里做的,我们没有去管过。商人在这中间的剥削真是大得很。比如商人到梅县买盐,一块钱七斤,运到我区,一块钱卖十二两。这不是吓死人的剥削吗?像这样的事情,我们再不能不管了,以后是一定要管起来。我们的对外贸易局在这方面要尽很大的努力。

三百万元经济建设公债的发行怎样使用呢?我们打算这样使用:一百万供给红军作战费,两百万借给合作社、粮食调剂局、对外贸易局做本钱。其中又以小部分用去发展生产,大部分用去发展出入口贸易。我们的目的不但要发展生产,并且要使生产品出口卖得适当的价钱,又从白区用低价买得盐布进来,分配给人民群众,这样去打破敌人的封锁,抵制商人的剥削。我们要使人民经济一天一天发展起来,大大改良群众生活,大大增加我们的财政收入,把革命战争和经济建设的物质基础确切地建立起来。

这是一个伟大的任务,一个伟大的阶级斗争。但是我们问一问,这个任务在激烈的战争环境内,是不是能完成呢?我想是能完成的。我们并不是说要修一条铁路通龙岩,暂时也不是说要修一条汽车道通赣州。我们不是说粮食完全专卖,也不是说一千五百万元盐布生意都由政府经管不准商人插手。我们不是这样说,也不是这样做的。我们说的做的,是发展农业和手工业生产,输出粮食和钨砂,输入食盐和布匹,暂时从两百万资金再加上群众的股本做起。这些是不应做、不能做、做不到的事吗?这些工作我们已经开始做了,并且已经做出了成绩。今年秋收比去年秋收增加了百分之二十至二十五,超过了增加两成秋收的预计。手工业方面,农具和石灰的生产在恢复过程中,钨砂的生产开始恢复。烟、纸和木头的生产也开始有了点生气。粮食调剂今年有了不少的成绩。食盐入口也开始有部分的工作了。这些成绩,就是我们坚信将来能够发展的基础。人们说要到战争完结了才能进行经济建设,而在现在则是不可能的,这不是明显的错误观点吗?

因此也就明白,在现在的阶段上,经济建设必须是环绕着革命战争这个中心任务的。革命战争是当前的中心任务,经济建设事业是为着它的,是环绕着它的,是服从于它的。那种以为经济建设已经是当前一切任务的中心,而忽视革命战争,离开革命战争去进行经济建设,同样是错误的观点。只有在国内战争完结之后,才说得上也才应该说以经济建设为一切任务的中心。在国内战争中企图进行和平的,为将来所应有而现在所不应有的,为将来的环境所许可而现在的环境不许可的那些经济建设工作,只是一种瞎想。当前的工作是战争所迫切地要求的一些工作。这些工作每件都是为着战争,而不是离开战争的和平事业。如果同志们中间有离开战争进行经济建设的想法,那就应立刻改正。

没有正确的领导方式和工作方法,要迅速地开展经济战线上的运动,是不可能的。这也是一个重要的问题,也要在这次会议得到解决。因为同志们回去,不但要立即动手去做许多工作,并且要指导许多工作人员一道去做。尤其是乡和市这一级的同志,以及合作社、粮食局、贸易局、采办处这些机关里的同志,他们是亲手动员群众组织合作社、调剂和运输粮食、管理出入口贸易的实际工作人员,如果他们的领导方式不对,不能采取各种正确的有效的工作方法,那就会立刻影响到工作的成效，使我们各项工作不能得到广大群众的拥护，不能在今年秋冬和明年春夏完成中央政府在经济建设上的整个计划。因此，我要向同志们指出下面的几点：

第一，从组织上动员群众。首先是各级政府的主席团、国民经济部和财政部的同志，要把发行公债，发展合作社，调剂粮食，发展生产，发展贸易这些工作，经常地放在议事日程上面去讨论，去督促，去检查。其次，要推动群众团体，主要的是工会和贫农团。要使工会动员它的会员群众都加入经济战线上来。贫农团是动员群众发展合作社、购买公债的一个有力的基础，区政府和乡政府要用大力去领导它。其次，要经过以村子、屋子为单位的群众大会去做经济建设的宣传，在宣传中要把革命战争和经济建设的关系讲得十分明白，要把改良群众的生活，增加斗争的力量，讲得十分实际。号召群众购买公债，发展合作社，调剂粮食，巩固金融，发展贸易，号召他们为着这些口号而斗争，把群众的热情提高起来。假如不这样地从组织上去动员群众和宣传群众，即是说，各级政府的主席团、国民经济部和财政部不着力抓着经济建设的工作去讨论、检查，不注意推动群众团体，不注意开群众大会做宣传，那末，要达到目的是不可能的。

第二，动员群众的方式，不应该是官僚主义的。官僚主义的领导方式，是任何革命工作所不应有的，经济建设工作同样来不得官僚主义。要把官僚主义方式这个极坏的家伙抛到粪缸里去，因为没有一个同志喜欢它。每一个同志喜欢的应该是群众化的方式，即是每一个工人、农民所喜欢接受的方式。官僚主义的表现，一种是不理不睬或敷衍塞责的怠工现象。

我们要同这种现象作严厉的斗争。另一种是命令主义。命令主义者表面上不怠工,好像在那里努力干。实际上,命令主义地发展合作社,是不能成功的;暂时在形式上发展了,也是不能巩固的。结果是失去信用,妨碍了合作社的发展。命令主义地推销公债,不管群众了解不了解,买不买得这样多,只是蛮横地要照自己的数目字去派,结果是群众不喜欢,公债不能好好地推销。我们一定不能要命令主义,我们要的是努力宣传,说服群众,按照具体的环境、具体地表现出来的群众情绪,去发展合作社,去推销公债,去做一切经济动员的工作。

第三,经济建设运动的开展,需要有很大数量的工作干部。这不是几十几百人的事,而是要有几千人几万人,要把他们组织起来,训练起来,送到经济建设的阵地上去。他们是经济战线上的指挥员,而广大群众则是战斗员。人们常常叹气没有干部。同志们,真的没有干部吗?从土地斗争、经济斗争、革命战争中锻炼出来的群众,涌出来了无数的干部,怎么好说没有干部呢? 丢掉错误的观点,干部就站在面前了。

第四,经济建设在今天不但和战争的总任务不能分离,和其他的任务也是不能分离的。只有深入查田运动[3],才能彻底地消灭封建半封建的土地所有制,发展农民的生产的积极性,使广大农民迅速地走入经济建设的战线上来。只有坚决地实行劳动法,才能改善工人群众的生活,使工人群众积极地迅速地参加经济建设事业,而加强他们对于农民的领导作用。只有正确地领导选举运动和跟着查田运动的开展而开展的检举运动[4],才能健全我们的政府机关,使我们的政府更有力地领导革命战争,领导各方面的工作,领导经济工作。用文化教育工作提高群众的政治和文化的水平,这对于发展国民经济同样有极大的重要性。至于一天也不要忽略扩大红军的工作,那更不待说了。大家都明白,没有红军的胜利,经济封锁就要更加厉害。另一方面,发展了国民经济,改良了群众生活,无疑地就会极大地帮助扩大红军的工作,使广大群众踊跃地开向前线上去。总起来说,假如我们争取了上述的一切条件,包括经济建设这个新的极重要的条件,并且使这一切的条件都服务于革命战争,那末,革命战争的胜利,无疑是属于我们的。

注　　释

〔1〕从一九三○年至一九三四年,国民党军队对以江西瑞金为中心的中央革命根据地共发动了五次大规模的军事进攻,叫做五次"围剿"。第五次"围剿"的正式开始是在一九三三年九月间,但从一九三三年夏季,蒋介石就在积极部署这次进攻。

〔2〕圩场,江西、福建等省农村中定期进行交易的市场。

〔3〕中央革命根据地在分配土地后于一九三三年至一九三四年开展了一次查田运动。查田是为了查漏划的地主富农,彻底消灭封建势力,巩固和纯洁苏维埃政权。一九三三年六月一日中华苏维埃共和国临时中央政府发出《关于查田运动的训令》,要求"把一切冒称'中农'、'贫农'的地主富农,完全清查出来"。同时按照一九三一年十二月一日《中华苏维埃共和国土地法》的规定,《训令》还提出"没收地主阶级的一切土地财产,没收富农的土地及多余的耕牛、农具、房屋,分配给过去分田不够的及尚未分到田的工人、贫农、中农,富农则分与较坏的劳动份地"。在这次查田运动中,存在着"左"的错误。

〔4〕检举运动是中央革命根据地在一九三二年底至一九三四年间开展的一次群众运动。它的目的是检举工农民主政府工作人员的某些不良行为,并且通过检举,清洗混入革命队伍中的反革命分子、阶级异己分子等。

怎样分析农村阶级 *

（一九三三年十月）

一　地　主

占有土地，自己不劳动，或只有附带的劳动，而靠剥削农民为生的，叫做地主。地主剥削的方式，主要地是收取地租，此外或兼放债，或兼雇工，或兼营工商业。但对农民剥削地租是地主剥削的主要的方式。管公堂和收学租[1]也是地租剥削的一类。

有些地主虽然已破产了，但破产之后仍不劳动，依靠欺骗、掠夺或亲友接济等方法为生，而其生活状况超过普通中农者，仍然算是地主。

军阀、官僚、土豪、劣绅是地主阶级的政治代表，是地主中特别凶恶者。富农中亦常有较小的土豪、劣绅。

帮助地主收租管家，依靠地主剥削农民为主要的生活来源，其生活状况超过普通中农的一些人，应和地主一例看待。

依靠高利贷剥削为主要生活来源，其生活状况超过普通

　＊　这个文件，是毛泽东一九三三年十月为纠正在土地改革工作中发生的偏向、正确地解决土地问题而写的，曾由当时中央工农民主政府通过，作为划分农村阶级成分的标准。

中农的人,称为高利贷者,应和地主一例看待。

二　富　农

富农一般占有土地。但也有自己占有一部分土地,另租入一部分土地的。也有自己全无土地,全部土地都是租入的。富农一般都占有比较优裕的生产工具和活动资本,自己参加劳动,但经常地依靠剥削为其生活来源的一部或大部。富农的剥削方式,主要是剥削雇佣劳动(请长工)。此外,或兼以一部土地出租剥削地租,或兼放债,或兼营工商业。富农多半还管公堂。有的占有相当多的优良土地,除自己劳动之外并不雇工,而另以地租债利等方式剥削农民,此种情况也应以富农看待。富农的剥削是经常的,许多富农的剥削收入在其全部收入中并且是主要的。

三　中　农

中农许多都占有土地。有些中农只占有一部分土地,另租入一部分土地。有些中农并无土地,全部土地都是租入的。中农自己都有相当的工具。中农的生活来源全靠自己劳动,或主要靠自己劳动。中农一般不剥削别人,许多中农还要受别人小部分地租债利等剥削。但中农一般不出卖劳动力。另一部分中农(富裕中农)则对别人有轻微的剥削,但非经常的和主要的。

四　贫　农

贫农有些占有一部分土地和不完全的工具；有些全无土地，只有一些不完全的工具。一般都须租入土地来耕，受人地租、债利和小部分雇佣劳动的剥削。

中农一般不要出卖劳动力，贫农一般要出卖小部分的劳动力，这是区别中农和贫农的主要标准。

五　工　人

工人（雇农在内）一般全无土地和工具，有些工人有极小部分的土地和工具。工人完全地或主要地以出卖劳动力为生。

注　释

〔1〕旧中国农村中有许多的公共土地。有些是政治性的，例如一些区乡政府所有的土地。有些是宗族性的，例如各姓祠堂所有的土地。有些是宗教性的，例如佛教、道教、天主教、伊斯兰教的寺、观、教堂、清真寺所有的土地。有些是社会救济或者社会公益性的，例如义仓的土地和为修桥补路而设置的土地。有些是教育性的，例如学田。所有这些土地，大部分都掌握在地主富农手里，只有一小部分，农民有权干预。

我 们 的 经 济 政 策 *

（一九三四年一月）

只有最无耻的国民党军阀，才会在他们自己统治的区域内弄到差不多民穷财尽的地步，还会天天造谣，说红色区域如何破坏不堪。帝国主义和国民党的目的，在于破坏红色区域，破坏正在前进的红色区域的经济建设工作，破坏已经得到解放的千百万工农民众的福利。因此，他们不但组织了武装力量进行军事上的"围剿"，而且在经济上实行残酷的封锁政策。然而我们领导广大的群众和红军，不但屡次击溃了敌人的"围剿"，而且从事于一切可能的和必须的经济建设，去冲破敌人的经济封锁的毒计。我们的这一个步骤，现在也着着胜利了。

我们的经济政策的原则，是进行一切可能的和必须的经济方面的建设，集中经济力量供给战争，同时极力改良民众的生活，巩固工农在经济方面的联合，保证无产阶级对于农民的领导，争取国营经济对私人经济的领导，造成将来发展到社会主义的前提。

我们的经济建设的中心是发展农业生产，发展工业生产，

---

* 这是毛泽东在一九三四年一月二十二日至二月一日在江西瑞金召开的第二次全国工农兵代表大会上的报告的一部分。这个报告是一月二十四日至二十五日作的。

发展对外贸易和发展合作社。

红色区域的农业,现在显然是在向前发展中。一九三三年的农产,在赣南闽西区域,比较一九三二年增加了百分之十五(一成半),而在闽浙赣边区则增加了百分之二十。川陕边区的农业收成良好。红色区域在建立的头一二年,农业生产往往是下降的[1]。但是经过分配土地后确定了地权,加以我们提倡生产,农民群众的劳动热情增长了,生产便有恢复的形势了。现在有些地方不但恢复了而且超过了革命前的生产量。有些地方不但恢复了在革命起义过程中荒废了的土地,而且开发了新的土地。很多的地方组织了劳动互助社和耕田队[2],以调剂农村中的劳动力;组织了犁牛合作社,以解决耕牛缺乏的问题。同时,广大的妇女群众参加了生产工作。这种情形,在国民党时代是决然做不到的。在国民党时代,土地是地主的,农民不愿意也不可能用自己的力量去改良土地。只有在我们把土地分配给农民,对农民的生产加以提倡奖励以后,农民群众的劳动热情才爆发了起来,伟大的生产胜利才能得到。这里应当指出:在目前的条件之下,农业生产是我们经济建设工作的第一位,它不但需要解决最重要的粮食问题,而且需要解决衣服、砂糖、纸张等项日常用品的原料即棉、麻、蔗、竹等的供给问题。森林的培养,畜产的增殖,也是农业的重要部分。在小农经济的基础上面,对于某些重要农产作出相当的生产计划,动员农民为着这样的计划而努力,这是容许的,而且是必须的。我们在这一方面,应该有进一步的注意和努力。关于农业生产的必要条件方面的困难问题,如劳动力问题,耕牛问题,肥料问题,种子问题,水利问题等,我们必须用力领导农民求得解决。这里,有组织地调剂劳动力和推动妇女参加生产,是我们农业生产方面的最基本的任务。而劳动互助社和耕田队的组织,在春耕夏耕等重要季节我们对于整个农村民众的动员和督促,则是解决劳动力问题的必要的方法。不少的一部分农民(大约百分之二十五)缺乏耕牛,也是一个很大的问题。组织犁牛合作社,动员一切无牛人家自动地合股买牛共同使用,是我们应该注意的事。水利是农业的命脉,我们也应予以极大的注意。目前自然还不能提出国家农业和集体农业的问题,但是为着促进农业的发展,在各地组织小范围的农事试验场,并设立农业研究学校和农产品展览所,却是迫切地需要的。

因为敌人的封锁,使得我们的货物出口发生困难。红色区域的许多手工业生产是衰落了,烟、纸等项是其最著者。但是这种出口困难,不是完全不可克服的。因为广大群众的需要,我们自己即有广泛的市场。应该首先为着自给,其次也为着出口,有计划地恢复和发展手工业和某些工业。两年以来,特别是一九三三年上半年起,因为我们开始注意,因为群众生产合作社的逐渐发展,许多手工业和个别的工业现在是在开始走向恢复。这里重要的是烟、纸、钨砂、樟脑、农具和肥料(石灰等)。而且自己织布,自己制药和自己制糖,也是目前环境中不可忽视的。在闽浙赣边区方面,有些当地从来就缺乏的工业,例如造纸、织布、制糖等,现在居然发展起来,并且收得了成效。他们为了解决食盐的缺乏,进行了硝盐的制造。工业的进行需要有适当的计划。在散漫的手工业基础上,全部的精密计划当然不可能。但是关于某些主要的事业,首先是国家经营和合作社经营的事业,相当精密的生产计划,却是完全必需的。确切地计算原料的生产,计算到敌区和我区的销场,是我们每一种国营工业和合作社工业从开始进行的时候就必须注意的。

我们有计划地组织人民的对外贸易,并且由国家直接经营若干项必要的商品流通,例如食盐和布匹的输入,食粮和钨砂的输出,以及粮食在内部的调剂等,现在是异常需要的了。这一工作,闽浙赣边区方面实行得较早,中央区则开始于一九三三年的春季。由于对外贸易局等机关的设立,已经得到初步的成绩。

现在我们的国民经济,是由国营事业、合作社事业和私人事业这三方面组成的。

国家经营的经济事业,在目前,只限于可能的和必要的一部分。国营的工业或商业,都已经开始发展,它们的前途是不可限量的。

我们对于私人经济,只要不出于政府法律范围之外,不但不加阻止,而且加以提倡和奖励。因为目前私人经济的发展,是国家的利益和人民的利益所需要的。私人经济,不待说,现时是占着绝对的优势,并且在相当长的期间内也必然还是优势。目前私人经济在红色区域是取着小规模经营的形式。

合作社事业,是在极迅速的发展中。据一九三三年九月江西福建两省十七个县的统计,共有各种合作社一千四百二十三个,股金三十余万元。发展得最盛的是消费合作社和粮食合作社,其次是生产合作社。信用合作社的活动刚才开始。合作社经济和国营经济配合起来,经过长期的发展,将成为经济方面的巨大力量,将对私人经济逐渐占优势并取得领导的地位。所以,尽可能地发展国营经济和大规模地发展合作社经济,应该是与奖励私人经济发展,同时并进的。

为着发展国营经济和帮助合作社经济,我们在群众拥护之下,发行了三百万元经济建设公债。这样依靠群众的力量来解决经济建设的资金问题,乃是目前唯一的和可能的方法。

从发展国民经济来增加我们财政的收入,是我们财政政策的基本方针,明显的效验已在闽浙赣边区表现出来,在中央区也已开始表现出来了。这一方针的着重的执行,是我们财政机关和经济机关的责任。这里必须充分注意:国家银行发行纸币,基本上应该根据国民经济发展的需要,单纯财政的需要只能放在次要的地位。

财政的支出,应该根据节省的方针。应该使一切政府工作人员明白,贪污和浪费是极大的犯罪。反对贪污和浪费的斗争,过去有了些成绩,以后还应用力。节省每一个铜板为着战争和革命事业,为着我们的经济建设,是我们的会计制度的原则。我们对于国家收入的使用方法,应该和国民党的方法有严格的区别。

在全中国卷入经济浩劫,数万万民众陷入饥寒交迫的困难地位的时候,我们人民的政府却不顾一切困难,为了革命战争,为了民族利益,认真地进行经济建设工作。事情是非常明白的,只有我们战胜了帝国主义和国民党,只有我们实行了有计划的有组织的经济建设工作,才能挽救全国人民出于空前的浩劫。

注　　释

〔1〕农业生产在革命根据地建立的头一二年，往往有些下降，主要地是由于在分配土地期间，地权还没有确定，新的经济秩序还没有走上轨道，以致农民的生产情绪还有些波动。

〔2〕劳动互助社和耕田队，是当时革命根据地的农民在个体经济的基础上，为调剂劳动力以便进行生产而建立起来的劳动互助组织。这种组织实行自愿互利的原则：大家自愿结合，互相帮助做工；结算时，工数对除，少做的按工算钱给多做的。此外，劳动互助社还优待红军家属，帮助孤老。帮红军家属做工是尽义务，帮孤老做工只吃饭不要工钱。因为这种劳动互助组织对于生产起了很大的作用，采取的办法又很合理，所以得到群众的热烈拥护。毛泽东的《长冈乡调查》和《才溪乡调查》（载《毛泽东农村调查文集》），对此都有记载。

关心群众生活，注意工作方法[*]

（一九三四年一月二十七日）

有两个问题，同志们在讨论中没有着重注意，我觉得应该提出来说一说。

第一个问题是关于群众生活的问题。

我们现在的中心任务是动员广大群众参加革命战争，以革命战争打倒帝国主义和国民党，把革命发展到全国去，把帝国主义赶出中国去。谁要是看轻了这个中心任务，谁就不是一个很好的革命工作人员。我们的同志如果把这个中心任务真正看清楚了，懂得无论如何要把革命发展到全国去，那末，我们对于广大群众的切身利益问题，群众的生活问题，就一点也不能疏忽，一点也不能看轻。因为革命战争是群众的战争，只有动员群众才能进行战争，只有依靠群众才能进行战争。

如果我们单单动员人民进行战争，一点别的工作也不做，能不能达到战胜敌人的目的呢？当然不能。我们要胜利，一定还要做很多的工作。领导农民的土地斗争，分土地给农民；提高农民的劳动热情，增加农业生产；保障工人的利益；建立合作社；发展对外贸易；解决群众的穿衣问题，吃饭问题，住房

＊ 这是毛泽东在一九三四年一月二十二日至二月一日在江西瑞金召开的第二次全国工农兵代表大会上所作的结论的一部分。

问题，柴米油盐问题，疾病卫生问题，婚姻问题。总之，一切群众的实际生活问题，都是我们应当注意的问题。假如我们对这些问题注意了，解决了，满足了群众的需要，我们就真正成了群众生活的组织者，群众就会真正围绕在我们的周围，热烈地拥护我们。同志们，那时候，我们号召群众参加革命战争，能够不能够呢？能够的，完全能够的。

在我们的工作人员中，曾经看见这样的情形：他们只讲扩大红军，扩充运输队，收土地税，推销公债，其他事情呢，不讲也不管，甚至一切都不管。比如以前有一个时期，汀州市政府只管扩大红军和动员运输队，对于群众生活问题一点不理。汀州市群众的问题是没有柴烧，资本家把盐藏起来没有盐买，有些群众没有房子住，那里缺米，米价又贵。这些是汀州市人民群众的实际问题，十分盼望我们帮助他们去解决。但是汀州市政府一点也不讨论。所以，那时，汀州市工农代表会议改选了以后，一百多个代表，因为几次会都只讨论扩大红军和动员运输队，完全不理群众生活，后来就不高兴到会了，会议也召集不成了。扩大红军、动员运输队呢，因此也就极少成绩。这是一种情形。

同志们，送给你们的两个模范乡的小册子，你们大概看到了吧。那里是相反的情形。江西的长冈乡[1]，福建的才溪乡[2]，扩大红军多得很呀！长冈乡青年壮年男子百个人中有八十个当红军去了，才溪乡百个人中有八十八个当红军去了[3]。公债也销得很多，长冈乡全乡一千五百人，销了五千四百块钱公债。其他工作也得到了很大的成绩。什么理由呢？举几个例子就明白了。长冈乡有一个贫苦农民被火烧掉了一间半房子,乡政府就发动群众捐钱帮助他。有三个人没有饭吃,乡政府和互济会就马上捐米救济他们。去年夏荒,乡政府从二百多里的公略县[4]办了米来救济群众。才溪乡的这类工作也做得非常之好。这样的乡政府,是真正模范的乡政府。他们和汀州市的官僚主义的领导方法,是绝对的不相同。我们要学习长冈乡、才溪乡,反对汀州市那样的官僚主义的领导者!

我郑重地向大会提出,我们应该深刻地注意群众生活的问题,从土地、劳动问题,到柴米油盐问题。妇女群众要学习犁耙,找什么人去教她们呢?小孩子要求读书,小学办起了没有呢?对面的木桥太小会跌倒行人,要不要修理一下呢?许多人生疮害病,想个什么办法呢?一切这些群众生活上的问题,都应该把它提到自己的议事日程上。应该讨论,应该决定,应该实行,应该检查。要使广大群众认识我们是代表他们的利益的,是和他们呼吸相通的。要使他们从这些事情出发,了解我们提出来的更高的任务,革命战争的任务,拥护革命,把革命推到全国去,接受我们的政治号召,为革命的胜利斗争到底。长冈乡的群众说:"共产党真正好,什么事情都替我们想到了。"模范的长冈乡工作人员,可尊敬的长冈乡工作人员!他们得到了广大群众的真心实意的爱戴,他们的战争动员的号召得到广大群众的拥护。要得到群众的拥护吗?要群众拿出他们的全力放到战线上去吗?那末,就得和群众在一起,就得去发动群众的积极性,就得关心群众的痛痒,就得真心实意地为群众谋利益,解决群众的生产和生活的问题,盐的问题,米的问题,房子的问题,衣的问题,生小孩子的问题,解决群众的一切问题。我们是这样做了么，广大群众就必定拥护我们，把革命当作他们的生命，把革命当作他们无上光荣的旗帜。国民党要来进攻红色区域，广大群众就要用生命同国民党决斗。这是无疑的，敌人的第一、二、三、四次"围剿"不是实实在在地被我们粉碎了吗？

国民党现在实行他们的堡垒政策[5]，大筑其乌龟壳，以为这是他们的铜墙铁壁。同志们，这果然是铜墙铁壁吗？一点也不是！你们看，几千年来，那些封建皇帝的城池宫殿还不坚固吗？群众一起来，一个个都倒了。俄国皇帝是世界上最凶恶的一个统治者；当无产阶级和农民的革命起来的时候，那个皇帝还有没有呢？没有了。铜墙铁壁呢？倒掉了。同志们，真正的铜墙铁壁是什么？是群众，是千百万真心实意地拥护革命的群众。这是真正的铜墙铁壁，什么力量也打不破的，完全打不破的。反革命打不破我们，我们却要打破反革命。在革命政府的周围团结起千百万群众来，发展我们的革命战争，我们就能消灭一切反革命，我们就能夺取全中国。

第二个问题是关于工作方法的问题。

我们是革命战争的领导者、组织者，我们又是群众生活的领导者、组织者。组织革命战争，改良群众生活，这是我们的两大任务。在这里，工作方法的问题，就严重地摆在我们的面前。我们不但要提出任务，而且要解决完成任务的方法问题。我们的任务是过河，但是没有桥或没有船就不能过。不解决桥或船的问题，过河就是一句空话。不解决方法问题，任务也只是瞎说一顿。不注意扩大红军的领导，不讲究扩大红军的方法，尽管把扩大红军念一千遍，结果还是不能成功。其他如查田工作[6]、经济建设工作、文化教育工作、新区边区的工作,一切工作,如果仅仅提出任务而不注意实行时候的工作方法,不反对官僚主义的工作方法而采取实际的具体的工作方法,不抛弃命令主义的工作方法而采取耐心说服的工作方法,那末,什么任务也是不能实现的。

兴国的同志们创造了第一等的工作,值得我们称赞他们为模范工作者。同样,赣东北的同志们也有很好的创造,他们同样是模范工作者。像兴国和赣东北的同志们,他们把群众生活和革命战争联系起来了,他们把革命的工作方法问题和革命的工作任务问题同时解决了。他们是认真地在那里进行工作,他们是仔细地在那里解决问题,他们在革命面前是真正负起了责任,他们是革命战争的良好的组织者和领导者,他们又是群众生活的良好的组织者和领导者。其他,如福建的上杭、长汀、永定等县的一些地方,赣南的西江等处地方,湘赣边区的茶陵、永新、吉安等县的一些地方,湘鄂赣边区阳新县的一些地方,以及江西还有许多县里的区乡,加上瑞金直属县,那里的同志们都有进步的工作,同样值得我们大家称赞。

一切我们领导的地方,无疑有不少的积极干部,群众中涌现出来的很好的工作同志。这些同志负担着一种责任,就是应该帮助那些工作薄弱的地方,帮助那些还不善于工作的同志们作好工作。我们是在伟大的革命的战争面前,我们要冲破敌人的大规模的"围剿",我们要把革命推广到全国去。全体革命工作人员负担着绝大的责任。大会以后,我们一定要用切实的办法来改善我们的工作,先进的地方应该更加前进,落后的地方应该赶上先进的地方。要造成几千个长冈乡,几十个兴国县。这些就是我们的巩固的阵地。我们占据了这些阵地，我们就能从这些阵地出发去粉碎敌人的"围剿"，去打倒帝国主义和国民党在全国的统治。

注　释

〔1〕长冈乡是江西省兴国县的一个乡。

〔2〕才溪乡指福建省上杭县的上才溪、下才溪两个乡。

〔3〕毛泽东在一九三三年十一月写的《才溪乡调查》中记载："长冈乡全部青年壮年男子（十六岁至四十五岁）四百零七人，其中出外当红军、做工作的三百二十人，占百分之七十九。上才溪全部青年壮年男子（十六岁至五十五岁）五百五十四人，出外当红军、做工作的四百八十五人，占百分之八十八。下才溪全部青年壮年男子七百六十五人，出外当红军、做工作的五百三十三人，也占了百分之七十。"

〔4〕公略县是当时中央革命根据地的一个县，以吉安县东南的东固镇为中心。一九三一年九月，红军第三军军长黄公略在这里牺牲。因此，中华苏维埃共和国临时中央政府设立这个县以纪念他。

〔5〕一九三三年六月，蒋介石在江西南昌召开军事会议，决定在革命根据地周围普遍建筑碉堡，作为第五次"围剿"的新军事策略。据统计，至一九三四年一月底，江西共筑碉堡四千多座。后来日本侵略者在中国同八路军新四军作战，也采用蒋介石的这种堡垒政策。根据毛泽东关于人民战争的战略，这种反革命的堡垒政策是完全可以打破和战胜的，这已为历史的事实所充分证明。

〔6〕见本卷《必须注意经济工作》注〔3〕。

论反对日本帝国主义的策略 *

（一九三五年十二月二十七日）

目前政治形势的特点

同志们！目前的政治形势已经发生了很大的变化。根据这种变化了的形势，我们的党已经规定了自己的任务。

目前的形势是怎样的呢？

目前形势的基本特点，就是日本帝国主义要变中国为它的殖民地。

大家知道，差不多一百年以来，中国是好几个帝国主义国家共同支配的半殖民地的国家。由于中国人民对帝国主义的斗争和帝国主义国家相互间的斗争，中国还保存了一种半独

---

* 这是毛泽东在陕北瓦窑堡党的活动分子会议上所作的报告。毛泽东的这个报告是在一九三五年十二月中共中央政治局瓦窑堡会议之后作的。这一次政治局会议批评了党内那种认为中国民族资产阶级不可能和中国工人农民联合抗日的错误观点，决定了建立抗日民族统一战线的策略，是一次极关重要的会议。毛泽东根据中央决议在这里充分地说明了和民族资产阶级在抗日的条件下重新建立统一战线的可能性和重要性，着重地指出共产党和红军在这个统一战线中的具有决定意义的领导作用，指出了中国革命的长期性，批判了党内在过去长时期内存在着的狭隘的关门主义和对于革命的急性病——这些是党和红军在第二次国内革命战争时期遭受严重挫折的基本原因。同时，毛泽东唤起

立的地位。第一次世界大战曾经在一个时期内给了日本帝国主义以独霸中国的机会。但是中国人民反对日本帝国主义的斗争，以及其他帝国主义国家的干涉，使得经过那时的卖国头子袁世凯[1]签了字的对日屈服投降的条约二十一条[2]，不得不宣告无效。一九二二年美国召集的华盛顿九国会议签订了一个公约[3]，又使中国回复到几个帝国主义国家共同支配的局面。但是没有很久，这种情况又起了变化。一九三一年九月十八日的事变[4]，开始了变中国为日本殖民地的阶段。只是日本侵略的范围暂时还限于东北四省[5]，就使人们觉得似乎日本帝国主义者不一定再前进了的样子。今天不同了，日本帝国主义者已经显示他们要向中国本部前进了，他们要占领全中国。现在是日本帝国主义要把整个中国从几个帝国主义国家都有份的半殖民地状态改变为日本独占的殖民地状态。最近的冀东事变[6]和外交谈判[7]，显示了这个方向，威胁到了全国人民的生存。这种情形，就给中国一切阶级和一切政治派别提出了"怎么办"的问题。反抗呢？还是投降呢？或者游移于两者之间呢？

　　党内注意一九二七年陈独秀右倾机会主义引导革命归于失败的历史教训，指出了蒋介石必然要破坏革命势力的趋势，这样就保证了后来中国共产党在新环境中能够具有清醒的头脑，在蒋介石的无穷欺骗和很多次的武装袭击中，使革命力量不致遭受损失。一九三五年一月中共中央在贵州遵义举行的政治局扩大会议，建立了以毛泽东为代表的新的中央的领导，改变了过去"左"倾机会主义的领导。但那次会议是在红军长征途中召集的，所以只能够对于当时最迫切的军事问题和中央领导机构问题做了决议。红军长征到达陕北之后，中共中央才获得可能去有系统地说明政治策略上的诸问题。对于这类政治策略上的问题，毛泽东的这篇报告作了最完整的分析。

　　现在,我们来看一看中国各个阶级怎样来回答这个问题。

　　中国的工人和农民都是要求反抗的。一九二四年至一九二七年的革命,一九二七年至现在的土地革命,一九三一年九一八事变以来的反日浪潮,证明中国工人阶级和农民阶级是中国革命的最坚决的力量。

　　中国的小资产阶级也是要反抗的。青年学生和城市小资产阶级,现在不是已经发动了一个广大的反日运动[8]吗?中国的这些小资产阶级成分曾经参加过一九二四年至一九二七年的革命。和农民一样,他们有同帝国主义势不两立的小生产的经济地位。帝国主义和中国反革命势力,曾经给了他们以重大的损害,使他们中的很多人陷于失业、破产或半破产的境地。现在他们眼看就要当亡国奴了,除了反抗,再没有出路。

　　问题摆在民族资产阶级、买办阶级和地主阶级面前,摆在国民党面前,又是怎样的呢?

　　大土豪、大劣绅、大军阀、大官僚、大买办们的主意早就打定了。他们过去是、现在仍然是在说:革命(不论什么革命)总比帝国主义坏。他们组成了一个卖国贼营垒,在他们面前没有什么当不当亡国奴的问题,他们已经撤去了民族的界线,他们的利益同帝国主义的利益是不可分离的,他们的总头子就是蒋介石[9]。这一卖国贼营垒是中国人民的死敌。假如没有这一群卖国贼,日本帝国主义是不可能放肆到这步田地的。他们是帝国主义的走狗。

　　民族资产阶级是一个复杂的问题。这个阶级曾经参加过一九二四年至一九二七年的革命,随后又为这个革命的火焰所吓坏,站到人民的敌人即蒋介石集团那一方面去了。问题是在今天的情况下，民族资产阶级有没有发生变化的可能性呢？我们认为是有这种可能性的。这是因为民族资产阶级同地主阶级、买办阶级不是同一的东西，他们之间是有分别的。民族资产阶级没有地主阶级那样多的封建性，没有买办阶级那样多的买办性。民族资产阶级内部有同外国资本和本国土地关系较多的一部分人，这一部分人是民族资产阶级的右翼，我们暂且不去估计他们的变化的可能性。问题是在没有那些关系或者关系较少的那些部分。我们认为在殖民地化威胁的新环境之下，民族资产阶级的这些部分的态度可能发生变化。这个变化的特点就是他们的动摇。他们一方面不喜欢帝国主义，一方面又怕革命的彻底性，他们在这二者之间动摇着。这就说明，在一九二四年至一九二七年的革命时期他们为什么参加了革命，及到这一时期之末，他们又为什么站到蒋介石方面去了。现在的时期，同一九二七年蒋介石叛变革命的时期有什么分别呢？那时的中国还是一个半殖民地，现在正在走向殖民地。九年以来，他们抛弃了自己的同盟者工人阶级，和地主买办阶级做朋友，得了什么好处没有呢？没有什么好处，得到的只不过是民族工商业的破产或半破产的境遇。因为这些情况，我们认为民族资产阶级的态度，在今天的时局下，有起变化的可能性。变化的程度怎样呢？总的特点是动摇。但在斗争的某些阶段，他们中间的一部分（左翼）是有参加斗争的可能的。其另一部分，则有由动摇而采取中立态度的可能。

　　蔡廷锴等人领导的十九路军[10]是代表什么阶级的利益呢？他们是代表着民族资产阶级、上层小资产阶级、乡村的富农和小地主。蔡廷锴们不是同红军打过死仗的吗？可是后来又同红军订立了抗日反蒋同盟。他们在江西，向红军进攻；到了上海，又抵抗日本帝国主义；到了福建，便同红军成立了妥协，向蒋介石开起火来。无论蔡廷锴们将来的事业是什么，无论当时福建人民政府还是怎样守着老一套不去发动民众斗争，但是他们把本来向着红军的火力掉转去向着日本帝国主义和蒋介石，不能不说是有益于革命的行为。这是国民党营垒的破裂。九一八事变以后的环境能够使国民党营垒分裂出这样一部分人，为什么今天的环境反倒不能造成国民党的分裂呢？我们党内持这样一种论点的人是不对的，他们说，整个地主资产阶级的营垒是统一的，固定的，任何情况下也不能使它起变化。他们不但不认识今天的严重环境，并且连历史也忘记了。

让我再讲一点历史。一九二六年和一九二七年，当着革命军向武汉前进，以至打到武汉、打到河南的时候，发生了唐生智[11]、冯玉祥[12]参加革命的事情。冯玉祥于一九三三年在察哈尔[13]还曾经和共产党一度合作，建立了抗日同盟军。

再一个明显的例子，就是曾经和十九路军一道进攻江西红军的第二十六路军，不是在一九三一年十二月举行了宁都起义[14]，变成了红军吗？宁都起义的领导者赵博生、董振堂等人成了坚决革命的同志。

马占山在东三省的抗日行为[15]，也是统治者营垒中的一个分裂。

所有这些例子都指明：在日本炸弹的威力圈及于全中国的时候，在斗争改变常态而突然以汹涌的阵势向前推进的时候，敌人的营垒是会发生破裂的。

同志们，现在让我们把问题转到另一点。

如果有人拿中国民族资产阶级在政治上经济上的软弱性这一点来反对我们的论点，认为中国民族资产阶级虽然处在新环境，还是没有改变态度的可能，这种说法对不对呢？我认为也是不对的。如果不能改变态度的原因，是民族资产阶级的软弱性，那末，一九二四年至一九二七年为什么改变了他们的常态，不仅是动摇，简直是参加了革命呢？难道民族资产阶级的软弱性是后来才得的新毛病，而不是他们从娘肚子里带出来的老毛病吗？难道今天软弱，那时就不软弱吗？半殖民地的政治和经济的主要特点之一，就是民族资产阶级的软弱性。正是因为这样，帝国主义敢于欺负他们，而这也就规定了他们不喜欢帝国主义的特点。自然，我们不但不否认，并且完全承认：又是因为这一点，帝国主义和地主买办阶级容易拿某种临时的贿赂为钓饵将他们拉了过去，而这也就规定了他们对于革命的不彻底性。可是总不能说，在今天的情况下，他们同地主阶级和买办阶级没有任何的分别。

所以我们着重地指出：国民党营垒中，在民族危机到了严重关头的时候，是要发生破裂的。这种破裂，表现于民族资产阶级的动摇，表现于冯玉祥、蔡廷锴、马占山等风头一时的抗日人物。这种情况，基本地说来是不利于反革命，而有利于革命的。由于中国政治经济的不平衡，以及由此而生的革命发展的不平衡，增大了这种破裂的可能性。

同志们！这个问题的正面，已经说完了。让我再来说一说它的反面，那就是民族资产阶级的某些分子常常是欺骗民众的好手这样一个问题。为什么？因为他们中间除了那些真正拥护人民革命事业的人们而外,有许多人在一个时期内能够以革命的或半革命的面目出现,所以他们同时就具备着欺骗民众的资格,使得民众不容易认识他们的不彻底性以及装模作样的假相。这就增加了共产党批评同盟者、揭破假革命、争取领导权的责任。如果我们否认民族资产阶级在大震动中有动摇及参加革命的可能性,那也就取消了至少也减轻了我们党对于争取领导权的任务。因为,如果民族资产阶级是同地主买办一模一样,以卖国贼的狰狞面孔出现,争取领导权的任务就大可取消,至少也可以减轻了。

在整个地分析中国地主资产阶级在大震动中的姿态时,还有一个方面应该指出,那就是:即使在地主买办阶级营垒中也不是完全统一的。这是半殖民地的环境,即许多帝国主义争夺中国的环境所造成的。当斗争是向着日本帝国主义的时候,美国以至英国的走狗们是有可能遵照其主人的叱声的轻重,同日本帝国主义者及其走狗暗斗以至明争的。过去这种狗打架的事情多得很,我们不去说它。于今只说被蒋介石禁闭过的国民党政客胡汉民[16],不久以前也签名于我们所提出的抗日救国六大纲领的文件[17]。胡汉民所依托的两广派军阀[18],也在所谓"收复失地"和"抗日剿匪[19]并重"(蒋介石的是"先剿匪,后抗日")的欺骗口号之下,同蒋介石对立。你们看,不是有点奇怪吗?并不奇怪,这不过是大狗小狗饱狗饿狗之间的一点特别有趣的争斗,一个不大不小的缺口,一种又痒又痛的矛盾。但是这点争斗,这个缺口,这种矛盾,对于革命的人民却是有用的。我们要把敌人营垒中间的一切争斗、缺口、矛盾,统统收集起来,作为反对当前主要敌人之用。

　　把这个阶级关系问题总起来说,就是:在日本帝国主义打进中国本部来了这一个基本的变化上面,变化了中国各阶级之间的相互关系,扩大了民族革命营垒的势力,减弱了民族反革命营垒的势力。

　　现在我们来说中国民族革命营垒里的情形。

　　首先是红军的情形。同志们,你们看,差不多一年半以来,中国的三支主力红军都在作阵地的大转移。从去年八月任弼时[20]同志等率领第六军团向贺龙同志的地方开始转移[21]起,接着就是十月开始的我们的转移[22]。今年三月,川陕边区的红军也开始转移[23]。这三支红军,都放弃了原有阵地,转移到新地区去。这个大转移,使得旧区域变为游击区。在转移中,红军本身又有很大的削弱。如果我们拿着整个局面中的这一方面来看,敌人是得到了暂时的部分的胜利,我们是遭遇了暂时的部分的失败。这种说法对不对呢? 我以为是对的,因为这是事实。但是有人说(例如张国焘[24]):中央红军[25]失败了。这话对不对呢? 不对。因为这不是事实。马克思主义者看问题,不但要看到部分,而且要看到全体。一个虾蟆坐在井里说:"天有一个井大。"这是不对的,因为天不止一个井大。如果它说:"天的某一部分有一个井大。"这是对的,因为合乎事实。我们说,红军在一个方面(保持原有阵地的方面)说来是失败了,在另一个方面(完成长征计划的方面)说来是胜利了。敌人在一个方面(占领我军原有阵地的方面)说来是胜利了,在另一个方面(实现"围剿""追剿"计划的方面)说来是失败了。这样说才是恰当的,因为我们完成了长征。

　　讲到长征,请问有什么意义呢? 我们说,长征是历史纪录上的第一次，长征是宣言书，长征是宣传队，长征是播种机。自从盘古开天地，三皇五帝到于今，历史上曾经有过我们这样的长征吗？十二个月光阴中间，天上每日几十架飞机侦察轰炸，地下几十万大军围追堵截，路上遇着了说不尽的艰难险阻，我们却开动了每人的两只脚，长驱二万余里，纵横十一个省。请问历史上曾有过我们这样的长征吗？没有，从来没有的。长征又是宣言书。它向全世界宣告，红军是英雄好汉，帝国主义者和他们的走狗蒋介石等辈则是完全无用的。长征宣告了帝国主义和蒋介石围追堵截的破产。长征又是宣传队。它向十一个省内大约两万万人民宣布，只有红军的道路，才是解放他们的道路。不因此一举，那么广大的民众怎会如此迅速地知道世界上还有红军这样一篇大道理呢？长征又是播种机。它散布了许多种子在十一个省内，发芽、长叶、开花、结果，将来是会有收获的。总而言之，长征是以我们胜利、敌人失败的结果而告结束。谁使长征胜利的呢？是共产党。没有共产党，这样的长征是不可能设想的。中国共产党，它的领导机关，它的干部，它的党员，是不怕任何艰难困苦的。谁怀疑我们领导革命战争的能力，谁就会陷进机会主义的泥坑里去。长征一完结，新局面就开始。直罗镇一仗，中央红军同西北红军兄弟般的团结，粉碎了卖国贼蒋介石向着陕甘边区的"围剿"[26]，给党中央把全国革命大本营放在西北的任务，举行了一个奠基礼。

主力红军如此，南方各省的游击战争怎么样呢？南方的游击战争，受到了某些挫折，但是并没有被消灭。许多部分，正在恢复、生长和发展[27]。

在国民党统治区，工人的斗争正在从厂内向着厂外，从经济斗争向着政治斗争。工人阶级的反日反卖国贼的英勇斗争，现在是在深刻地酝酿着，看样子离爆发的时候已不远了。

农民的斗争没有停止过。在外祸、内难、再加天灾的压迫之下，农民广泛地发动了游击战争、民变、闹荒等等形态的斗争。东北和冀东的抗日游击战争[28]，正在回答日本帝国主义的进攻。

学生运动已有极大的发展，将来一定还要有更大的发展。但学生运动要得到持久性，要冲破卖国贼的戒严令，警察、侦探、学棍、法西斯蒂的破坏和屠杀政策，只有和工人、农民、兵士的斗争配合起来，才有可能。

民族资产阶级、乡村富农和小地主们的动摇以至参加抗日斗争的可能性，前面已经说过了。

少数民族，特别是内蒙民族，在日本帝国主义的直接威胁之下，正在起来斗争。其前途，将和华北人民的斗争和红军在西北的活动，汇合在一起。

所有这些都指明，革命的阵势，是由局部性转变到全国性，由不平衡状态逐渐地转变到某种平衡状态。目前是大变动的前夜。党的任务就是把红军的活动和全国的工人、农民、学生、小资产阶级、民族资产阶级的一切活动汇合起来，成为一个统一的民族革命战线。

民 族 统 一 战 线

观察了反革命和革命两方面的形势以后，我们就容易说明党的策略任务了。

党的基本的策略任务是什么呢？不是别的，就是建立广泛的民族革命统一战线。

当着革命的形势已经改变的时候，革命的策略，革命的领导方式，也必须跟着改变。日本帝国主义和汉奸卖国贼的任务，是变中国为殖民地；我们的任务，是变中国为独立、自由和领土完整的国家。

实现中国的独立自由是一个伟大的任务。这须同外国帝国主义和本国反革命势力作战。日本帝国主义是下了凶横直进的决心的。国内豪绅买办阶级的反革命势力，在目前还是大过人民的革命势力。打倒日本帝国主义和中国反革命势力的事业，不是一天两天可以成功的，必须准备花费长久的时间；不是少少一点力量可以成功的，必须聚积雄厚的力量。中国的和世界的反革命力量是比较过去更加衰弱了，中国的和世界的革命力量是比较过去更加增长了。这是正确的估计，这是一方面的估计。但是同时我们应当说，目前中国的和世界的反革命力量暂时还是大于革命力量。这也是正确的估计，这是又一方面的估计。由于中国政治经济发展的不平衡，产生了革命发展的不平衡。革命的胜利总是从那些反革命势力比较薄弱的地方首先开始，首先发展，首先胜利；而在那些反革命势力雄厚的地方，革命还是没有起来，或者发展得很慢。这是中国革命在过去长时期内已经遇到的情形。在将来，可以想到，在某些阶段里，革命的总的形势是更加发展了，但是不平衡状态还会存在着。要把不平衡的状态变到大体上平衡的状态，还要经过很长的时间，还要花费很大的气力，还要依靠党的策略路线的正确。如果说，苏联共产党领导的革命战争[29]是在三个年头里完结了的话，那末中国共产党领导的革命战争，过去已经花去了很长的时间，而要最后地彻底地解决内外反革命势力，我们还得准备再花一个应有的时间，像过去那样地过分的性急是不行的。还得提出一个很好的革命策略，像过去那样地老在狭小的圈子里打转，是干不出大事情来的。不是说中国的事情只能慢吞吞地去干，中国的事情要勇猛地去干，亡国的危险不容许我们有一分钟的懈怠。今后革命发展的速度，也一定比过去要快得多，因为中国的和世界的局面都是临在战争和革命的新时期了。虽然如此，中国革命战争还是持久战，帝国主义的力量和革命发展的不平衡，规定了这个持久性。我们说，时局的特点，是新的民族革命高潮的到来，中国处在新的全国大革命的前夜，这是现时革命形势的特点。这是事实，这是一方面的事实。现在我们又说，帝国主义还是一个严重的力量，革命力量的不平衡状态是一个严重的缺点，要打倒敌人必须准备作持久战，这是现时革命形势的又一个特点。这也是事实，这是又一方面的事实。这两种特点，这两种事实，都一齐跑来教训我们，要求我们适应情况，改变策略，改变我们调动队伍进行战斗的方式。目前的时局，要求我们勇敢地抛弃关门主义，采取广泛的统一战线，防止冒险主义。不到决战的时机，没有决战的力量，不能冒冒失失地去进行决战。

这里不来说关门主义和冒险主义的关系，也不来说冒险主义在将来大的时局开展中可能发生的危险性，这点等到将来再说不迟。这里只说统一战线的策略和关门主义的策略，是正相反对的两个不同的策略。

一个要招收广大的人马,好把敌人包围而消灭之。

一个则依靠单兵独马,去同强大的敌人打硬仗。

一个说,如果不足够地估计到日本帝国主义变中国为殖民地的行动能够变动中国革命和反革命的阵线,就不能足够地估计到组织广泛的民族革命统一战线的可能性。如果不足够地估计到日本反革命势力、中国反革命势力和中国革命势力这几方面的强点和弱点,就不会足够地估计到组织广泛的民族革命统一战线的必要性;就不会采取坚决的办法去打破关门主义;就不会拿着统一战线这个武器去组织和团聚千千万万民众和一切可能的革命友军,向着日本帝国主义及其走狗中国卖国贼这个最中心的目标而攻击前进;就不会拿自己的策略武器去射击当前的最中心目标,而把目标分散,以至主要的敌人没有打中,次要的敌人甚至同盟军身上却吃了我们的子弹。这个叫做不会择敌和浪费弹药。这样,就不能把敌人驱逐到狭小的孤立的阵地上去。这样,就不能把敌人营垒中被裹胁的人们,过去是敌人而今日可能做友军的人们,都从敌人营垒中和敌人战线上拉过来。这样,就是在实际上帮助了敌人,而使革命停滞、孤立、缩小、降落,甚至走到失败的道路上去。

一个则说,这些批评都是不对的。革命的力量是要纯粹又纯粹,革命的道路是要笔直又笔直。圣经上载了的才是对的。民族资产阶级是全部永世反革命了。对于富农,是一步也退让不得。对于黄色工会,只有同它拚命。如果同蔡廷锴握手的话,那必须在握手的瞬间骂他一句反革命。哪有猫儿不吃油，哪有军阀不是反革命？知识分子只有三天的革命性，招收他们是危险的。因此，结论：关门主义是唯一的法宝，统一战线是机会主义的策略。

同志们，统一战线的道理和关门主义的道理究竟哪一个是对的呢？马克思列宁主义到底赞成哪一个呢？我坚决地回答：赞成统一战线，反对关门主义。人中间有三岁小孩子，三岁小孩子有许多道理都是对的，但是不能使他们管天下国家的大事，因为他们还不明白天下国家的道理。马克思列宁主义反对革命队伍中的幼稚病。坚持关门主义策略的人们所主张的，就是一套幼稚病。革命的道路，同世界上一切事物活动的道路一样，总是曲折的，不是笔直的。革命和反革命的阵线可能变动，也同世界上一切事物的可能变动一样。日本帝国主义决定要变全中国为它的殖民地，和中国革命的现时力量还有严重的弱点，这两个基本事实就是党的新策略即广泛的统一战线的出发点。组织千千万万的民众，调动浩浩荡荡的革命军，是今天的革命向反革命进攻的需要。只有这样的力量，才能把日本帝国主义和汉奸卖国贼打垮，这是有目共见的真理。因此，只有统一战线的策略才是马克思列宁主义的策略。关门主义的策略则是孤家寡人的策略。关门主义"为渊驱鱼，为丛驱雀"，把"千千万万"和"浩浩荡荡"都赶到敌人那一边去，只博得敌人的喝采。关门主义在实际上是日本帝国主义和汉奸卖国贼的忠顺的奴仆。关门主义的所谓"纯粹"和"笔直"，是马克思列宁主义向之掌嘴，而日本帝国主义则向之嘉奖的东西。我们一定不要关门主义，我们要的是制日本帝国主义和汉奸卖国贼的死命的民族革命统一战线。

人 民 共 和 国 [30]

如果说，我们过去的政府是工人、农民和城市小资产阶级联盟的政府，那末，从现在起，应当改变为除了工人、农民和城市小资产阶级以外，还要加上一切其他阶级中愿意参加民族革命的分子。

在目前，这个政府的基本任务是反对日本帝国主义吞并中国。这个政府的成分将扩大到广泛的范围，不但那些只对民族革命有兴趣而对土地革命没有兴趣的人，可以参加，就是那些同欧美帝国主义有关系，不能反对欧美帝国主义，却可以反对日本帝国主义及其走狗的人们，只要他们愿意，也可以参加。因此，这个政府的纲领，应当是以适合于反对日本帝国主义及其走狗这个基本任务为原则，据此以适当地修改我们过去的政策。

现时革命方面的特点，是有了经过锻炼的共产党，又有了经过锻炼的红军。这是一件极关重要的事。如果现时还没有经过锻炼的共产党和红军，那就将发生极大的困难。为什么？因为中国的汉奸卖国贼是很多的，并且是有力量的，他们必然想出各种法子来破坏这个统一战线，用他们威迫利诱、纵横捭阖的手段来挑拨离间，用兵力来强压，来各个击破那些比较他们小的、愿意离开卖国贼而同我们联合起来打日本的力量。如果抗日政府抗日军队中缺乏共产党和红军这个要素，这种情形是难于避免的。一九二七年革命的失败，主要的原因就是由于共产党内的机会主义路线，不努力扩大自己的队伍（工农运动和共产党领导的军队），而只依仗其暂时的同盟者国民党。其结果是帝国主义命令它的走狗豪绅买办阶级，伸出千百只手来，首先把蒋介石拉去，然后又把汪精卫[31]拉去，使革命陷于失败。那时的革命统一战线没有中心支柱，没有坚强的革命的武装队伍，四面八方都造起反来，共产党只得孤军作战，无力抵制帝国主义和中国反革命的各个击破的策略。那时虽然有贺龙、叶挺一支军队，但还不是政治上坚强的军队，党又不善于领导它，终归失败了。这是缺乏革命中心力量招致革命失败的血的教训。在今天，这件事起了变化了，坚强的共产党和坚强的红军都已经有了，而且有了红军的根据地。共产党和红军不但在现在充当着抗日民族统一战线的发起人，而且在将来的抗日政府和抗日军队中必然要成为坚强的台柱子，使日本帝国主义者和蒋介石对于抗日民族统一战线所使用的拆台政策，不能达到最后的目的。没有疑义，威迫利诱、纵横捭阖的手段，日本帝国主义者和蒋介石是一定要多方使用的，我们是要十分留神的。

当然，对于抗日民族统一战线的广泛的队伍，我们不能希望每部分都有如同共产党和红军一样程度的巩固。在他们的活动过程中，有些坏分子因为受了敌人的影响退出统一战线的事情，是会发生的。但是我们不怕这些人退出去。一些坏人受敌人的影响退出去，一些好人却会受我们的影响加进来。只要共产党和红军本身是存在的，发展的，那末，抗日民族统一战线必然也会是存在的，发展的。这就是共产党和红军在民族统一战线中的领导作用。共产党人现在已经不是小孩子了，他们能够善处自己，又能够善处同盟者。日本帝国主义者和蒋介石能够用纵横捭阖的手段来对付革命队伍,共产党也能够用纵横捭阖的手段对付反革命队伍。他们能够拉了我们队伍中的坏分子跑出去,我们当然也能够拉了他们队伍中的"坏分子"(对于我们是好分子)跑过来。假如我们能够从他们队伍中多拉一些人出来,那敌人的队伍就减少了,我们的队伍就扩大了。总之,现在是两个基本势力相斗争,一切中间势力,不附属于那一方面,就附属于这一方面,这是一定的道理。而日本帝国主义者和蒋介石灭亡中国和出卖中国的政策,不能不驱使很多的力量跑到我们方面来,或者径直加入共产党和红军的队伍,或者同共产党和红军结成联合战线。只要我们的策略不是关门主义,这个目的是能够达到的。

为什么要把工农共和国改变为人民共和国呢?

我们的政府不但是代表工农的,而且是代表民族的。这个意义,是在工农民主共和国的口号里原来就包括了的,因为工人、农民占了全民族人口的百分之八十至九十。我们党的第六次全国代表大会所规定的十大政纲[32],不但代表了工农的利益,同时也代表了民族的利益。但是现在的情况,使得我们要把这个口号改变一下,改变为人民共和国。这是因为日本侵略的情况变动了中国的阶级关系,不但小资产阶级,而且民族资产阶级,有了参加抗日斗争的可能性。

那是没有问题的,人民共和国不代表敌对阶级的利益。相反,人民共和国同帝国主义的走狗豪绅买办阶级是处在正相反对的地位,它不把那些成分放在所谓人民之列。这和蒋介石的"中华民国国民政府",仅仅代表最大的富翁,并不代表老百姓,并不把老百姓放在所谓"国民"之列,是一样的。中国百分之八十至九十的人口是工人和农民，所以人民共和国应当首先代表工人和农民的利益。但是人民共和国去掉帝国主义的压迫，使中国自由独立，去掉地主的压迫，使中国离开半封建制度，这些事情就不但使工农得了利益，也使其他人民得了利益。总括工农及其他人民的全部利益，就构成了中华民族的利益。买办阶级和地主阶级虽然也住在中国的土地上，可是他们是不顾民族利益的，他们的利益是同多数人的利益相冲突的。我们仅仅离开他们这些少数人，仅仅同他们这些少数人相冲突，所以我们有权利称我们自己是代表全民族的。

工人阶级的利益同民族资产阶级的利益也是有冲突的。要开展民族革命，对于民族革命的先锋队不给以政治上、经济上的权利，不使工人阶级能够拿出力量来对付帝国主义及其走狗卖国贼，是不能成功的。但是民族资产阶级如果参加反对帝国主义的统一战线，那末，工人阶级和民族资产阶级就有了共同的利害关系。人民共和国在资产阶级民主革命的时代并不废除非帝国主义的、非封建主义的私有财产，并不没收民族资产阶级的工商业，而且还鼓励这些工商业的发展。任何民族资本家，只要他不赞助帝国主义和中国卖国贼，我们就要保护他。在民主革命阶段，劳资间的斗争是有限度的。人民共和国的劳动法保护工人的利益，却并不反对民族资本家发财，并不反对民族工商业的发展，因为这种发展不利于帝国主义，而有利于中国人民。由此可知，人民共和国是代表反帝国主义反封建势力的各阶层人民的利益的。人民共和国的政府以工农为主体，同时容纳其他反帝国主义反封建势力的阶级。

让这些人参加人民共和国的政府，不危险吗？不危险的。

工人农民是这个共和国的基本群众。给城市小资产阶级、知识分子及其他拥护反帝反封建纲领的分子以在人民共和国政府中说话做事的权利,给他们以选举权和被选举权,不能违背工农基本群众的利益。我们纲领的重要部分应当保护工农基本群众的利益。工农基本群众的代表在人民共和国政府中占了大多数,共产党在这个政府中的领导和活动,都保证了他们进来不危险。中国革命的现时阶段依然是资产阶级民主主义性质的革命,不是无产阶级社会主义性质的革命,这是十分明显的。只有反革命的托洛茨基分子[33],才瞎说中国已经完成了资产阶级民主革命,再要革命就只是社会主义的革命了。一九二四年至一九二七年的革命是资产阶级民主主义性质的革命,这次革命没有完成,而是失败了。一九二七年至现在,我们领导的土地革命,也是资产阶级民主主义性质的革命,因为革命的任务是反帝反封建,并不是反资本主义。今后一个相当长时期中的革命还是如此。

革命的动力,基本上依然是工人、农民和城市小资产阶级,现在则可能增加一个民族资产阶级。

革命的转变,那是将来的事。在将来,民主主义的革命必然要转变为社会主义的革命。何时转变,应以是否具备了转变的条件为标准,时间会要相当地长。不到具备了政治上经济上一切应有的条件之时,不到转变对于全国最大多数人民有利而不是不利之时,不应当轻易谈转变。怀疑这一点而希望在很短的时间内去转变,如像过去某些同志所谓民主革命在重要省份开始胜利之日,就是革命开始转变之时,是不对的。这是因为他们看不见中国是一个何等样的政治经济情况的国家,他们不知道中国在政治上经济上完成民主革命,较之俄国要困难得多,需要更多的时间和努力。

国 际 援 助

最后,需要讲一点中国革命和世界革命的相互关系。

自从帝国主义这个怪物出世之后,世界的事情就联成一气了,要想割开也不可能了。我们中华民族有同自己的敌人血战到底的气概,有在自力更生的基础上光复旧物的决心,有自立于世界民族之林的能力。但是这不是说我们可以不需要国际援助;不,国际援助对于现代一切国家一切民族的革命斗争都是必要的。古人说:"春秋无义战。"[34]于今帝国主义则更加无义战,只有被压迫民族和被压迫阶级有义战。全世界一切由人民起来反对压迫者的战争,都是义战。俄国的二月革命和十月革命是义战。第一次世界大战后欧洲各国人民的革命是义战。中国的反鸦片战争[35],太平天国战争[36],义和团战争[37],辛亥革命战争[38],一九二六年至一九二七年的北伐战争,一九二七年至现在的土地革命战争,今天的抗日和讨伐卖国贼的战争,都是义战。在目前的全中国抗日高潮和全世界反法西斯高潮中,义战将遍于全中国,全世界。凡义战都是互相援助的,凡非义战都是应该使之转变成为义战的,这就是列宁主义的路线[39]。我们的抗日战争需要国际人民的援助,首先是苏联人民的援助,他们也一定会援助我们,因为我们和他们是休戚相关的。过去一个时期内,中国革命力量和国际革命力量被蒋介石隔断了,就这点上说,我们是孤立的。现在这种形势已经改变了,变得对我们有利了。今后这种形势还会继续向有利的方面改变。我们不会再是孤立的了。这是中国抗日战争和中国革命取得胜利的一个必要的条件。

注　释

〔1〕袁世凯(一八五九——一九一六),河南项城人,北洋军阀的头子。一九一一年辛亥革命推翻清朝以后,他依靠反革命的武力和帝国主义的支持,又利用当时领导革命的资产阶级的妥协性,篡夺了总统的职位,组织了代表大地主大买办阶级的第一个北洋军阀政府。一九一五年他要做皇帝,因为想取得日本帝国主义的支持,就承认了日本的旨在独占全中国的二十一条要求。同年十二月,在云南发生了反对袁世凯称帝的起义,随即在许多省得到响应。一九一六年三月,袁世凯被迫取消帝制。同年六月死于北京。

〔2〕二十一条是日本帝国主义利用第一次世界大战的时机在一九一五年一月十八日向袁世凯政府提出的旨在独占中国的秘密条款。这些条款共有五号,分为二十一条。主要内容是:一、由日本接管德国在山东所掠夺的权利,并加以扩大;二、承认日本在南满洲和内蒙古东部享有各种特权;三、将汉冶萍公司改为中日合办;四、中国沿海港湾岛屿概不让予或租予第三国;五、由日本控制中国的政治、财政、警察、军事大权,允许日本在湖北、江西、浙江、广东各省之间修筑重要铁路,并承认日本在福建享有投资修筑铁路、开采矿山、整顿海口等优先权。五月七日,日本提出最后通牒。五月九日,袁世凯政府对日本的这些要求,除声明第五号要求的一部分"容日后协商"外,一概加以承认。后来,因为全中国人民的一致反对,以及各帝国主义国家在华利益存在矛盾,日本的这些要求没有全部实现。

〔3〕一九二一年十一月,由美国政府发起,美、英、法、意、日、葡、比、荷和中国九国代表在华盛顿开会。这是一个美国与日本争夺远东霸权的会议。次年二月六日,根据美国提出的在华"各国商务、实业机会均等"和"中国门户开放"的侵略原则,缔结了九国公约。九国公约的作用,是以几个帝国主义国家共同控制中国来代替日本独占中国的局面。由于美国的经济实力超过其他国家,这个公约实际上为美帝国主义用"机会均等"的名义压倒对手,进而独占中国准备了条件。

〔4〕一九三一年九月十八日,日本驻在中国东北境内的所谓"关东军"进攻沈阳,中国人民习惯上称日本这次侵略行动为九一八事变。事变发生后,驻沈阳及东北各地的中国军队执行蒋介石的不准抵抗的命令,使日军得以迅速地占领辽宁、吉林、黑龙江三省。

〔5〕东北四省指当时中国东北部的辽宁、吉林、黑龙江、热河四省（热河省于一九五五年撤销，原辖区分别划归河北、辽宁两省和内蒙古自治区）。一九三一年九一八事变后，日本侵略军先占领了辽宁、吉林、黑龙江三省，一九三三年又侵占热河省。

〔6〕一九三五年十一月二十五日，日本帝国主义嗾使国民党河北省政府滦榆、蓟密两区行政督察专员殷汝耕在通县成立傀儡政权，名为"冀东防共自治委员会"（一个月后改称"冀东防共自治政府"），使当时河北省东部二十二个县脱离了中国政府的管辖。这就是冀东事变。

〔7〕外交谈判指当时国民党政府与日本政府所进行的关于所谓"广田三原则"的谈判。"广田三原则"是日本外相广田弘毅在一九三五年十月对中国驻日大使提出的所谓"对华三原则"，其内容是：一、中国取缔一切抗日运动，放弃依赖英美的政策；二、中国承认伪"满洲国"，树立中日"满"经济合作；三、中日共同防共。十一月至十二月间，中日双方就"广田三原则"多次进行谈判。一九三六年一月，国民党政府外交部发表声明，说"国民政府既非全部承认三原则，亦非全然不承认"。

〔8〕一九三五年，全国人民的反日爱国运动开始新的高涨。北平学生在中国共产党领导下，首先在十二月九日举行大规模的爱国示威游行，提出"反对华北防共自治运动"、"停止内战，一致对外"、"打倒日本帝国主义"等口号。游行的学生遭到了国民党政府的镇压。第二天，北平各校学生宣布总罢课。十六日，学生和市民一万余人，再度举行示威游行。全国人民纷纷响应，开始了中国人民抗日运动的新高潮。这就是著名的一二九运动。全国各阶级的关系由此很明显地表现出新的变化，中国共产党提出的抗日民族统一战线政策，得到一切爱国人们的公开拥护。

〔9〕毛泽东做这个报告的时候，蒋介石继续实行对日妥协、对内屠杀和镇压的反动政策，如出卖华北主权，镇压人民的抗日运动，围攻要求抗日的红军等等。因此，中国共产党必须尽量揭穿蒋介石这个卖国贼的真面目；也因此，党在这时提出的抗日民族统一战线还没有包括蒋介石在内。但是毛泽东在这个报告中，已经说到了日本和英美帝国主义的矛盾可能引起中国地主买办阶级营垒中的分化，党应当利用这种矛盾，争取一切可以争取的力量来反对当前的主要敌人日本帝国主义。随着日本帝国主义对中国侵略的加紧，英美同日本的矛盾更加表面化，中国共产党认为和英美帝国主义利益密切联系的蒋介石集团可能改变对日本的态度，因而采取逼迫蒋介石转向抗日的政策。一九三六年五月，红军由山西回师陕北，即直接向南京国民党政府要求停止内战一致抗日。同年八月，中国共产党中央又致国民党中央一封信，要求组织两党共同抗日的统一战线，并派遣代表进行谈判。

但蒋介石仍然拒绝共产党的主张。直到一九三六年十二月蒋介石在西安被国民党内主张联共抗日的军人所扣留的时候,他才被迫接受共产党关于停止内战准备抗日的要求。

〔10〕蔡廷锴曾任国民党第十九路军总指挥兼第十九军军长,与蒋光鼐(前任总指挥)同为该路军的负责人。十九路军原来在江西与红军作战,九一八事变后调往上海。那时上海和全国人民抗日的高潮,给了十九路军以很大影响。一九三二年一月二十八日夜,日本海军陆战队向上海攻击,十九路军和上海人民一起进行了抗战。但是这个战争后来因为国民党反动派的破坏而失败。随后,十九路军又被蒋介石调到福建去同红军作战。这时十九路军的领导人逐渐觉悟到同红军作战是没有出路的。一九三三年十月,他们同与十九路军有历史关系的陈铭枢一起,代表十九路军同红军签订了抗日反蒋初步协定。十一月,他们又拥戴李济深为领袖,公开宣布与蒋介石破裂,在福建成立“中华共和国人民革命政府”。不久,十九路军和福建人民政府在蒋介石的兵力压迫下失败,此后蔡廷锴等人继续采取与共产党合作的立场。

〔11〕唐生智(一八八九——一九七〇),湖南东安人。早年曾参加辛亥革命和反袁护国战争。一九二三年在湘军中任师长兼湘南督办。一九二六年春利用并参加湖南人民反对军阀吴佩孚、赵恒惕的运动,任湖南省代省长。表示拥护孙中山联俄、联共、扶助农工的三大政策,愿意参加北伐。同年六月被广州国民政府任命为国民革命军第八军军长兼北伐军前敌总指挥和湖南省政府主席。北伐战争中,一度采取同共产党合作的态度,在一定程度上允许开展工农运动。一九二七年三月当选为武汉国民政府委员,四月任第一集团军第四方面军总指挥。不久,改任第四集团军总司令。四一二反革命政变后,曾积极主张东征讨蒋,对两湖右派势力发动的反动事件亦表示反对。七月十五日,汪精卫发动反革命政变,他也背弃了“拥护三大政策”的诺言。晚年支持和参加革命,中华人民共和国成立后,曾任全国人民代表大会常务委员会委员等职。

〔12〕冯玉祥(一八八二——一九四八),安徽巢县人。曾任北洋陆军第十一师师长,陕西、河南的督军及陆军检阅使等职。以后曾赴苏联考察。一九二六年九月,当北伐的国民革命军攻抵武汉时,冯玉祥就任国民军联军总司令,率领他的军队在绥远省(现属内蒙古自治区)宣布脱离北洋军阀的系统而参加革命。一九二七年五月就任国民革命军第二集团军总司令,率部由陕西出发,和北伐军会同进攻河南省。随后,他一度附和蒋介石、汪精卫反对共产党的活动,但同蒋介石集团间始终存在着利害冲突。九一八事变后,他赞成抗日,在一九三三年五月间,与共产党合作,在张家口组织民众抗日同盟军,抵抗日本帝国主义的侵略。由于蒋介石势力和日本侵略军的双重压迫,这次抗日起义于十月间失败。冯玉祥在晚年继

续采取与共产党合作的立场。

〔13〕察哈尔，原来是一个省，一九五二年撤销，原辖地区划归河北、山西两省。

〔14〕一九三一年春，国民党第二十六路军被蒋介石派到江西进攻红军。同年十二月，该路军一万余人在赵博生、董振堂等领导下，响应中国共产党的抗日号召，于江西宁都起义加入红军，成立红军第五军团。

〔15〕马占山（一八八五——一九五〇），吉林怀德人，国民党东北军的军官。九一八事变后任黑龙江省政府代理主席，同年十一月日本侵略军由辽宁向黑龙江推进时，他曾率领部队进行抵抗。

〔16〕胡汉民（一八七九——一九三六），广东番禺人，国民党元老之一。曾协助孙中山筹备改组国民党。孙中山逝世后，他反对同中国共产党合作的政策。一九二七年四一二反革命政变后，与蒋介石合作反共。后因与蒋争夺权利，一九三一年二月被蒋监禁。九一八事变后被释放，由南京到广州，依托两广派军阀势力与蒋介石南京政府形成长期对立的局面。一九三四年，他在中国共产党提出的《中国人民对日作战的基本纲领》上签名，表示了赞成抗日的态度。

〔17〕抗日救国六大纲领即《中国人民对日作战的基本纲领》，是中国共产党在一九三四年四月提出，由中国民族武装自卫委员会筹备会宋庆龄等一千七百余人署名公布的。纲领包括下列各项条款：（一）全体海陆空军总动员对日作战；（二）全体人民总动员；（三）全体人民总武装；（四）没收日本帝国主义在华财产及卖国贼财产以解决抗日经费；（五）成立工农兵学商代表选举出来的全中国民族武装自卫委员会；（六）联合日本帝国主义的一切敌人作友军，与一切守善意中立的国家建立友谊关系。

〔18〕指广东的陈济棠和广西的李宗仁、白崇禧等。

〔19〕国民党反动派把革命人民和革命军队叫做"匪"，把他们自己进攻革命军队屠杀革命人民的行为叫做"剿匪"。

〔20〕任弼时（一九〇四——一九五〇），湖南湘阴人。一九二二年加入中国共产党。一九三三年五月，任湘赣省委书记兼军区政治委员。一九三四年七月，任中央代表、红军第六军团军政委员会主席。同年十月，红军第六军团和第二军团会合，任第二军团政治委员，随后创建了湘鄂川黔边区，任省委书记兼军区政治委员。一九三六年七月，第二、六军团组成第二方面军，任政治委员。抗日战争初期任八路军总政治部主任。他在中国共产党第五、六、七次全国代表大会上均被选为中央委员，一九二七年中共中央召开的八七会议上被选为临时中央政治局委员，一九三一年中共六届四中全会上被选为中央政治局委员，一九四〇年参加中共中央书记处工作，一九四五年中共七届一中全会上被选为中央政治局委员和中

央书记处书记。一九五〇年十月二十七日逝世于北京。

〔21〕中国工农红军第六军团原驻湘赣边区根据地,一九三四年八月奉中共中央的命令在第六军团军政委员会主席任弼时等率领下,誓师突围转移。同年十月,在贵州东部与贺龙率领的红军第三军(后改称第二军团)会合,十一月成立了湘鄂川黔边区临时省委和军区,后开辟了湘鄂川黔革命根据地。

〔22〕一九三四年十月,中国工农红军第一、三、五、八、九军团(即中央红军,一九三五年六月与红四方面军会合时,恢复第一方面军的番号)、中央和军委机关、直属部队编成的两个纵队,从江西瑞金等地出发,开始战略性的大转移。红军经过福建、江西、广东、湖南、广西、贵州、四川、云南、西康(现在分属四川省和西藏自治区)、甘肃、陕西等十一个省,走过终年积雪的高山,越过人迹罕至的沼泽草地,历尽艰苦,击溃敌人的多次围追堵截,长征两万余里,终于在一九三五年十月胜利地到达陕西北部的革命根据地。

〔23〕川陕边区的红军即中国工农红军第四方面军。一九三五年三月,第四方面军发起强渡嘉陵江战役后,离开川陕边区根据地,五月开始向四川、西康(现在分属四川省和西藏自治区)两省的边境转移。同年六月,在四川西部的懋功(今小金)地区与红军第一方面军会合。八月,一、四方面军在毛儿盖、卓克基地区组织右、左两路军北上。九月,曾经长期领导第四方面军的张国焘违抗中共中央的北上命令,擅自率领左路军全部和右路军的一部南下,进行分裂党和红军的活动。一九三六年六七月间,由湘鄂川黔边区突围,经湖南、贵州、云南到达西康的红军第二、第六军团,在甘孜等地与第四方面军会合。会合以后,第二、第六军团正式组成红军第二方面军。这时,张国焘被迫率第四方面军与第二方面军一起北上转移。同年十月,第四方面军和第二方面军先后到达甘肃会宁、将台堡(今属宁夏回族自治区隆德县)地区,与第一方面军胜利会师。

〔24〕张国焘(一八九七——一九七九),江西萍乡人。一九二一年参加中国共产党第一次全国代表大会。曾被选为中共中央委员、政治局委员、政治局常委。一九三一年任中共鄂豫皖中央分局书记、中华苏维埃共和国临时中央政府副主席等职。一九三五年六月红军第一、第四方面军在四川懋功(今小金)地区会师后任红军总政治委员。他反对中央关于红军北上的决定,进行分裂党和红军的活动,另立中央。一九三六年六月被迫取消第二中央,随后与红军第二、第四方面军一起北上,十二月到达陕北。一九三七年九月起,任陕甘宁边区政府副主席、代主席。一九三八年四月,他乘祭黄帝陵之机逃离陕甘宁边区,经西安到武汉,投入国民党特务集团,成为中国革命的叛徒,随即被开除出党。一九七九年死于加拿大。

〔25〕中央红军指主要在江西福建区域发展起来而由中共中央直接领导的红军,即中国工农红军第一方面军。

〔26〕一九三五年七月,国民党军开始对陕甘革命根据地发动第三次"围剿"。陕甘红军第二十六军先在东线击溃了敌人两个旅,将该线敌军主力赶到黄河以东。同年九月,原在鄂豫皖根据地的红军第二十五军,经陕南陇东到达陕北,与陕甘红军会合,成立红军第十五军团。十月,红十五军团在陕西甘泉县的劳山战役中消灭敌军一一〇师大部,击毙其师长,不久又将敌军一〇七师的四个营消灭于陕西富县榆林桥。于是敌人重新组织兵力,以董英斌(东北军五十七军军长)带五个师分两路进攻,东边一个师沿陕西洛川、富县大道北上,西边四个师由甘肃的庆阳、合水沿葫芦河向陕西富县方面前进。同年十月,红一方面军主力(此时称红军陕甘支队)到达陕北。十一月,陕甘支队恢复红一方面军番号,红十五军团列入红一方面军建制。接着红一方面军歼灭敌军一〇九师于富县西面的直罗镇,又于追击中歼灭敌军一〇六师一个团于张家湾地区。这样就彻底粉碎了敌人对陕甘根据地的第三次"围剿"。

〔27〕一九三四年至一九三五年间,中央红军主力转移时,曾经留下了一部分红军和游击队。这些部队,在八个省份内十五个地区坚持了三年之久的游击战争。这些地区是:赣粤边地区、闽赣边地区、闽西地区、闽粤边地区、皖浙赣地区、浙南地区、闽北地区、闽东地区、闽中地区、湘鄂赣边地区、湘赣边地区、湘南地区、鄂豫皖边地区、鄂豫边地区和广东省的琼崖地区(今为海南省)。

〔28〕一九三一年日本帝国主义侵占东北以后,东北地区各阶层民众和东北军中部分爱国官兵,在中国共产党的领导、协助和影响下,组成不同名称的抗日义勇军。一九三三年初,绝大部分义勇军都溃散了。同年秋以后,中共满洲省委在各地原已创建的反日游击队(当时也称工农义勇军)的基础上,组建了东北人民革命军。一九三六年二月,东北人民革命军联合其他反日部队,发表了统一建制宣言,改称东北抗日联军,陆续编成十一个军,在共产党员杨靖宇、周保中、李兆麟等领导下,长期坚持了东北的抗日游击战争。一九三三年,日本帝国主义侵入热河省(现分属河北省、辽宁省和内蒙古自治区)和冀东,当地人民纷纷起来武装反抗,其中规模较大的是一九三三年十二月爆发的孙永勤领导的民众军的抗日起义。一九三四年,孙永勤接受中国共产党的抗日主张,把民众军改编为抗日救国军,在河北省东部的兴隆、遵化、迁安、青龙和热河省南部的承德、平泉(这两个地方今属河北省)等地,进行抗日游击战争,一直坚持到一九三五年。

〔29〕苏联共产党领导的革命战争,指一九一八年至一九二〇年苏联人民反对英、美、法、日、波等国家的武装干涉和平定白党叛乱的战争。

〔30〕毛泽东在这里所提出的人民共和国性质的政权及其各项政策,在抗日战争期间,已经在共产党领导下的人民解放区完全实现了。因此,共产党能够在敌后战场领导人民对日本侵略者进行胜利的战争。在日本投降以后爆发的第三次

国内革命战争中,随着战争的进展,人民解放区逐步扩大到整个中国大陆,这样就出现了统一的中华人民共和国。毛泽东关于人民共和国的理想,就在全国范围内实现了。

〔31〕汪精卫(一八八三———一九四四),原籍浙江山阴(今绍兴),生于广东番禺。早年参加中国同盟会。一九二五年在广州任国民政府主席。一九二七年七月十五日在武汉发动反革命政变。一九三七年抗日战争爆发后,任中国国民党副总裁。一九三八年底公开投降日本帝国主义,后任日本帝国主义扶植的南京傀儡政府主席。

〔32〕一九二八年六月至七月举行的中国共产党第六次全国代表大会,规定了下列的十大政纲:一、推翻帝国主义的统治;二、没收外国资本的企业和银行;三、统一中国,承认民族自决权;四、推翻军阀国民党的政府;五、建立工农兵代表会议政府;六、实行八小时工作制,增加工资,失业救济与社会保险等;七、没收地主阶级的一切土地,耕地归农;八、改善兵士生活,给兵士以土地和工作;九、取消一切苛捐杂税,实行统一的累进税;十、联合世界无产阶级和苏联。

〔33〕托洛茨基(一八七九———一九四〇),俄国十月革命胜利后曾任革命军事委员会主席等职。列宁逝世后,反对列宁关于在苏联建设社会主义的理论和路线,一九二七年十一月被清除出党。在国际共产主义运动中,托洛茨基进行了许多分裂和破坏活动。在一九二七年中国革命遭受失败之后,中国也出现了少数的托洛茨基分子,他们与陈独秀等相结合,认为中国资产阶级对于帝国主义和封建势力已经取得了胜利,中国资产阶级民主革命已经完结,中国无产阶级只有待到将来再去举行社会主义革命,在当时就只能进行所谓以"国民会议"为中心口号的合法运动,而取消革命运动。因此他们又被称为"托陈取消派"。

〔34〕见《孟子·尽心下》。春秋时代(公元前七二二———前四八一),中国许多诸侯相互不间断地进行争权夺利的战争,所以孟子有此说法。

〔35〕一八四〇年至一八四二年,英国因中国人反对输入鸦片,就借口保护通商,派兵侵略中国。中国军队在林则徐领导下曾经进行了抵抗。广州人民自发地组织武装抗英团体,使英国侵略军受到很大的打击。福建、浙江、江苏等地人民也自发地掀起了抗英斗争。一八四二年英国军队侵入长江,迫使腐朽的清朝政府和英国侵略者签订中国近代史上的第一个不平等条约——《南京条约》。这个条约的主要内容是:中国割让香港,给英国大量赔款,开放上海、福州、厦门、宁波、广州为通商口岸,抽收英商进出口货物的税率由中英双方共同议定。

〔36〕太平天国战争是发生于十九世纪中叶的反对清朝封建统治和民族压迫的农民革命战争。一八五一年一月,这次革命的领导者洪秀全、杨秀清等,在广西桂平县的金田村起义,建号"太平天国"。一八五二年太平军出广西,攻入湖南、湖

北。一八五三年,经江西、安徽,攻克南京,并在这里建都。随后从南京分出一部
兵力北伐和西征,北伐军一直打到天津附近。但太平军在它占领的地方都没有建
立起巩固的根据地,建都南京后它的领导集团又犯了许多政治上和军事上的错
误。在清朝军队和英、美、法等国侵略军的联合进攻下,太平天国战争于一八六四
年失败。

〔37〕义和团战争是一九〇〇年发生在中国北部的反对帝国主义的武装斗争。
参加这次战争的,有广大的农民、手工业者和其他群众,他们用宗教迷信互相联
系,在秘密结社的基础上组织起来,对英、美、德、法、俄、日、意、奥的联合侵略军进
行了英勇的斗争。八国的联合侵略军在占领天津、北京以后,极残酷地镇压了这
个运动。

〔38〕见本卷《湖南农民运动考察报告》注〔3〕。

〔39〕参见列宁《无产阶级革命的军事纲领》(《列宁全集》第 28 卷,人民出版社
1990 年版,第 86—97 页)和《联共(布)党史简明教程》第六章第三节(人民出版社
1975 年版,第 185—192 页)。

中国革命战争的战略问题[*]

（一九三六年十二月）

第一章　如何研究战争

第一节　战争规律是发展的

战争的规律——这是任何指导战争的人不能不研究和不能不解决的问题。

革命战争的规律——这是任何指导革命战争的人不能不研究和不能不解决的问题。

中国革命战争的规律——这是任何指导中国革命战争的人不能不研究和不能不解决的问题。

---

[*] 毛泽东的这部著作，是为着总结第二次国内革命战争的经验而写的，当时曾在建立在陕北的红军大学作过讲演。据著者说，这部著作只完成五章，尚有战略进攻、政治工作及其他问题，因为西安事变发生，没有工夫再写，就搁笔了。这是第二次国内革命战争时期党内在军事问题上的一场大争论的结果，是表示一个路线反对另一个路线的意见。对于这个路线上的争论，一九三五年一月中共中央召开的遵义会议作出了结论，肯定了毛泽东的意见，而否定了错误路线的意见。在一九三五年十月中共中央移到陕北以后，毛泽东随即在十二月作了《论反对日本帝国主义的策略》的报告，系统地解决了第二次国内革命战争时期党的政治路线上的问题。第二年，即一九三六年，毛泽东又写了这部著作，系统地说明了有关中国革命战争战略方面的诸问题。

我们现在是从事战争，我们的战争是革命战争，我们的革命战争是在中国这个半殖民地的半封建的国度里进行的。因此，我们不但要研究一般战争的规律，还要研究特殊的革命战争的规律，还要研究更加特殊的中国革命战争的规律。

大家明白，不论做什么事，不懂得那件事的情形，它的性质，它和它以外的事情的关联，就不知道那件事的规律，就不知道如何去做，就不能做好那件事。

战争——从有私有财产和有阶级以来就开始了的、用以解决阶级和阶级、民族和民族、国家和国家、政治集团和政治集团之间、在一定发展阶段上的矛盾的一种最高的斗争形式。不懂得它的情形，它的性质，它和它以外事情的关联，就不知道战争的规律，就不知道如何指导战争，就不能打胜仗。

革命战争——革命的阶级战争和革命的民族战争，在一般战争的情形和性质之外，有它的特殊的情形和性质。因此，在一般的战争规律之外，有它的一些特殊的规律。不懂得这些特殊的情形和性质，不懂得它的特殊的规律，就不能指导革命战争，就不能在革命战争中打胜仗。

中国革命战争——不论是国内战争或民族战争，是在中国的特殊环境之内进行的，比较一般的战争，一般的革命战争，又有它的特殊的情形和特殊的性质。因此，在一般战争和一般革命战争的规律之外，又有它的一些特殊的规律。如果不懂得这些，就不能在中国革命战争中打胜仗。

所以，我们应该研究一般战争的规律；也应该研究革命战争的规律；最后，我们还应该研究中国革命战争的规律。

有一种人的意见是不对的，我们早已批驳了这种意见了；

他们说:只要研究一般战争的规律就得了,具体地说,只要照着反动的中国政府或反动的中国军事学校出版的那些军事条令去做就得了。他们不知道:这些条令仅仅是一般战争的规律,并且全是抄了外国的,如果我们一模一样地照抄来用,丝毫也不变更其形式和内容,就一定是削足适履,要打败仗。他们的理由是:过去流过血得来的东西,为什么要不得? 他们不知道:我们固然应该尊重过去流血的经验,但是还应该尊重自己流血的经验。

又有一种人的意见也是不对的,我们也早已批驳了这种意见了;他们说:只要研究俄国革命战争的经验就得了,具体地说,只要照着苏联内战的指导规律和苏联军事机关颁布的军事条令去做就得了。他们不知道:苏联的规律和条令,包含着苏联内战和苏联红军的特殊性,如果我们一模一样地抄了来用,不允许任何的变更,也同样是削足适履,要打败仗。这些人的理由是:苏联的战争是革命的战争,我们的战争也是革命的战争,而且苏联是胜利了,为什么还有取舍的余地? 他们不知道:我们固然应该特别尊重苏联的战争经验,因为它是最近代的革命战争的经验,是在列宁、斯大林指导之下获得的;但是我们还应该尊重中国革命战争的经验,因为中国革命和中国红军又有许多特殊的情况。

再有一种人的意见也是不对的,我们也早就批驳了这种意见了;他们说:一九二六年至一九二七年的北伐战争的经验是最好的,我们应该学习它,具体地说,学北伐战争的长驱直进和夺取大城市。他们不知道:北伐战争的经验是应该学习的,但是不应该刻板地抄用,因为我们现时战争的情况已经变化了。我们只应该采用北伐战争中那些在现时情况下还能适用的东西，我们应该按照现时情况规定我们自己的东西。

由此看来，战争情况的不同，决定着不同的战争指导规律，有时间、地域和性质的差别。从时间的条件说，战争和战争指导规律都是发展的，各个历史阶段有各个历史阶段的特点，因而战争规律也各有其特点，不能呆板地移用于不同的阶段。从战争的性质看，革命战争和反革命战争，各有其不同的特点，因而战争规律也各有其特点，不能呆板地互相移用。从地域的条件看，各个国家各个民族特别是大国家大民族均有其特点，因而战争规律也各有其特点，同样不能呆板地移用。我们研究在各个不同历史阶段、各个不同性质、不同地域和民族的战争的指导规律，应该着眼其特点和着眼其发展，反对战争问题上的机械论。

还不止此。对于一个指挥员来说，起初会指挥小兵团，后来又会指挥大兵团，这对于他是进步了，发展了。一个地方和许多地方也不相同。起初会在某一熟悉的地方作战，后来在许多地方也会作战，这对于一个指挥员又是进步了，发展了。因为敌我双方的技术、战术、战略的发展，一个战争中各阶段的情形也不相同。在低级阶段会指挥的，到了高级阶段也会指挥，这对于一个指挥员更是进步和发展了。只能适应于一定兵团、一定地方和战争发展的一定阶段，这叫做没有进步和没有发展。有一种人，抱着一技之长和一孔之见，再也没有进步，这对革命虽则在一地一时有些作用，但是没有大的作用。我们要求有大的作用的战争指导者。一切战争指导规律，依照历史的发展而发展，依照战争的发展而发展；一成不变的东西是没有的。

第二节　战争的目的在于消灭战争

　　战争——这个人类互相残杀的怪物,人类社会的发展终久要把它消灭的,而且就在不远的将来会要把它消灭的。但是消灭它的方法只有一个,就是用战争反对战争,用革命战争反对反革命战争,用民族革命战争反对民族反革命战争,用阶级革命战争反对阶级反革命战争。历史上的战争,只有正义的和非正义的两类。我们是拥护正义战争反对非正义战争的。一切反革命战争都是非正义的,一切革命战争都是正义的。人类的战争生活时代将要由我们之手而结束,我们所进行的战争,毫无疑义地是属于最后战争的一部分。但是我们所面临的战争,毫无疑义又是最大的和最残酷的战争的一部分。最大的和最残酷的非正义的反革命的战争,迫临在我们的头上,我们如果不打起正义战争的旗帜,人类的大多数就要遭受摧残。人类正义战争的旗帜是拯救人类的旗帜,中国正义战争的旗帜是拯救中国的旗帜。人类的大多数和中国人的大多数所举行的战争,毫无疑义地是正义的战争,是拯救人类拯救中国的至高无上的荣誉的事业,是把全世界历史转到新时代的桥梁。人类社会进步到消灭了阶级,消灭了国家,到了那时,什么战争也没有了,反革命战争没有了,革命战争也没有了,非正义战争没有了,正义战争也没有了,这就是人类的永久和平的时代。我们研究革命战争的规律,出发于我们要求消灭一切战争的志愿,这是区别我们共产党人和一切剥削阶级的界线。

第三节　战略问题是研究战争全局的规律的东西

　　只要有战争，就有战争的全局。世界可以是战争的一全局，一国可以是战争的一全局，一个独立的游击区、一个大的独立的作战方面，也可以是战争的一全局。凡属带有要照顾各方面和各阶段的性质的，都是战争的全局。

　　研究带全局性的战争指导规律，是战略学的任务。研究带局部性的战争指导规律，是战役学和战术学的任务。

　　要求战役指挥员和战术指挥员了解某种程度的战略上的规律，何以成为必要呢？因为懂得了全局性的东西，就更会使用局部性的东西，因为局部性的东西是隶属于全局性的东西的。说战略胜利取决于战术胜利的这种意见是错误的，因为这种意见没有看见战争的胜败的主要和首先的问题，是对于全局和各阶段的关照得好或关照得不好。如果全局和各阶段的关照有了重要的缺点或错误，那个战争是一定要失败的。说"一着不慎，满盘皆输"，乃是说的带全局性的，即对全局有决定意义的一着，而不是那种带局部性的即对全局无决定意义的一着。下棋如此，战争也是如此。

　　然而全局性的东西，不能脱离局部而独立，全局是由它的一切局部构成的。有的时候，有些局部破坏了或失败了，全局可以不起重大的影响，就是因为这些局部不是对于全局有决定意义的东西。战争中有些战术上或战役上的失败或不成功,常常不至于引起战争全局的变坏,就是因为这些失败不是有决定意义的东西。但若组成战争全局的多数战役失败了,或有决定意义的某一二个战役失败了,全局就立即起变化。这里说的多数战役和某一二个战役,就都是决定的东西了。战争历史中有在连战皆捷之后吃了一个败仗以至全功尽弃的,有在吃了许多败仗之后打了一个胜仗因而开展了新局面的。这里说的"连战皆捷"和"许多败仗",都是局部性的,对于全局不起决定作用的东西。这里说的"一个败仗"和"一个胜仗",就都是决定的东西了。所有这些,都在说明关照全局的重要性。指挥全局的人,最要紧的,是把自己的注意力摆在照顾战争的全局上面。主要地是依据情况,照顾部队和兵团的组成问题,照顾两个战役之间的关系问题,照顾各个作战阶段之间的关系问题,照顾我方全部活动和敌方全部活动之间的关系问题,这些都是最吃力的地方,如果丢了这个去忙一些次要的问题,那就难免要吃亏了。

说到全局和局部的关系,不但战略和战役的关系是如此,战役和战术的关系也是如此。师的动作和团营动作的关系,连的动作和排班动作的关系,就是实例。任何一级的首长,应当把自己注意的重心,放在那些对于他所指挥的全局说来最重要最有决定意义的问题或动作上,而不应当放在其他的问题或动作上。

说重要,说有决定意义,不能按照一般的或抽象的情况去规定,必须按照具体的情况去规定。作战时选择突击方向和突击点,要按照当前的敌情、地形和自己兵力的情况去规定。在给养丰富的地方要注意不使战士吃得太饱,在给养不足的地方却要注意不使战士饿肚。在白色区域，可以因为仅仅一个消息的走漏而使尔后的战斗失败；在红色区域，则走漏消息的问题常常不是最重要的。某些战役，高级指挥员有亲自参加之必要，其他则无此必要。一个军事学校，最重要的问题，是选择校长教员和规定教育方针。一个民众大会，主要应注意动员民众到会和提出恰当的口号。如此等等。总之，一个原则，就是注意于那些有关全局的重要的关节。

学习战争全局的指导规律，是要用心去想一想才行的。因为这种全局性的东西，眼睛看不见，只能用心思去想一想才能懂得，不用心思去想，就不会懂得。但是全局是由局部构成的，有局部经验的人，有战役战术经验的人，如肯用心去想一想，就能够明白那些更高级的东西。战略问题，如所谓照顾敌我之间的关系，照顾各个战役之间或各个作战阶段之间的关系，照顾有关全局的（有决定意义的）某些部分，照顾全盘情况中的特点，照顾前后方之间的关系，照顾消耗和补充，作战和休息，集中和分散，攻击和防御，前进和后退，荫蔽和暴露，主攻方面和助攻方面，突击方面和钳制方面，集中指挥和分散指挥，持久战和速决战，阵地战和运动战，本军和友军，这些兵种和那些兵种，上级和下级，干部和兵员，老兵和新兵，高级干部和下级干部，老干部和新干部，红色区域和白色区域，老区和新区，中心区和边缘区，热天和冷天，胜仗和败仗，大兵团和小兵团，正规军和游击队，消灭敌人和争取群众，扩大红军和巩固红军，军事工作和政治工作，过去的任务和现在的任务，现在的任务和将来的任务，那种情况下的任务和这种情况下的任务，固定战线和非固定战线，国内战争和民族战争，这一历史阶段和那一历史阶段,等等问题的区别和联系,都是眼睛看不见的东西,但若用心去想一想,也就都可以了解,都可以捉住,都可以精通。这就是说,能够把战争或作战的一切重要的问题,都提到较高的原则性上去解决。达到这个目的,就是研究战略问题的任务。

第四节　重要的问题在善于学习

为什么要组织红军?因为要使用它去战胜敌人。为什么要学习战争规律?因为要使用这些规律于战争。

学习不是容易的事情,使用更加不容易。战争的学问拿在讲堂上,或在书本中,很多人尽管讲得一样头头是道,打起仗来却有胜负之分。战争史和我们自己的战争生活,都证明了这一点。

那末,关键在哪里呢?

我们不能要求事实上的常胜将军,这是从古以来就很少的。我们要求在战争过程中一般地打胜仗的勇敢而明智的将军——智勇双全的将军。要达到智勇双全这一点,有一种方法是要学的,学习的时候要用这种方法,使用的时候也要用这种方法。

什么方法呢?那就是熟识敌我双方各方面的情况,找出其行动的规律,并且应用这些规律于自己的行动。

许多国家颁布的军事条令书上,都指示了"按照情况活用原则"的必要,又都指示了打败仗时的处置方法。前者是不要指挥员因死用原则而主观地犯错误;后者是当着指挥员主观地犯了错误，或客观情况起了非所预料的和不可抗的变化时，告诉指挥员怎样去处置。

为什么主观上会犯错误呢？就是因为战争或战斗的部署和指挥不适合当时当地的情况，主观的指导和客观的实在情况不相符合，不对头，或者叫做没有解决主观和客观之间的矛盾。人办一切事情都难免这种情形，有比较地会办和比较地不会办之分罢了。事情要求比较地会办，军事上就要求比较地多打胜仗，反面地说，要求比较地少打败仗。这里的关键，就在于把主观和客观二者之间好好地符合起来。

举战术的例子来说。攻击点选在敌人阵地的某一翼，而那里正是敌人的薄弱部，突击因而成功，这叫做主观和客观相符合，也就是指挥员的侦察、判断和决心，和敌人及其配置的实在情形相符合。如果攻击点选在另一翼，或中央，结果正碰在敌人的钉子上，攻不进去，就叫做不相符合。攻击时机的适当，预备队使用的不迟不早，以及各种战斗处置和战斗动作都利于我不利于敌，便是整个战斗中主观指挥和客观情况统统相符合。统统相符合的事，在战争或战斗中是极其少有的，这是因为战争或战斗的双方是成群的武装着的活人，而又互相保持秘密的缘故，这和处置静物或日常事件是大不相同的。然而只要做到指挥大体上适合情况，即在有决定意义的部分适合情况，那就是胜利的基础了。

指挥员的正确的部署来源于正确的决心，正确的决心来源于正确的判断，正确的判断来源于周到的和必要的侦察，和对于各种侦察材料的联贯起来的思索。指挥员使用一切可能的和必要的侦察手段，将侦察得来的敌方情况的各种材料加以去粗取精、去伪存真、由此及彼、由表及里的思索,然后将自己方面的情况加上去,研究双方的对比和相互的关系,因而构成判断,定下决心,作出计划,——这是军事家在作出每一个战略、战役或战斗的计划之前的一个整个的认识情况的过程。粗心大意的军事家,不去这样做,把军事计划建立在一相情愿的基础之上,这种计划是空想的,不符合于实际的。鲁莽的专凭热情的军事家之所以不免于受敌人的欺骗,受敌人表面的或片面的情况的引诱,受自己部下不负责任的无真知灼见的建议的鼓动,因而不免于碰壁,就是因为他们不知道或不愿意知道任何军事计划,是应该建立于必要的侦察和敌我情况及其相互关系的周密思索的基础之上的缘故。

认识情况的过程,不但存在于军事计划建立之前,而且存在于军事计划建立之后。当执行某一计划时,从开始执行起,到战局终结止,这是又一个认识情况的过程,即实行的过程。此时,第一个过程中的东西是否符合于实况,需要重新加以检查。如果计划和情况不符合,或者不完全符合,就必须依照新的认识,构成新的判断,定下新的决心,把已定计划加以改变,使之适合于新的情况。部分地改变的事差不多每一作战都是有的,全部地改变的事也是间或有的。鲁莽家不知改变,或不愿改变,只是一味盲干,结果又非碰壁不可。

上面说的是一个战略的行动,或一个战役和战斗的行动。经验多的军人,假使他是虚心学习的,他摸熟了自己的部队(指挥员、战斗员、武器、给养等等及其总体)的脾气,又摸熟了敌人的部队(同样,指挥员、战斗员、武器、给养等等及其总体)的脾气,摸熟了一切和战争有关的其他的条件如政治、经济、地理、气候等等,这样的军人指导战争或作战,就比较地有把握,比较地能打胜仗。这是在长时间内认识了敌我双方的情况,找出了行动的规律,解决了主观和客观的矛盾的结果。这一认识过程是非常重要的,没有这一种长时间的经验,要了解和把握整个战争的规律是困难的。做一个真正能干的高级指挥员,不是初出茅庐或仅仅善于在纸上谈兵的角色所能办到的,必须在战争中学习才能办得到。

一切带原则性的军事规律,或军事理论,都是前人或今人做的关于过去战争经验的总结。这些过去的战争所留给我们的血的教训,应该着重地学习它。这是一件事。然而还有一件事,即是从自己经验中考证这些结论,吸收那些用得着的东西,拒绝那些用不着的东西,增加那些自己所特有的东西。这后一件事是十分重要的,不这样做,我们就不能指导战争。

读书是学习,使用也是学习,而且是更重要的学习。从战争学习战争——这是我们的主要方法。没有进学校机会的人,仍然可以学习战争,就是从战争中学习。革命战争是民众的事,常常不是先学好了再干,而是干起来再学习,干就是学习。从“老百姓”到军人之间有一个距离,但不是万里长城,而是可以迅速地消灭的,干革命,干战争,就是消灭这个距离的方法。说学习和使用不容易,是说学得彻底,用得纯熟不容易。说老百姓很快可以变成军人,是说此门并不难入。把二者总合起来,用得着中国一句老话:“世上无难事,只怕有心人。”入门既不难,深造也是办得到的,只要有心,只要善于学习罢了。

军事的规律,和其他事物的规律一样,是客观实际[1]在我们头脑中的反映,除了我们的头脑以外,一切都是客观实际的东西。因此,学习和认识的对象,包括敌我两方面,这两方面都应该看成研究的对象,只有我们的头脑(思想)才是研究的主体。有一种人,明于知己,暗于知彼,又有一种人,明于知彼,暗于知己,他们都是不能解决战争规律的学习和使用的问题的。中国古代大军事学家孙武子[2]书上“知彼知己,百战不殆”这句话,是包括学习和使用两个阶段而说的,包括从认识客观实际中的发展规律,并按照这些规律去决定自己行动克服当前敌人而说的;我们不要看轻这句话。

战争是民族和民族、国家和国家、阶级和阶级、政治集团和政治集团之间互相斗争的最高形式;一切关于战争的规律,都是进行战争的民族、国家、阶级、政治集团为了争取自己的胜利而使用的。战争的胜负,主要地决定于作战双方的军事、政治、经济、自然诸条件,这是没有问题的。然而不仅仅如此,还决定于作战双方主观指导的能力。军事家不能超过物质条件许可的范围外企图战争的胜利,然而军事家可以而且必须在物质条件许可的范围内争取战争的胜利。军事家活动的舞台建筑在客观物质条件的上面,然而军事家凭着这个舞台,却可以导演出许多有声有色威武雄壮的活剧来。因此,我们红军的指导者,在既定的客观物质基础即军事、政治、经济、自然诸条件之上,就必须发挥我们的威力,提挈全军,去打倒那些民族的和阶级的敌人,改变这个不好的世界。这里就用得着而且必须用我们的主观指导的能力。我们不许可任何一个红军指挥员变为乱撞乱碰的鲁莽家;我们必须提倡每个红军指挥员变为勇敢而明智的英雄,不但有压倒一切的勇气,而且有驾驭整个战争变化发展的能力。指挥员在战争的大海中游泳，他们不使自己沉没，而要使自己决定地有步骤地达到彼岸。指导战争的规律，就是战争的游泳术。

以上是我们的方法。

第二章　中国共产党和中国革命战争

自一九二四年开始的中国革命战争，已经过去了两个阶段，即一九二四年至一九二七年的阶段和一九二七年至一九三六年的阶段；今后则是抗日民族革命战争的阶段。这三个阶段的革命战争，都是中国无产阶级及其政党中国共产党所领导的。中国革命战争的主要敌人，是帝国主义和封建势力。中国资产阶级虽然在某种历史时机可以参加革命战争，然而由于它的自私自利性和政治上经济上的缺乏独立性，不愿意也不能领导中国革命战争走上彻底胜利的道路。中国农民群众和城市小资产阶级群众，是愿意积极地参加革命战争，并愿意使战争得到彻底胜利的。他们是革命战争的主力军；然而他们的小生产的特点，使他们的政治眼光受到限制（一部分失业群众则具有无政府思想），所以他们不能成为战争的正确的领导者。因此，在无产阶级已经走上政治舞台的时代，中国革命战争的领导责任，就不得不落到中国共产党的肩上。在这种时候，任何的革命战争如果没有或违背无产阶级和共产党的领导，那个战争是一定要失败的。因为半殖民地的中国的社会各阶层和各种政治集团中，只有无产阶级和共产党，才最没有狭隘性和自私自利性，最有远大的政治眼光和最有组织性,而且也最能虚心地接受世界上先进的无产阶级及其政党的经验而用之于自己的事业。因此,只有无产阶级和共产党能够领导农民、城市小资产阶级和资产阶级,克服农民和小资产阶级的狭隘性,克服失业者群的破坏性,并且还能够克服资产阶级的动摇和不彻底性(如果共产党的政策不犯错误的话),而使革命和战争走上胜利的道路。

一九二四年至一九二七年的革命战争,基本地说,是在国际无产阶级和中国无产阶级及其政党对于中国民族资产阶级及其政党的政治影响和政治合作之下进行的。然而当着革命和战争的紧急关头,首先由于大资产阶级的叛变,同时也由于革命队伍中机会主义者的自动地放弃革命领导权,这次革命战争就失败了。

一九二七年至现在的土地革命战争,是在新的情况之下进行的。战争的敌人不但是帝国主义,而且是大资产阶级和大地主的联盟。民族资产阶级则做了大资产阶级的尾巴。领导这个革命战争的惟有共产党,共产党已经形成了对于革命战争的绝对的领导权。共产党的这种绝对的领导权,是使革命战争坚持到底的最主要的条件。没有共产党的这种绝对的领导,是不能设想革命战争能有这样的坚持性的。

中国共产党是英勇坚决地领导了中国的革命战争,在十五年的长岁月中[3],在全国人民面前,表示了自己是人民的朋友,每一天都是为了保护人民的利益,为了人民的自由解放,站在革命战争的最前线。

中国共产党以自己艰苦奋斗的经历,以几十万英勇党员和几万英勇干部的流血牺牲,在全民族几万万人中间起了伟大的教育作用。中国共产党在革命斗争中的伟大的历史成就，使得今天处在民族敌人侵入的紧急关头的中国有了救亡图存的条件，这个条件就是有了一个为大多数人民所信任的、被人民在长时间内考验过因此选中了的政治领导者。现在共产党说的话，比其他任何政党说的话，都易于为人民所接受。没有中国共产党在过去十五年间的艰苦奋斗，挽救新的亡国危险是不可能的。

中国共产党在革命战争中，除了犯过陈独秀右倾机会主义[4]和李立三"左"倾机会主义[5]两个错误之外，还犯过了下述的两个错误：其一，是在一九三一年至一九三四年的"左"倾机会主义[6]，这个错误使得土地革命战争受到了极端严重的损失，得到了在第五次反"围剿"中不能战胜敌人反而丧失了根据地削弱了红军的结果。这个错误是在一九三五年一月扩大的中央政治局的遵义会议[7]时纠正过来了。其二，是在一九三五年至一九三六年的张国焘右倾机会主义[8]，这个错误发展到破坏了党和红军的纪律，使一部分红军主力遭受了严重的损失；然而由于中央的正确领导，红军中党员和指挥员战斗员的觉悟，终于也把这个错误纠正过来了。所有这些错误，对于我们的党，我们的革命和战争，当然是不利的，然而终于被我们克服，我们的党和我们的红军是从这些错误的克服中锻炼得更加坚强了。

中国共产党领导了、而且继续领导着轰轰烈烈的光荣的胜利的革命战争。这个战争不但是解放中国的旗帜，而且是具有国际的革命意义的。世界的革命人民的眼睛都望着我们。在新的抗日民族革命战争的阶段上，我们将引导中国革命走向完成,也将给东方和世界的革命以深刻的影响。过去的革命战争证明,我们不但需要一个马克思主义的正确的政治路线,而且需要一个马克思主义的正确的军事路线。十五年的革命和战争,已经锻炼出来这样一条政治的和军事的路线了。今后战争的新阶段,我们相信,将使这样的路线,根据新的环境,更加发展、充实和丰富起来,达到战胜民族敌人之目的。历史告诉我们,正确的政治的和军事的路线,不是自然地平安地产生和发展起来的,而是从斗争中产生和发展起来的。一方面,它要同"左"倾机会主义作斗争,另一方面,它又要同右倾机会主义作斗争。不同这些危害革命和革命战争的有害的倾向作斗争,并且彻底地克服它们,正确路线的建设和革命战争的胜利,是不可能的。我在这本小册子中时常提到错误方面的意见,就是为了这个目的。

第三章　　中国革命战争的特点

第一节　　这个问题的重要性

不承认、不知道、或不愿意知道中国革命战争有其特点的人,把红军对国民党军队的作战,看做和一般战争相同,或和苏联内战相同。列宁斯大林领导的苏联内战的经验是有世界的意义的。所有的共产党,中国共产党也同样,都是以这个经验和列宁斯大林对这个经验的理论综合作为指南的。但这并不是说,我们应该在我们的条件下机械地运用这个经验。中国革命战争的许多方面都有其自己的不同于苏联内战的特点。

不估计到这种特点，或否认这种特点，当然是错误的。这点在我们的十年战争中已经完全证明了。

我们的敌人也曾犯过类似的错误。他们不承认和红军作战需要有和其他作战不同的战略和战术。他们依仗其各方面的优势，轻视我们，固守其老一套的战法。这是一九三三年敌人的第四次"围剿"时期及其以前的情形，其结果就是招致了他们的历次的失败。首先在国民党军队中提出在这个问题上的新意见的是国民党的反动将军柳维垣，后来有戴岳。最后他们的意见被蒋介石采纳了。这就是蒋介石庐山军官训练团〔9〕及其在第五次"围剿"中施行的反动的新军事原则〔10〕产生的过程。

然而当着敌人改变其军事原则使之适合于同红军作战的情况的时候，我们队伍中却出现了回到"老套"的人们。他们主张回到一般情况的方面去，拒绝了解任何的特殊情况，拒绝红军血战史的经验，轻视帝国主义和国民党的力量，轻视国民党军队的力量，对敌人采用的反动的新原则视若无睹。结果，是丧失了除了陕甘边区以外的一切革命根据地，使红军由三十万人降到了几万人，使中国共产党由三十万党员降到了几万党员，而在国民党区域的党组织几乎全部丧失。总之，是受了一次极大的历史性的惩罚。他们自称为马克思列宁主义者，其实一点马克思列宁主义也没有学到。列宁说：马克思主义的最本质的东西，马克思主义的活的灵魂，就在于具体地分析具体的情况〔11〕。我们的这些同志恰是忘记了这一点。

由此可知，不了解中国革命战争的特点，就不能指导中国革命战争，就不能引导中国革命战争走上胜利的途径。

第二节　中国革命战争的特点是什么

那末,中国革命战争的特点是什么呢?

我以为有四个主要的特点。

第一个特点,中国是一个政治经济发展不平衡的半殖民地的大国,而又经过了一九二四年至一九二七年的革命。

这个特点,指出中国革命战争有发展和胜利的可能性。当着一九二七年冬天至一九二八年春天,中国游击战争发生不久,湖南江西两省边界区域——井冈山的同志们中有些人提出"红旗到底打得多久"这个疑问的时候,我们就把它指出来了(湘赣边界党的第一次代表大会[12])。因为这是一个最基本的问题,不答复中国革命根据地和中国红军能否存在和发展的问题,我们就不能前进一步。一九二八年中国共产党第六次全国代表大会[13],把这个问题又作了一次答复。中国革命运动,从此就有了正确的理论基础。

现在把这个问题分开来看一看:

中国政治经济发展不平衡——微弱的资本主义经济和严重的半封建经济同时存在,近代式的若干工商业都市和停滞着的广大农村同时存在,几百万产业工人和几万万旧制度统治下的农民和手工业工人同时存在,管理中央政府的大军阀和管理各省的小军阀同时存在,反动军队中有隶属蒋介石的所谓中央军和隶属各省军阀的所谓杂牌军这样两部分军队同时存在,若干的铁路航路汽车路和普遍的独轮车路、只能用脚走的路和用脚还不好走的路同时存在。

中国是一个半殖民地国家——帝国主义的不统一,影响到中国统治集团间的不统一。数国支配的半殖民地国家和一国支配的殖民地是有区别的。

中国是一个大国——"东方不亮西方亮,黑了南方有北方",不愁没有回旋的余地。

中国是经过了一次大革命的——准备好了红军的种子,准备好了红军的领导者即共产党,又准备好了参加过一次革命的民众。

所以我们说,中国是一个经过了一次革命的、政治经济发展不平衡的、半殖民地的大国,这是中国革命战争的第一个特点。这个特点,不但基本地规定了我们政治上的战略和战术,而且也基本地规定了我们军事上的战略和战术。

第二个特点是敌人的强大。

红军的敌人国民党,它的情况是怎样呢?它是夺取了政权而且相对地稳定了它的政权的党。它得到了全世界主要反革命国家的援助。它已改造了它的军队——改造得和中国任何一个历史时代的军队都不相同,而和世界现代国家的军队却大体相同,武器和其他军事物资的供给比起红军来雄厚得多,而且其军队数量之多超过中国任何一个历史时代的军队,超过世界任何一个国家的常备军。它的军队和红军比较起来真有天壤之别。它控制了全中国的政治、经济、交通、文化的枢纽或命脉,它的政权是全国性的政权。

中国红军是处在这样强大的敌人的面前。这是中国革命战争的第二个特点。这个特点,使红军的作战不能不和一般战争以及苏联内战、北伐战争都有许多的不同。

第三个特点是红军的弱小。

中国红军是产生于第一次大革命失败之后,从游击队开始。不但处在中国的反动时期,而且处在世界上反动的资本主义国家在政治上经济上比较稳定的时期。

我们的政权是分散而又孤立的山地或僻地的政权,没有任何的外间援助。革命根据地的经济条件和文化条件同国民党区域比较是落后的。革命根据地只有乡村和小城市。其区域开始是非常之小,后来也并不很大。而且根据地是流动不定的;红军没有真正巩固的根据地。

红军的数量是少的,红军的武器是差的,红军的粮食被服等物质供给是非常困难的。

这个特点和前一个特点是尖锐的对比。红军的战略战术,是在这种尖锐的对比上发生的。

第四个特点是共产党的领导和土地革命。

这个特点是第一个特点的必然结果。这个特点产生了两方面的情形。在一方面,中国革命战争虽然是处在中国和资本主义世界的反动时期,然而是能够胜利的,因为它有共产党的领导和农民的援助。根据地虽小却有很大的政治上的威力,屹然和庞大的国民党政权相对立,军事上给国民党的进攻以很大的困难,因为我们有农民的援助。红军虽小却有强大的战斗力,因为在共产党领导下的红军人员是从土地革命中产生,为着自己的利益而战斗的,而且指挥员和战斗员之间在政治上是一致的。

另一方面,则和国民党成了尖锐的对比。国民党是反对土地革命的,因此没有农民的援助。其军队虽多,却不能使兵士群众和许多小生产者出身的下级干部自觉地为国民党拚命,官兵之间在政治上是分歧的,这就减少了它的战斗力。

第三节　　由此产生我们的战略战术

经过了一次大革命的政治经济不平衡的半殖民地的大国,强大的敌人,弱小的红军,土地革命——这是中国革命战争四个主要的特点。这些特点,规定了中国革命战争的指导路线及其许多战略战术的原则。第一个特点和第四个特点,规定了中国红军的可能发展和可能战胜其敌人。第二个特点和第三个特点,规定了中国红军的不可能很快发展和不可能很快战胜其敌人,即是规定了战争的持久,而且如果弄得不好的话,还可能失败。

这就是中国革命战争的两方面。这两方面同时存在着,即是说,既有顺利的条件,又有困难的条件。这是中国革命战争的根本规律,许多规律都是从这个根本的规律发生出来的。我们的十年战争史证明了这个规律的正确性。谁要是睁眼看不见这些根本性质的规律,谁就不能指导中国的革命战争,谁就不能使红军打胜仗。

很明显的,正确地规定战略方向,进攻时反对冒险主义,防御时反对保守主义,转移时反对逃跑主义;反对红军的游击主义,却又承认红军的游击性;反对战役的持久战和战略的速决战,承认战略的持久战和战役的速决战;反对固定的作战线和阵地战,承认非固定的作战线和运动战;反对击溃战,承认歼灭战;反对战略方向的两个拳头主义,承认一个拳头主义;

反对大后方制度,承认小后方制度;反对绝对的集中指挥,承
认相对的集中指挥;反对单纯军事观点和流寇主义[14],承认
红军是中国革命的宣传者和组织者;反对土匪主义[15],承认
严肃的政治纪律;反对军阀主义,承认有限制的民主生活和有
威权的军事纪律;反对不正确的宗派主义的干部政策,承认正
确的干部政策;反对孤立政策,承认争取一切可能的同盟者;
最后,反对把红军停顿于旧阶段,争取红军发展到新阶段——
所有这些原则问题,都要求正确的解决。我们现在要讲的战
略问题,就是要就中国革命战争的十年血战史的经验,好好地
说明这些问题。

第四章　"围剿"和反"围剿"—— 中国内战的主要形式

　　十年以来,从游击战争开始的一天起,任何一个独立的红
色游击队或红军的周围,任何一个革命根据地的周围,经常遇
到的是敌人的"围剿"。敌人把红军看作异物,一出现就想把
它捕获。敌人总是跟着红军,而且总是把它围起来。这种形
式,过去十年是没有变化的,如果没有民族战争代替国内战
争,那末,直到敌人变成弱小者、红军变成强大者那一天为止,
这种形式也是不会变化的。

　　红军的活动,采取了反"围剿"的形式。所谓胜利,主要地
是说反"围剿"的胜利,这就是战略和战役的胜利。反对一次
"围剿"是一个战役,常常由大小数个以至数十个战斗组织而
成。在一次"围剿"没有基本地打破以前,即使得到了许多战

斗的胜利,还不能说战略上或整个战役上已经胜利了。十年的红军战争史,就是一部反"围剿"史。

敌人的"围剿"和红军的反"围剿",互相采用进攻和防御这两种战斗的形式,这是和古今中外的战争没有两样的。然而中国内战的特点,则在二者的长期的反复。在一次"围剿"中,敌人以进攻反对红军的防御,红军以防御反对敌人的进攻,这是反"围剿"战役的第一个阶段。敌人以防御反对红军的进攻,红军以进攻反对敌人的防御,这是反"围剿"战役的第二个阶段。任何的"围剿",都是包括这两个阶段的,而且是长期地反复的。

说长期反复,是说战争和战斗形式的反复。这是事实,任何人一看就知的。"围剿"和反"围剿",是战争形式的反复。敌以进攻对我防御、我以防御对敌进攻的第一阶段,和敌以防御对我进攻、我以进攻对敌防御的第二阶段,是每一次"围剿"中战斗形式的反复。

至于战争和战斗的内容,则不是简单地反复的,而是每次不同的。这也是事实,任何人一看就知的。这里的规律,是"围剿"和反"围剿"的规模一次比一次大,情况一次比一次复杂,战斗一次比一次激烈。

然而不是没有起落的。第五次"围剿"之后,因为红军极大地削弱了,南方根据地全部丧失,红军移到了西北,不是如同在南方那样处在威胁国内敌人的最重要的地位了,"围剿"的规模、情况和战斗,就比较小些,简单些,缓和些了。

红军的失败是什么呢? 在战略上说,只有反"围剿"根本没有成功,才叫做失败,而且也只能叫做局部的和暂时的失败。因为国内战争的根本的失败,就是整个红军的覆灭,然而这样的事实是没有的。广大根据地的丧失和红军的转移，这是暂时的和局部的失败，不是永远的和全部的失败，虽然这个局部是包括了党和军队和根据地的百分之九十。这种事实，我们把它叫做防御的继续，而把敌人的追击叫做进攻的继续。这就是说，在"围剿"和反"围剿"的斗争中，我们没有由防御转到进攻，反而被敌人的进攻打破了我们的防御，我们的防御就变成了退却，敌人的进攻就变成了追击。然而等到红军到达一个新的地区时，例如我们由江西等地移到了陕西，"围剿"的反复又出现了。所以我们说，红军的战略退却（长征）是红军的战略防御的继续，敌人的战略追击是敌人的战略进攻的继续。

中国国内战争和任何古今中外的战争一样，基本的战斗形式只有攻防两种。中国内战的特点，是"围剿"和反"围剿"的长期地反复和攻防两种战斗形式的长期地反复，并且包括着一次一万多公里的伟大的战略转移（长征）[16]这样一种东西在里面。

所谓敌人的失败，也是如此。他们的战略失败，就是他们的"围剿"被我们打破，我们的防御变成了进攻，敌人转到防御地位，必须重新组织才有再一次的"围剿"。敌人没有如同我们所谓一万多公里的战略转移的那种情形，这是因为他们是全国性的统治者，他们比我们强大得多的缘故。然而部分的事情是有过的。若干根据地中被红军围攻的白色据点内的敌人突围而出，退却到白区里去重新组织进攻，这样的事是发生过的。如果内战延长，红军胜利的范围更广大时，这种事情会多起来。但是他们的结果不能和红军相比，因为他们没有人民的援助，官兵之间又不一致。他们如果也学红军的长途转移,那是一定会被消灭的。

在一九三〇年的立三路线时期,李立三同志不懂得中国内战的持久性,因此看不出中国内战发展中"围剿"又"围剿"、打破又打破的这种长期反复的规律(那时已有湘赣边界的三次"围剿"〔17〕,福建的两次"围剿"〔18〕等),因此在红军还幼小的时代就命令红军去打武汉,命令全国举行武装起义,企图使全国革命迅速胜利。这就犯了"左"倾机会主义的错误。

一九三一年至一九三四年的"左"倾机会主义,也不相信"围剿"反复这一规律。在鄂豫皖边区根据地则有所谓"偏师"〔19〕说,那里的一些领导同志认为第三次"围剿"〔20〕失败后的国民党不过是偏师了,要进攻红军,就得由帝国主义亲身出马担当主力军。在这个估计之下的战略方针,就是红军打武汉。这和江西的一些同志号召红军打南昌,反对进行使各根据地联成一片的工作,反对诱敌深入的作战,把一省胜利放在夺取省城和中心城市的基点上,以及认为"反对五次'围剿'是革命道路和殖民地道路的决战"等等,是在原则上一致的。这个"左"倾机会主义,种下了鄂豫皖边区反对第四次"围剿"〔21〕、江西中央区反对第五次"围剿"斗争中的错误路线的根苗,使红军在敌人的严重的"围剿"面前不得不处于无能的地位,给了中国革命以很大的损失。

跟否认"围剿"反复的"左"倾机会主义直接联系,而说红军根本不应该采取防御手段的一种意见,也是完全不正确的。

革命和革命战争是进攻的——这种说法当然有它的正确性。革命和革命战争从发生到发展,从小到大,从没有政权到夺取政权,从没有红军到创造红军,从没有革命根据地到创造革命根据地,总是要进攻的,是不能保守的,保守主义的倾向是应该反对的。

革命和革命战争是进攻的,但是也有防御和后退——这种说法才是完全正确的。为了进攻而防御,为了前进而后退,为了向正面而向侧面,为了走直路而走弯路,是许多事物在发展过程中所不可避免的现象,何况军事运动。

上述两个论断中的前一论断,在政治上说来可以是对的,移到军事上就不对了。在政治上,也只是在某一种情况说来(革命前进时)是对的,移到另一种情况(革命退却时:全部退却,例如俄国在一九○六年[22]、中国在一九二七年;局部退却,例如俄国在一九一八年的布列斯特条约[23]时)也就不对了。只有后一论断,才是全部地正确的真理。一九三一年至一九三四年的"左"倾机会主义,机械地反对使用军事防御的手段,不过是一种非常幼稚的思想。

"围剿"反复的形式何时结束?据我看来,如果内战延长的话,那是在敌我强弱对比起了根本变化之时。如果红军一旦改变到比自己的敌人更为强大时,那末,这个反复就结束了。那时是我们围剿敌人,敌人则企图反围剿,但是政治和军事的条件将不允许敌人获得如同红军一样的反"围剿"的地位。那时,"围剿"反复这种形式,即使不说完全结束,但是一般的结束是可以断言的。

第五章　战略防御

这个题目中,我想说明下列各问题:(一)积极防御和消极防御;(二)反"围剿"的准备;(三)战略退却;(四)战略反攻;(五)反攻开始问题;(六)集中兵力问题;(七)运动战;(八)速决战;(九)歼灭战。

第一节　积极防御和消极防御

为什么从防御说起呢?一九二四年至一九二七年的中国第一次民族统一战线失败后,革命成了极深刻极残酷的阶级战争。敌人是全国的统治者,我们只有一点小部队,因此,我们一开始就是和敌人的"围剿"奋斗。我们的进攻是密切地联系于打破"围剿"的,我们发展的命运全看我们能不能打破"围剿"。打破"围剿"的过程往往是迂回曲折的,不是径情直遂的。首先而且严重的问题,是如何保存力量,待机破敌。所以,战略防御问题成为红军作战中最复杂和最重要的问题。

在我们的十年战争中,对于战略防御问题,常常发生两种偏向,一种是轻视敌人,又一种是为敌人所吓倒。

由于轻视敌人,许多游击队失败了,红军对若干次敌人的"围剿"不能打破。

革命的游击队初起,领导者对于敌我形势往往看得不正确。他们看见自己在一个地方用突然的武装起义胜利了,或从白军中哗变出来了,一时的环境很顺利,或者虽有严重的环境而看不到,因此往往轻视敌人。另一方面,对自己的弱点(没有经验,力量弱小),也不了解。敌强我弱,原是客观地存在的现象,可是人们不愿意想一想,一味只讲进攻,不讲防御和退却,在精神上解除了防御的武装,因而把行动引到错误的方向。许多游击队因此失败了。

红军因为和这同样的原因不能打破"围剿"的例子,则有一九二八年广东海陆丰区域的红军的失败[24],以及一九三二年鄂豫皖边区的红军,在所谓国民党偏师说的指导之下,使得反对第四次"围剿"丧失了措置裕如的能力的事实。

为敌人吓倒而受挫折的例子,是很多的。

和轻敌者相反,人们太看重了敌人,太看轻了自己,因而采取了非必要的退却方针,精神上同样地解除了防御的武装。其结果或者是游击队失败,或者是红军的某些战役失败,或者是根据地丧失。

丧失根据地的最显著的例子,是在反对第五次"围剿"中丧失了江西中央根据地。这里的错误是从右倾的观点产生的。领导者们畏敌如虎,处处设防,节节抵御,不敢举行本来有利的向敌人后方打去的进攻,也不敢大胆放手诱敌深入,聚而歼之,结果丧失了整个根据地,使红军做了一万二千多公里的长征。然而这种错误,往往有一种"左"倾轻敌的错误为之先行。一九三二年进攻中心城市的军事冒险主义,正是后来在对付敌人第五次"围剿"中采取消极防御路线的根源。

为敌人吓倒的极端的例子,是退却主义的"张国焘路线"。红军第四方面军的西路军在黄河以西的失败[25],是这个路线的最后的破产。

积极防御,又叫攻势防御,又叫决战防御。消极防御,又叫专守防御,又叫单纯防御。消极防御实际上是假防御,只有积极防御才是真防御,才是为了反攻和进攻的防御。据我所知,任何一本有价值的军事书,任何一个比较聪明的军事家,而且无论古今中外,无论战略战术,没有不反对消极防御的。只有最愚蠢的人,或者最狂妄的人,才捧了消极防御当法宝。然而世上偏有这样的人,做出这样的事。这是战争中的过失,是保守主义在军事上的表现,我们应该坚决地反对它。

后起而且发展得很快的帝国主义国家,即德日两国的军事家中,积极地鼓吹战略进攻的利益,反对战略防御。这种思想,是根本不合于中国革命战争的。德日帝国主义的军事家们指出防御的一个重要的弱点是不能振奋人心,反而使人心动摇。这是说的阶级矛盾剧烈,而战争的利益仅仅属于反动的统治阶层乃至反动的当权政派的那种国家。我们的情况不同。在保卫革命根据地和保卫中国的口号下,我们能够团结最大多数人民万众一心地作战,因为我们是被压迫者和被侵略者。苏联内战时期的红军也是在防御形式之下战胜敌人的。他们的战争不但在帝国主义各国组织白党进攻时,是在保卫苏维埃的口号下进行的,就是在十月起义的准备时期,也是在保卫首都的口号下进行军事动员的。一切正义战争的防御战,不但有麻痹政治上异己分子的作用,而且可以动员落后的人民群众加入到战争中来。

马克思说的武装起义之后一刻也不应该停止进攻[26],这是说乘敌不备而突然起义的群众,应该不让反动的统治者有保守政权或恢复政权的机会,趁此一瞬间把国内反动的统治势力打个措手不及,而不要满足于已得的胜利,轻视敌人,放松对于敌人的进攻,或者畏缩不前,坐失消灭敌人的时机,招致革命的失败。这是正确的。然而不是说,敌我双方已在军事对抗中,而且敌人是优势,当受敌人压迫时,革命党人也不应该采取防御手段。如果这样想,那就是第一号的傻子。

我们过去的战争,整个地说来是向国民党进攻,然而在军事上采取了打破"围剿"的形式。

在军事上说来,我们的战争是防御和进攻的交替的应用。对于我们,说进攻是在防御之后,或说进攻是在防御之前都是可以的,因为关键在于打破"围剿"。"围剿"没有打破以前是防御,"围剿"一经打破就开始了进攻,仅仅是一件事情的两个阶段,而敌人的一次"围剿"和它的又一次"围剿"是衔接着的。这两个阶段中,防御的阶段比进攻的阶段更为复杂,更为重要。这个阶段包含着怎样打破"围剿"的许多问题。基本的原则是承认积极防御,反对消极防御。

从国内战争说,假如红军的力量超过了敌人时,那末,一般地就用不着战略防御了。那时的方针只是战略的进攻。这种改变,依靠于敌我力量的总的变动。到了那时,剩下的防御手段,只是局部的东西了。

第二节　反"围剿"的准备

对于敌人的一次有计划的"围剿",如果我们没有必要的和充分的准备,必然陷入被动地位。临时仓卒应战,胜利的把握是没有的。因此,在和敌人准备"围剿"同时,进行我们的反"围剿"的准备,实有完全的必要。我们队伍中曾经发生过的反对准备的意见是幼稚可笑的。

这里有一个困难问题,容易发生争论。就是,何时结束自己的进攻,转入反"围剿"的准备阶段呢?因为当自己处在胜利的进攻中,敌人处在防御地位时,敌人的"围剿"准备是在秘密地进行的,我们难于知道他们将在何时开始进攻。我们准备反"围剿"的工作开始早了,不免减少进攻的利益,而且有时会给予红军和人民以若干不良的影响。因为准备阶段中的主要步骤,就是军事上的准备退却,和为着准备退却的政治上的动员。有时准备过早,会变为等待敌人;等了好久而敌人未来,不得不重新发动自己的进攻。有时我们的重新进攻刚在开始,又恰好遇到了敌人进攻的开始,把自己处在困难地位。所以开始准备的时机的选择,成为一个重要问题。断定这种时机,要从敌我双方情况和二者间的关系着眼。为着了解敌人的情况,须从敌人方面的政治、军事、财政和社会舆论等方面搜集材料。分析这些材料的时候,要足够地估计敌人的整个力量,不可夸大敌人过去失败的程度,但也决不可不估计到敌人内部的矛盾,财政的困难,过去失败的影响等等。对自己方面,不可夸大过去胜利的程度,但也决不可不足够地估计到过去胜利的影响。

但是开始准备的时机问题,一般地说来,与其失之过迟,不如失之过早。因为后者的损失较之前者为小,而其利益,则是有备无患,根本上立于不败之地。

准备阶段中的主要的问题,是红军的准备退却,政治动员,征集新兵,财政和粮食的准备,政治异己分子的处置等。

所谓红军的准备退却,就是说不要使红军向着不利于退却的方向,不要进攻得太远了,不要使红军过于疲劳。这是在敌人大举进攻的前夜主力红军的必要的处置。这时红军的注意力,主要地要放在创造战场,征集资材,扩大自己和训练自己的计划上。

　　政治动员是反"围剿"斗争中第一个重要问题。这即是说,明确、坚决而充分地告诉红军人员和根据地的人民,关于敌人进攻的必然性和迫切性,敌人进攻危害人民的严重性,同时,关于敌人的弱点,红军的优良条件,我们一定要胜利的志愿,我们工作的方向等。号召红军和人民全体为反对"围剿"、保卫根据地而斗争。除开军事秘密外,政治动员是必须公开的,而且力求普及于每一个可能拥护革命利益的人员。重要的关节是说服干部。

　　征集新兵须从两方面出发:一方面顾到人民的政治觉悟程度和人口情况;又一方面顾到当时红军的情况和整个反"围剿"战役中红军消耗的可能限度。

　　财政和粮食问题,不待说对于反对"围剿"是有重大意义的。要顾及"围剿"时间的可能延长。应当计算,主要的是红军,再则革命根据地的人民,在整个反"围剿"斗争中物资需要的最低限度。

　　对待政治异己分子,不可对他们不警戒;但也不可过于恐惧他们的叛变,而采取过分的警戒手段。对地主、商人、富农之间是应该有分别的,主要地是政治上向他们说明,争取他们中立,并且组织民众监视他们。只有对极少数最带危险性的分子,才可以采用严峻手段,例如逮捕等。

　　反"围剿"斗争胜利的程度,是和准备阶段中任务完成的程度密切地联系着的。由轻敌而发生的对于准备的放松,和由被敌人进攻所吓倒而发生的惊惶失措,都是应该坚决反对的不良倾向。我们需要的是热烈而镇定的情绪,紧张而有秩序的工作。

第三节　战略退却

战略退却,是劣势军队处在优势军队进攻面前,因为顾到不能迅速地击破其进攻,为了保存军力,待机破敌,而采取的一个有计划的战略步骤。可是,军事冒险主义者则坚决反对此种步骤,他们的主张是所谓"御敌于国门之外"。

谁人不知,两个拳师放对,聪明的拳师往往退让一步,而蠢人则其势汹汹,辟头就使出全副本领,结果却往往被退让者打倒。

《水浒传》上的洪教头,在柴进家中要打林冲,连唤几个"来""来""来",结果是退让的林冲看出洪教头的破绽,一脚踢翻了洪教头[27]。

春秋时候,鲁与齐[28]战,鲁庄公起初不待齐军疲惫就要出战,后来被曹刿阻止了,采取了"敌疲我打"的方针,打胜了齐军,造成了中国战史中弱军战胜强军的有名的战例。请看历史家左丘明[29]的叙述:

"春,齐师伐我。公将战。曹刿请见。其乡人曰:肉食者谋之,又何间焉?刿曰:肉食者鄙,未能远谋。乃入见。问:何以战?公曰:衣食所安,弗敢专也,必以分人。对曰:小惠未遍,民弗从也。公曰:牺牲玉帛,弗敢加也,必以信。对曰:小信未孚,神弗福也。公曰:小大之狱,虽不能察,必以情。对曰:忠之属也。可以一战。战则请从。公与之乘。战于长勺。公将鼓之。刿曰:未可。齐人三鼓。刿曰:可矣。齐师败绩。公将驰之。刿曰:未可。下视其辙,登轼而望之,曰:可矣。遂逐齐师。既克,公问其故。对曰:夫战，勇气也。一鼓作气，再而衰，三而竭。彼竭我盈，故克之。夫大国难测也，惧有伏焉。吾视其辙乱，望其旗靡，故逐之。"〔30〕

当时的情况是弱国抵抗强国。文中指出了战前的政治准备——取信于民，叙述了利于转入反攻的阵地——长勺，叙述了利于开始反攻的时机——彼竭我盈之时，叙述了追击开始的时机——辙乱旗靡之时。虽然是一个不大的战役，却同时是说的战略防御的原则。中国战史中合此原则而取胜的实例是非常之多的。楚汉成皋之战〔31〕、新汉昆阳之战〔32〕、袁曹官渡之战〔33〕、吴魏赤壁之战〔34〕、吴蜀彝陵之战〔35〕、秦晋淝水之战〔36〕等等有名的大战，都是双方强弱不同，弱者先让一步，后发制人，因而战胜的。

我们的战争是从一九二七年秋天开始的，当时根本没有经验。南昌起义〔37〕、广州起义〔38〕是失败了，秋收起义〔39〕在湘鄂赣边界地区的部队，也打了几个败仗，转移到湘赣边界的井冈山地区。第二年四月，南昌起义失败后保存的部队，经过湘南也转到了井冈山。然而从一九二八年五月开始，适应当时情况的带着朴素性质的游击战争基本原则，已经产生出来了，那就是所谓"敌进我退，敌驻我扰，敌疲我打，敌退我追"的十六字诀。这个十六字诀的军事原则，立三路线以前的中央是承认了的。后来我们的作战原则有了进一步的发展。到了江西根据地第一次反"围剿"时，"诱敌深入"的方针提出来了，而且应用成功了。等到战胜敌人的第三次"围剿"，于是全部红军作战的原则就形成了。这时是军事原则的新发展阶段，内容大大丰富起来，形式也有了许多改变，主要地是超越了从前的朴素性，然而基本的原则，仍然是那个十六字诀。十六字诀包举了反"围剿"的基本原则,包举了战略防御和战略进攻的两个阶段,在防御时又包举了战略退却和战略反攻的两个阶段。后来的东西只是它的发展罢了。

然而从一九三二年一月开始,在党的"三次'围剿'被粉碎后争取一省数省首先胜利"那个包含着严重原则错误的决议发布之后,"左"倾机会主义者就向着正确的原则作斗争,最后是撤消了一套正确原则,成立了另一整套和这相反的所谓"新原则",或"正规原则"。从此以后,从前的东西不能叫做正规的了,那是应该否定的"游击主义"。反"游击主义"的空气,统治了整整的三个年头。其第一阶段是军事冒险主义,第二阶段转到军事保守主义,最后,第三阶段,变成了逃跑主义。直到党中央一九三五年一月在贵州的遵义召开扩大的政治局会议的时候,才宣告这个错误路线的破产,重新承认过去路线的正确性。这是费了何等大的代价才得来的啊!

起劲地反对"游击主义"的同志们说:诱敌深入是不对的,放弃了许多地方。过去虽然打过胜仗,然而现在不是已经和过去不同了吗?并且不放弃土地又能打胜敌人不是更好些吗?在敌区或在我区敌区交界地方去打胜敌人不是更好些吗?过去的东西没有任何的正规性,只是游击队使用的办法。现在我们的国家已成立了,我们的红军已正规化了。我们和蒋介石作战是国家和国家作战,大军和大军作战。历史不应重复,"游击主义"的东西是应该全部抛弃的了。新的原则是"完全马克思主义"的,过去的东西是游击队在山里产生的,而山里是没有马克思主义的。新原则和这相反:"以一当十,以十当百,勇猛果敢,乘胜直追","全线出击","夺取中心城市",

"两个拳头打人"。敌人进攻时,对付的办法是"御敌于国门之外","先发制人","不打烂坛坛罐罐","不丧失寸土","六路分兵";是"革命道路和殖民地道路的决战";是短促突击,是堡垒战,是消耗战,是"持久战";是大后方主义,是绝对的集中指挥;最后,则是大规模搬家。并且谁不承认这些,就给以惩办,加之以机会主义的头衔,如此等等。

无疑地,这全部的理论和实际都是错了的。这是主观主义。这是环境顺利时小资产阶级的革命狂热和革命急性病的表现;环境困难时,则依照情况的变化以次变为拚命主义、保守主义和逃跑主义。这是鲁莽家和门外汉的理论和实际,是丝毫也没有马克思主义气味的东西,是反马克思主义的东西。

这里单说战略退却,江西叫做"诱敌深入",四川叫做"收紧阵地"。从前的军事理论家和实际家也无不承认这是弱军对强军作战时在战争开始阶段必须采取的方针。外国的军事家就曾这样说:"战略守势的作战,大都先避不利的决战,使至有利的情况始求决战。"这是完全正确的,我们对此也没有任何的增加。

战略退却的目的是为了保存军力,准备反攻。退却之所以必要,是因为处在强敌的进攻面前,若不退让一步,则必危及军力的保存。过去却有许多人坚决地反对退却,认为这是"机会主义的单纯防御路线"。我们的历史已经证明这个反对是完全错误的了。

准备反攻,须选择和造成有利于我不利于敌的若干条件,使敌我力量对比发生变化,然后进入反攻阶段。

依我们的过去情形说来,大概须在退却阶段中取得下列

诸种条件中至少二种以上,才算是有利于我不利于敌,才好使自己转入反攻。这些条件是:

(一)积极援助红军的人民;

(二)有利作战的阵地;

(三)红军主力的全部集中;

(四)发现敌人的薄弱部分;

(五)使敌人疲劳沮丧;

(六)使敌人发生过失。

人民这个条件,对于红军是最重要的条件。这就是根据地的条件。并且由于这个条件,第四、第五、第六等条件也容易造成或发现。所以当敌人大举进攻红军时,红军总是从白区退却到根据地来,因为根据地的人民是最积极地援助红军反对白军的。根据地的边缘区和中心区,也有区别;对于封锁消息、侦察、运输、参战等事,中心区的人民比较边缘区为好。所以"退却终点",在过去江西反对第一、二、三次"围剿"时,都选在人民条件最好或较好的地区。根据地这个特点,使红军的作战比较一般的作战起了很大的变化,也是使后来敌人不得不采取堡垒主义[40]的主要原因。

退却的军队能够选择自己所欲的有利阵地,使进攻的军队不得不就我范围,这是内线作战的一个优良条件。弱军要战胜强军,是不能不讲求阵地这个条件的。但是单有这个条件还不够,还要求别的条件和它配合。首先是人民的条件。再则还要求好打的敌人,例如敌人疲劳了,或者发生了过失,或者该路前进的敌人比较地缺乏战斗力。这些条件不具备时,虽有优良阵地,也只得置之不顾,继续退却,以就自己所欲的条件。白区未尝无优良的阵地,但无优良的人民条件。如果其他条件也还未造成或未发现时,红军便不得不向根据地退却。根据地的边缘区和中心区的分别,也大体是如此。

除地方部队和钳制兵力外,一切突击兵力以全部集中为原则。当着我们向战略上取守势的敌人进攻时,红军往往是分散的。一旦敌人大举向我进攻,红军就实行所谓"求心退却"。退却的终点,往往选在根据地中部;但有时也在前部,有时则在后部,依照情况来决定。这种求心退却,能够使全部红军主力完全集中起来。

弱军对于强军作战的再一个必要条件,就是拣弱的打。然而当敌人开始进攻时,我们往往不知敌之分进各军何部最强,何部次强,何部最弱,何部次弱,需要一个侦察的过程。往往需要许多时间,才能达此目的。战略退却的所以必要,这也是一个理由。

如果进攻之敌在数量和强度上都超过我军甚远,我们要求强弱的对比发生变化,便只有等到敌人深入根据地,吃尽根据地的苦楚,如同第三次"围剿"时蒋介石某旅参谋长所说的"肥的拖瘦,瘦的拖死",又如"围剿"军西路总司令陈铭枢所说的"国军处处黑暗,红军处处明亮"之时,才能达到目的。这种时候,敌军虽强,也大大减弱了;兵力疲劳,士气沮丧,许多弱点都暴露出来。红军虽弱,却养精蓄锐,以逸待劳。此时双方对比,往往能达到某种程度的均衡,或者敌军的绝对优势改变到相对优势,我军的绝对劣势改变到相对劣势,甚至有敌军劣于我军,而我军反优于敌军的事情。江西反对第三次"围剿"时,红军实行了一种极端的退却(红军集中于根据地后部),然而非此是不能战胜敌人的,因为当时的"围剿"军超过红军十倍以上。孙子说的"避其锐气,击其惰归"[41],就是指的使敌疲劳沮丧,以求减杀其优势。

退却的最后一个要求,是造成和发现敌人的过失。须知任何高明的敌军指挥员,在相当长时间中,要不发生一点过失,是不可能的,因此我们乘敌之隙的可能性,总是存在的。敌人会犯错误,正如我们自己有时也弄错,有时也授敌以可乘之隙一样。而且我们可以人工地造成敌军的过失,例如孙子所谓"示形"之类(示形于东而击于西,即所谓声东击西)。要这样做,退却的终点,就不能限定于某一地区。有时退到该地区还无隙可乘,便不得不再退几步,待敌发生可乘之"隙"。

退却所求的有利条件,大致如上所述。然而不是说,须待这些条件完全具备方能举行反攻。要同时具备这些条件是不可能的,而且也不必要。但依据敌人当前情势,争取若干必要条件,是以弱敌强的内线作战军队所应该注意的,在这上面的反对的意见是不正确的。

决定退却终点究在何处,须以整个形势作出发点。在局部形势看来有利于我转入反攻,如果不是同时在全体形势看来也对我有利时,则据此决定退却终点,就是不正确的。因为反攻的开始,必须计算到以后的变化,而我们的反攻总是从局部开始的。有时退却终点应该选在根据地的前部,例如江西第二次、第四次反"围剿",陕甘第三次反"围剿"时。有时须在根据地的中部,例如江西第一次反"围剿"时。有时则在根据地的后部,例如江西第三次反"围剿"时。这些都是将局部形势联系到整个形势来决定的。江西第五次反"围剿",我军全然不讲退却,原因在于对局部形势和整个形势都不注意,实在是一种鲁莽灭裂的干法。形势是由条件造成的;观察局部形势和整个形势的联系,应从当时敌我双方所具条件之见于局部的和见于全体的,是否在一定的限度上利于我之开始反攻以为断。

退却终点,在根据地可以大体上分为前部、中部、后部三种。然而是不是根本拒绝在白区作战呢? 不是的。我们拒绝在白区作战,仅仅指的对付敌军大规模"围剿"。敌我强弱悬殊,我们在保存军力待机破敌的原则下,才主张向根据地退却,主张诱敌深入,因为只有这样做才能造成或发现利于反攻的条件。如果情况并不这样严重,或者情况的严重性简直使红军连在根据地也无法开始反攻,或者反攻不利需要再退以求局势之变化时,那末,把退却终点选在白区也是应该承认的,至少在理论上是应该承认的,虽然我们过去很少这种经验。

白区退却终点大体上也可分为三种:第一是在根据地前面,第二在根据地侧面,第三在根据地后面。第一种终点,例如江西第一次反"围剿"时,如果红军没有内部不统一和地方党的分裂,即立三路线和 AB 团[42]两个困难问题存在,是可以设想在吉安、南丰、樟树三点之间集中兵力举行反攻的。因为当时从赣抚两河间[43]前进的敌人军力,比起红军来优势并不很大(十万对四万)。人民条件虽不如根据地,但阵地条件是有的,而且是可以乘敌分路前进时各个把他击破的。第二种终点,例如江西第三次反"围剿"时,假如当时敌人进攻的规模没有那样大,而敌有一路从闽赣交界的建宁、黎川、泰宁前进,这一路的力量又适合于我们的攻击时,也可以设想红军就在福建西部的白区集中,首先打破此敌,不必绕道千里走瑞金到兴国。第三种终点,同样例如上述江西第三次反"围剿"时,假如敌之主力不是向西而是向南,我们也许被迫着退到会昌、寻乌、安远地区(那里是白色区域),引敌更向南进,然后红军由南而北向根据地内部打去,这时北面根据地内部的敌军当不是很多的了。但以上这些说明都是假定,没有经验,可以作为特殊的东西看待,不可作一般原则看待。对于我们,当敌举行大规模"围剿"时,一般的原则是诱敌深入,是退却到根据地作战,因为这是使我们最有把握地打破敌人进攻的办法。

主张"御敌于国门之外"的人们,反对战略退却,理由是退却丧失土地,危害人民(所谓"打烂坛坛罐罐"),对外也产生不良影响。在第五次反"围剿"中,则谓我退一步,敌之堡垒推进一步,根据地日蹙而无法恢复。如果说诱敌深入在以前是有用的,那末在堡垒主义的第五次"围剿"是无用的。对付第五次"围剿",只能用分兵抵御和短促突击的方法。

回答这些意见是容易的,我们的历史已经回答了。关于丧失土地的问题,常有这样的情形,就是只有丧失才能不丧失,这是"将欲取之必先与之"[44]的原则。如果我们丧失的是土地,而取得的是战胜敌人,加恢复土地,再加扩大土地,这是赚钱生意。市场交易,买者如果不丧失金钱,就不能取得货物;卖者如果不丧失货物,也不能取得金钱。革命运动所造成的丧失是破坏,而其取得是进步的建设。睡眠和休息丧失了时间,却取得了明天工作的精力。如果有什么蠢人,不知此理,拒绝睡觉,他明天就没有精神了,这是蚀本生意。我们在敌人第五次"围剿"时期的蚀本正因为这一点。不愿意丧失一部分土地,结果丧失了全部土地。阿比西尼亚[45]的打硬仗,也得到丧失全国的结果,虽然阿国失败的原因不仅仅这一点。

危害人民的问题同此道理。不在一部分人民家中一时地打烂些坛坛罐罐,就要使全体人民长期地打烂坛坛罐罐。惧怕一时的不良的政治影响,就要以长期的不良影响做代价。十月革命后,俄国布尔什维克如果依照"左派共产主义者"的意见拒绝对德和约时,新生的苏维埃就有夭折的危险。

这种看起来好像革命的"左"倾意见,来源于小资产阶级知识分子的革命急躁病,同时也来源于农民小生产者的局部保守性。他们看问题仅从一局部出发,没有能力通观全局,不愿把今天的利益和明天的利益相联结,把部分利益和全体利益相联结,捉住一局部一时间的东西死也不放。对的,一切依照当时具体情况看来对于当时的全局和全时期有利益的、尤其是有决定意义的一局部和一时间,是应该捉住不放的,不然我们就变成自流主义,或放任主义。退却要有终点,就是这个道理。然而这绝不能依靠小生产者的近视。我们应该学习的是布尔什维克的聪明。我们的眼力不够,应该借助于望远镜和显微镜。马克思主义的方法就是政治上军事上的望远镜和显微镜。

当然,战略退却是有困难的。退却开始时机的选择,退却终点的选择,政治上对干部和人民的说服,都是困难问题,都必须给予解决。

退却开始时机的问题是具有重要意义的。我们在江西第一次反"围剿"时的退却,如果不恰在那种时机,即是说如果再迟,那至少我们胜利的程度是要受到影响的。退却过早和过迟,当然都有损失。但是一般地说来,过迟的损失较之过早为大。及时退却,使自己完全立于主动地位,这对于到达退却终点以后,整顿队势,以逸待劳地转入反攻,有极大的影响。江西粉碎敌人第一次、第二次、第四次"围剿"的战役,都从容不迫地对付了敌人。惟独第三次战役,因为不料敌人经过第二次战役那么惨败之后,新的进攻来得那么快(一九三一年五月三十一日我们结束第二次反"围剿"的作战,七月一日蒋介石就开始了他们的第三次"围剿"),红军仓卒地绕道集中,就弄得十分疲劳。如何选择这个时机,全靠收集必要的材料,从敌我双方大势上去判断,和前面说过的选择准备阶段的开始时机所用的方法一样。

战略退却,在干部和人民还没有经验时,在军事领导的权威还没有达到把战略退却的决定权集中到最少数人乃至一个人的手里而为干部所信服的地步时,说服干部和人民的问题是一个十分困难的问题。由于干部没有经验,对于战略退却不相信,在第一次和第四次反"围剿"的初期,第五次反"围剿"的整期,在这个问题上都遭遇了很大的困难。第一次反"围剿"时,由于立三路线的影响,干部的意见,在没有被说服以前,不是退却而是进攻。第四次反"围剿"时,由于军事冒险主义的影响,干部的意见是反对准备。第五次反"围剿"时,干部的意见开头是继续军事冒险主义反对诱敌深入的观点,后来是变成了军事保守主义。张国焘路线不相信在藏人和回人[46]地区不能建立我们的根据地,直待碰壁以后方才相信,也是实例。经验对于干部是必需的,失败确是成功之母。但是虚心接受别人的经验也属必需,如果样样要待自己经验,否则固执己见拒不接受，这就是十足的"狭隘经验论"。我们的战争吃这种亏是不少的。

人民由于没有经验而不相信战略退却的必要，莫过于江西第一次反对"围剿"的时候。当时吉安、兴国、永丰等县的地方党组织和人民群众无不反对红军的退却。但是在有了这一次经验之后，在后来的几次反对"围剿"时，就完全没有这个问题了。大家相信，根据地的损失，人民的吃苦，是暂时的，大家都有了红军能够打破"围剿"的信心。然而人民的信任与否，密切地联系于干部的信任与否，因此主要的和首先的任务，是说服干部。

战略退却的全部的作用，在于转入反攻，战略退却仅是战略防御的第一阶段。全战略的决定关键，在于随之而来的反攻阶段之能不能取胜。

第四节　战略反攻

战胜绝对优势敌人的进攻，依靠于在战略退却阶段中所造成的、有利于我不利于敌的、比较敌人开始进攻时起了变化的形势，而这种形势是由各种条件造成的。这在前面已经说过了。

然而有利于我不利于敌的条件和形势的存在，还没有使敌人失败。这种条件和形势，具备着决定胜败的可能性，但还不是胜败的现实性，还没有实现两军的胜负。实现这个胜负，依靠两军的决战。只有决战，才能解决两军之间谁胜谁败的问题。这就是战略反攻阶段的全任务。反攻是一个长过程，是防御战的最精彩最活跃的阶段,也就是防御战的最后阶段。所谓积极防御,主要地就是指的这种带决战性的战略的反攻。

条件和形势,不仅仅在战略退却阶段中造成,在反攻阶段中继续地造成着。这时的条件和形势,不完全和前一阶段中的条件和形势属于同一形式和同一性质。

可以是属于同一形式和同一性质的,例如,此时敌军的更加疲劳和减员,不过是前一阶段中疲劳和减员的继续。

但又必然地有完全新的条件和形势出现。例如,敌军打了一个或几个败仗,这时的有利于我不利于敌的条件,就不仅敌军疲劳等等,而是增加了敌军打败仗这个新的条件了。形势也起了新的变化。敌军调动忙乱,举措失当,两军优劣之势,也就不同于前了。

假使一个到几个败仗不是属于敌军,而是属于我军,那末,条件和形势的有利与否,也变到相反的方面。就是说,敌之不利减少,我之不利开始发生,以至扩大起来。这又是完全新的不同于前的东西。

无论何方失败,都直接地、迅速地引起失败者方面的一种新的努力,就是企图挽救危局的努力,使自己脱出这种新出现的不利于我有利于敌的条件和形势,而重新创造出有利于我不利于敌的条件和形势去压迫对方。

胜利者方面的努力和这相反,力图发展自己的胜利,给敌人更大的损害,务求增加或发展有利于我的条件和形势,而务求不让对方完成其脱出不利和挽回危局的企图。

所以,不论在何方说来,决战阶段的斗争,是全战争或全战役中最激烈、最复杂、最变化多端的,也是最困难、最艰苦的,在指挥上说来,是最不容易的时节。

反攻阶段中,问题是很多的,主要的如反攻开始问题、集中兵力问题、运动战问题、速决战问题、歼灭战问题等。

这些问题的原则,不论对于反攻说来,或对于进攻说来,在其基本性质上,是没有区别的。在这个意义上,可以说反攻就是进攻。

然而反攻不完全是进攻。反攻原则,是在敌人进攻时应用的。进攻原则,是在敌人防御时应用的。在这个意义上,又都有若干的区别了。

因为这个理由,虽然这里把作战的许多问题统统说在战略防御的反攻部门中,而在战略进攻部门中只说些另外的问题,以避重复,但我们应用时,却不可忽略其相同点,也不可忽略其差异点。

第五节　反攻开始问题

反攻开始问题,即所谓"初战"或"序战"问题。

许多资产阶级军事家都主张慎重初战,不论在战略防御或战略进攻皆然,而以防御为尤甚。我们过去,也曾经严重地提出了这个问题。江西反对敌人第一次至第五次"围剿"的作战给了我们以丰富的经验,研究一下这些经验不是没有益处的。

第一次"围剿"时,敌人以约十万人之众,由北向南,从吉安、建宁之线,分八个纵队向红军根据地进攻。当时的红军约四万人,集中于江西省宁都县的黄陂、小布地区。

当时的情况是:(一)"进剿"军不过十万人,且均非蒋之嫡系,总的形势不十分严重。(二)敌军罗霖师防卫吉安,隔在赣江之西。(三)敌军公秉藩、张辉瓒、谭道源三师进占吉安东南、宁都西北的富田、东固、龙冈、源头一带。张师主力在龙冈,谭师主力在源头。富田、东固两地因人民受 AB 团欺骗一时不信任红军,并和红军对立,不宜选作战场。(四)敌军刘和鼎师远在福建白区的建宁,不一定越入江西。(五)敌军毛炳文、许克祥两师进至广昌宁都之间的头陂、洛口、东韶一带。头陂是白区,洛口是游击区,东韶有 AB 团,易走漏消息。且打了毛炳文许克祥再向西打,恐西面张辉瓒、谭道源、公秉藩三师集中,不易决胜,不能最后解决问题。(六)张、谭两师是"围剿"主力军,"围剿"军总司令江西主席鲁涤平的嫡系部队,张又是前线总指挥。消灭此两师,"围剿"就基本上打破了。两师各约一万四千人,张师又分置两处,我一次打一个师是绝对优势。(七)张、谭两师主力所在的龙冈、源头一带接近我之集中地,且人民条件好,能荫蔽接近。(八)龙冈有优良阵地。源头不好打。如敌攻小布就我,则阵地亦好。(九)我在龙冈方向能集中最大兵力。龙冈西南数十里之兴国,尚有一个千余人的独立师,亦可迂回于敌后。(一〇)我军实行中间突破,将敌人的阵线打开一缺口后,敌之东西诸纵队便被分离为远距之两群。基于以上理由,我们的第一仗就决定打而且打着了张辉瓒的主力两个旅和一个师部,连师长在内九千人全部俘获,不漏一人一马。一战胜利,吓得谭师向东韶跑,许师向头陂跑。我军又追击谭师消灭它一半。五天内打两仗(一九三〇年十二月三十日至一九三一年一月三日),于是富田、东固、头陂诸敌畏打纷纷撤退,第一次"围剿"就结束了。

第二次"围剿"时的情况是:(一)"进剿"军二十万人,何应钦为总司令,驻南昌。(二)和第一次"围剿"时一样,全部是蒋之非嫡系部队。以蔡廷锴的第十九路军、孙连仲的第二十六路军、朱绍良的第六路军为最强或较强,其余均较弱。(三)AB团肃清,根据地人民全部拥护红军。(四)王金钰的第五路军从北方新到,表示恐惧,其左翼郭华宗、郝梦龄两师,大体相同。(五)我军从富田打起,向东横扫,可在闽赣交界之建宁、黎川、泰宁地区扩大根据地,征集资材,便于打破下一次"围剿"。若由东向西打去,则限于赣江,战局结束后无发展余地。若打完再东转,又劳师费时。(六)我军人数较上次战役时虽略减(三万余),然有四个月的养精蓄锐。基于以上理由,乃决找富田地区的王金钰、公秉藩(共十一个团)打第一仗。胜利后,接着打郭、打孙、打朱、打刘[47]。十五天中(一九三一年五月十六日至三十一日),走七百里,打五个仗,缴枪二万余,痛快淋漓地打破了"围剿"。当打王金钰时,处于蔡廷锴、郭华宗两敌之间,距郭十余里,距蔡四十余里,有人谓我们"钻牛角",但终究钻通了。主要因为根据地条件,再加敌军各部之不统一。郭师败后,郝师星夜逃回永丰,得免于难。

第三次"围剿"时的情况是:(一)蒋介石亲身出马任总司令,下分左右中三路总司令。中路何应钦,与蒋同驻南昌;右路陈铭枢,驻吉安;左路朱绍良,驻南丰[48]。(二)"进剿"军三十万人。主力军是蒋嫡系之陈诚、罗卓英、赵观涛、卫立煌、蒋鼎文等五个师,每师九团,共约十万人。次是蒋光鼐、蔡廷锴、韩德勤三师[49],四万人。次是孙连仲军,二万人。余均非蒋嫡系,较弱。(三)"进剿"战略是"长驱直入",大不同于第二次"围剿"之"步步为营",企图压迫红军于赣江而消灭之。(四)第二次"围剿"结束至第三次"围剿"开始,为时仅一个月。红军苦战后未休息,也未补充(三万人左右),又绕道千里回到赣南根据地西部之兴国集中,时敌已分路直迫面前。在上述情况下,我们决定的第一个方针,是由兴国经万安突破富田一点,然后由西而东,向敌之后方联络线上横扫过去,让敌主力深入赣南根据地置于无用之地,定此为作战之第一阶段。及敌回头北向,必甚疲劳,乘隙打其可打者,为第二阶段。此方针之中心是避敌主力,打其虚弱。但我军向富田开进之际,被敌发觉,陈诚、罗卓英两师赶至。我不得不改变计划,回到兴国西部之高兴圩,此时仅剩此一个圩场及其附近地区几十个方里容许我军集中。集中一天后,乃决计向东面兴国县东部之莲塘、永丰县南部之良村、宁都县北部之黄陂方向突进。第一天乘夜通过了蒋鼎文师和蒋、蔡、韩军间之四十华里空隙地带,转到莲塘。第二天和上官云相军(上官指挥他自己的一个师及郝梦龄师)前哨接触。第三天打上官师为第一仗,第四天打郝梦龄师为第二仗,尔后以三天行程到黄陂打毛炳文师为第三仗。三战皆胜,缴枪逾万〔50〕。此时所有向西向南之敌军主力,皆转旗向东,集中视线于黄陂,猛力并进,找我作战,取密集的大包围姿势接近了我军。我军乃于蒋、蔡、韩军和陈、罗军之间一个二十华里间隙的大山中偷越过去,由东面回到西面之兴国境内集中。及至敌发觉再向西进时,我已休息了半个月,敌则饥疲沮丧,无能为力,下决心退却了。我又乘其退却打了蒋光鼐、蔡廷锴、蒋鼎文、韩德勤,消灭蒋鼎文一个旅、韩德勤一个师。对蒋光鼐、蔡廷锴两师，则打成对峙，让其逃去了。

第四次"围剿"时的情况是：敌分三路向广昌进，主力在东路，西路两师暴露于我面前，且迫近我之集中地。因此我得以先打其西路于宜黄南部地区，一举消灭李明、陈时骥两个师。敌从左路分出两个师配合中路再进，我又得消灭其一个师于宜黄南部地区。两役缴枪万余，这个"围剿"就基本地打破了。

第五次"围剿"，敌以堡垒主义的新战略前进，首先占领了黎川。我却企图恢复黎川，御敌于根据地之外，去打黎川以北敌之巩固阵地兼是白区之硝石。一战不胜，又打其东南之资溪桥，也是敌之巩固阵地和白区，又不胜。尔后辗转寻战于敌之主力和堡垒之间，完全陷入被动地位。终第五次反"围剿"战争一年之久，绝无自主活跃之概。最后不得不退出江西根据地。

上述第一次至第五次反"围剿"时期我军作战的经验，证明处在防御地位的红军，欲打破强大的"进剿"军，反攻的第一个战斗，关系非常之大。第一个战斗的胜败给予极大的影响于全局，乃至一直影响到最后的一个战斗。因此得出下述的结论：

第一，必须打胜。必须敌情、地形、人民等条件，都利于我，不利于敌，确有把握而后动手。否则宁可退让，持重待机。机会总是有的，不可率尔应战。第一次反"围剿"时先想打谭道源，仅因敌不脱离源头那个居高临下的阵地，我军两度开进，却两度忍耐撤回，过了几天找到了好打的张辉瓒。第二次反"围剿"时，我军开进到东固，仅因等待王金钰脱离其富田巩固阵地,宁可冒犯走漏消息的危险,拒绝一切性急快打的建议,迫敌而居,等了二十五天之久,终于达到了要求。第三次反"围剿"虽是那样急风暴雨的局面,千里回师,又被敌人发觉了我们迂回其侧后的计划,但我们仍忍耐折回,改用中间突破,终于在莲塘打着第一个好仗。第四次反"围剿"时攻南丰不克,毅然采取了退却步骤,终于转到敌之右翼,集中东韶地区,开始了宜黄南部的大胜仗。只有第五次反"围剿"时全不知初战关系之大,震惊于黎川一城之失,从挽救的企图出发,北上就敌,于洵口不预期遭遇战胜利(消灭敌一个师)之后,却不把此战看作第一战,不看此战所必然引起的变化,而贸然进攻不可必胜的硝石。开脚一步就丧失了主动权,真是最蠢最坏的打法。

第二,初战的计划必须是全战役计划的有机的序幕。没有好的全战役计划,绝不能有真正好的第一仗。这就是说,即使初战打了一个胜仗,若这个仗不但不于全战役有利,反而有害时,则这个仗虽胜也只算败了(例如第五次"围剿"时的洵口战斗)。因此在打第一仗之先,必须想到第二、第三、第四以至最后一仗大体上如何打法,我挨次的一仗胜了,敌军全局将起如何变化,假若败了,又将起如何变化。虽结果不见得乃至决不会尽如所期,然而必须依据双方全局,仔细地切实地想明白。没有全局在胸,是不会真的投下一着好棋子的。

第三,还要想到下一战略阶段的文章。若只顾反攻,不顾反攻胜利后,或万一反攻失败后,下文如何做法,依然未尽得战略指导者的责任。战略指导者当其处在一个战略阶段时,应该计算到往后多数阶段,至少也应计算到下一个阶段。尽管往后变化难测,愈远看愈渺茫,然而大体的计算是可能的,估计前途的远景是必要的。那种走一步看一步的指导方式,对于政治是不利的,对于战争也是不利的。走一步应该看那一步的具体变化,据此以修改或发展自己战略战役计划,不这样做,就会弄出冒险直冲的错误。然而贯通全战略阶段乃至几个战略阶段的、大体上想通了的、一个长时期的方针,是决不可少的。不这样做,就会弄出迟疑坐困的错误,实际上适合了敌人的战略要求,陷自己于被动地位。须知敌人的统帅部,是具有某种战略眼光的。我们只有使自己操练得高人一等,才有战略胜利的可能。在敌人第五次"围剿"时期"左"倾机会主义路线和张国焘路线的战略指导之所以错误,主要地就在于没有作到这一点。总之,退却阶段时必须计算到反攻阶段,反攻阶段时必须计算到进攻阶段,进攻阶段时又须计算到退却阶段。没有这种计算,束缚于眼前的利害,就是失败之道。

必须打胜;必须照顾全战役计划;必须照顾下一战略阶段:这是反攻开始,即打第一仗时,不可忘记的三个原则。

第六节　集中兵力问题

集中兵力看来容易,实行颇难。人人皆知以多胜少是最好的办法,然而很多人不能做,相反地每每分散兵力,原因就在于指导者缺乏战略头脑,为复杂的环境所迷惑,因而被环境所支配,失掉自主能力,采取了应付主义。

无论处于怎样复杂、严重、惨苦的环境,军事指导者首先需要的是独立自主地组织和使用自己的力量。被敌逼迫到被动地位的事是常有的，重要的是要迅速地恢复主动地位。如果不能恢复到这种地位，下文就是失败。

主动地位不是空想的，而是具体的，物质的。这里最重要的，是保存并集结最大而有活力的军队。

防御战本来容易陷入被动地位，防御战大不如进攻战之能够充分地发挥主动权。然而防御战是能够在被动的形式中具有主动的内容的，是能够由形式上的被动阶段转入形式上内容上的主动阶段的。完全有计划的战略退却，在形式上是被逼出此的，在内容上是保存军力，待机破敌，是诱敌深入，准备反攻。只有不肯退却，仓卒应战（例如硝石战斗），表面上似乎在力争主动，实际上是被动的。战略反攻，则不但内容是主动的，形式上也放弃了退却时的被动姿态。对于敌军说来，反攻是我军强迫它放弃主动权，同时即给以被动地位的努力。

要完全达到这种目的，集中兵力、运动战、速决战、歼灭战，都是必要的条件。而集中兵力，是首先的和主要的。

集中兵力之所以必要，是为了改变敌我的形势。第一，是为了改变进退的形势。过去是敌进我退，现在是企图达到我进敌退之目的。集中兵力一战而胜，这个目的在本战斗就达到了，也给予影响于全战役。

第二，是为了改变攻守的形势。退却到退却终点，在防御战中基本上属于消极阶段，即"守"的阶段。反攻则属于积极阶段，即"攻"的阶段。虽然在整个战略防御中并没有脱离防御性质，然而反攻和退却相较，不但形式上，而且内容上，是起了变化的东西。反攻是战略防御和战略进攻之间的过渡的东西,带着战略进攻前夜的性质,集中兵力就为达此目的。

第三,是为了改变内外线的形势。处于战略上内线作战的军队,特别是处于被"围剿"环境的红军,蒙受着许多的不利。但我们可以而且完全应该在战役或战斗上,把它改变过来。将敌军对我军的一个大"围剿",改为我军对敌军的许多各别的小围剿。将敌军对我军的战略上的分进合击,改为我军对敌军的战役或战斗上的分进合击。将敌军对我军的战略上的优势,改为我军对敌军的战役或战斗上的优势。将战略上处于强者地位的敌军,使之在战役或战斗上处于弱者的地位。同时,将自己战略上的弱者地位,使之改变为战役上或战斗上的强者的地位。这即是所谓内线作战中的外线作战,"围剿"中的围剿,封锁中的封锁,防御中的进攻,劣势中的优势,弱者中的强者,不利中的有利,被动中的主动。从战略防御中争取胜利,基本上靠了集中兵力的一着。

在中国红军的战史中,这个问题常常成为重要的争论问题。一九三〇年十月四日吉安之役,不待兵力完全集中就实行开进和攻击,幸而敌人(邓英师)自己逃走了,我们的攻击本身并没有奏效。

从一九三二年开始,有所谓"全线出击"的口号,要求从根据地的东西南北四面出击。这不但在战略防御时不对,就是在战略进攻时也是不对的。在整个敌我对比的形势没有根本改变的时候,无论战略或战术,都有防御和进攻、钳制和突击的两方面,事实上绝少所谓全线出击。全线出击的口号,是伴随军事冒险主义而来的军事平均主义。

　　军事平均主义者到一九三三年,有所谓"两个拳头打人"的说法,把红军主力分割为二,企图在两个战略方向同时求胜。那时的结果是一个拳头置于无用,一个拳头打得很疲劳,而且没有当时可能取得的最大胜利。照我的意见,在有强大敌军存在的条件下,无论自己有多少军队,在一个时间内,主要的使用方向只应有一个,不应有两个。我不反对作战方向有两个或两个以上,但主要的方向,在同一个时间内,只应有一个。中国红军以弱小者的姿态出现于内战的战场,其迭挫强敌震惊世界的战绩,依赖于兵力集中使用者甚大。无论哪一个大胜仗,都可以证明这一点。"以一当十,以十当百",是战略的说法,是对整个战争整个敌我对比而言的;在这个意义上,我们确实是如此。不是对战役和战术而言的;在这个意义上,我们决不应如此。无论在反攻或进攻,我们总是集结大力打敌一部。一九三一年一月的江西宁都县东韶地区打谭道源的作战,一九三一年九月的江西兴国县高兴圩地区打十九路军的作战,一九三二年七月广东南雄县水口圩地区打陈济棠的作战,一九三三年十二月江西黎川县团村地区打陈诚的作战,都吃了兵力不集中的亏。如像水口圩和团村这一类的仗,本来一般算作胜仗,而且还算作大胜仗的(前者击溃陈济棠二十个团[51],后者击溃陈诚十二个团),然而我们历来就不欢迎这种胜仗,在某种意义上简直还可以说它是败仗。因为没有缴获或缴获不超过消耗,在我们看来是很少意义的。我们的战略是"以一当十",我们的战术是"以十当一",这是我们制胜敌人的根本法则之一。

　　军事平均主义,到一九三四年第五次反"围剿"时,发展到了极点。"六路分兵","全线抵御",以为可以制敌,结果为敌所制,原因在于惧怕丧失土地。集中主力于一个方向,其他方向剩下了钳制力量,自然不免使土地受到损失。然而这是暂时的局部的损失,其代价是突击方向取得了胜利。突击方向胜利了,钳制方向的损失就可以恢复了。敌人的第一、二、三、四次"围剿"都使我们遭受了土地的损失,特别是在敌人第三次"围剿"时江西红军根据地几乎全部丧失了,然而结果我们的土地不但都恢复了,而且还扩大了。

由于看不见根据地人民的力量,常常发生惧怕红军远离根据地的错误心理。这种心理在一九三二年江西红军远出打福建的漳州时,一九三三年第四次反"围剿"战役胜利后红军转向福建进攻时,都曾发生过。前者惧怕整个根据地被占,后者惧怕根据地的一部被占,而反对集中兵力,主张分兵把守,结果都证明不对。在敌人看来,一方面根据地使他们畏进,一方面打到白区去的红军是他们的主要的危险物。敌军的注意力总是向着主力红军所在地,抛开主力红军不顾而专向根据地,是很少这种事情的。在红军实行防御时,敌人的注意力也还是集中于红军。缩小根据地的计划是敌人整个计划的一部分;但是如果红军集中主力消灭其一路,敌军统帅部就不得不把他们的注意力和他们的军力更大地向着红军。所以,敌人缩小根据地的计划,也是能够破坏的。

"堡垒主义的五次'围剿'时期我们不能集中作战,只能分兵防御从事短促突击",这种说法也是不对的。敌人三里五里一进、十里八里一推的堡垒主义作战法,完全是红军自己的节节抗御促成的。如果我军在内线放弃节节抗御的战法,再在必要和可能时转向敌人的内线打去，局面必然是另外一种。集中兵力的法则，正是战胜堡垒主义的工具。

我们主张的集中兵力，并不包括放弃人民的游击战争在内。立三路线主张废弃小的游击战争，"一枝枪也集中到红军中去"，早已证明是不对的了。人民的游击战争，从整个革命战争的观点看来，和主力红军是互为左右手，只有主力红军而无人民的游击战争，就像一个独臂将军。根据地的人民条件，具体地说来，特别是对于作战说来，就是有武装起来了的人民。敌人视为畏途，主要地也在这一点。

置红军的支队于次要的作战方向也是必要的，不是一切都要集中。我们主张的集中兵力，是建立在保证对于战场作战的绝对或相对优势的原则上。对于强敌，或关系紧要的战场作战，应以绝对优势的兵力临之，例如一九三○年十二月三十日第一次反"围剿"的第一仗，集中四万人打张辉瓒的九千人。对于弱敌或不关紧要的战场作战，临之以相对优势的兵力也就够了，例如一九三一年五月三十一日第二次反"围剿"的最后一战，向建宁打七千人的刘和鼎师，红军只用了一万多人。

也不是说每次都要优势兵力。在某种情况下，也可以用相对劣势或绝对劣势兵力出现于战场。相对劣势，例如某一区域仅仅有一支不大的红军（不是有兵而不集中），为着打破某一优势敌人的进攻，在人民、地形或天候等条件能给我们以大的援助时，以游击队或小支队钳制其正面及一翼，红军集中全力突然袭击其另一翼的一部分，当然也是必要的，并且是可以胜利的。当我袭击其一翼的一部分时，兵力的对比仍适用以优势对劣势、以多胜少的原则。绝对劣势,例如游击队袭击白军大队伍,仅仅是袭击其一小部分,同样适用上述的原则。

集中大军于一个战场作战,受限制于地形、道路、给养、驻处等的说法,也应分别情形去看。这些限制,对于红军和白军是有程度上的区别的,因为红军较之白军能够忍受更大的困难。

我们是以少胜多的——我们向整个中国统治者这样说。我们又是以多胜少的——我们向战场上作战的各个局部的敌人这样说。这件事情已经不是什么秘密,敌人一般地都摸熟我们的脾气了。然而敌人不能取消我们的胜利,也不能避免他们的损失,因为何时何地我们这样做,他们不晓得。这一点我们是保守秘密的。红军的作战一般是奇袭。

第七节　运　动　战

运动战,还是阵地战?我们的答复是:运动战。在没有广大兵力,没有弹药补充,每一个根据地打来打去仅只有一支红军的条件下,阵地战对于我们是基本上无用的。阵地战,对于我们,不但防御时基本地不能用它,就是进攻时也同样不能用。

由于敌人强大和红军技术贫弱所发生的红军作战的显著特点之一,就是没有固定的作战线。

红军的作战线,服从于红军的作战方向。作战方向不固定,影响到作战线不固定。大方向虽在一个时期中是不变更的,然而大方向内的小方向则是随时变更的,一个方向受了限制,就得转到另一个方向去。一个时期之后大方向也受了限制,就连这种大方向也得变更了。

革命的内战时期,作战线不能固定,就在苏联也有过这种情形。苏联军队和我们的军队不同的地方,在于其不固定的程度不如我们之甚。一切战争也不能有绝对固定的作战线,胜负进退的变化不许可如此。但是相对固定的作战线往往见之于一般的战争。惟独敌我强弱悬殊像处在目前阶段的中国红军这样的军队,则是例外。

作战线的不固定,影响到根据地领土的不固定。时大时小时缩时伸是经常的,此起彼落也往往发生。这种领土的流动性,完全是来源于战争的流动性。

战争和领土的流动性,影响到根据地各种建设工作也发生流动性。若干年月的建设计划是不能设想的。计划改变的频繁,是我们家常便饭的事情。

承认这种特点,对于我们是有利益的。从这个特点出发,规定我们的日程,不要幻想有进无退的战争,不要震惊于领土和军事后方的暂时的流动,不要企图建立长期的具体计划。把我们的思想、工作适应于情况,准备坐下,又准备走路,不要把干粮袋丢掉了。只有在现在的流动生活中努力,才能争取将来的比较地不流动,才能争取最后的稳定。

统治着第五次反"围剿"时期的所谓"正规战争"的战略方针,否认这种流动性,反对所谓"游击主义"。反对流动的同志们要装作一个大国家的统治者来办事,结果是得到了一个异乎寻常的大流动——二万五千华里的长征。

我们的工农民主共和国是一个国家,但是今天还是一个不完全的国家。今天我们还处在内战的战略防御时期,我们的政权距离一个完全的国家形态还很远,我们军队的数量和技术较之敌人还差得远,我们的领土还很小,我们的敌人时时刻刻想要消灭我们才快活。从这个上面规定我们的方针,不是一般地反对游击主义,而是老老实实地承认红军的游击性。在这里怕羞是没有用的。相反,游击性正是我们的特点,正是我们的长处,正是我们战胜敌人的工具。我们应该准备抛弃游击性,但是今天还不能抛弃。游击性在将来一定是可羞的和必须抛弃的东西,但在今天却是宝贵的和必须坚持的东西。

"打得赢就打,打不赢就走",这就是今天我们的运动战的通俗的解释。天下也没有只承认打不承认走的军事家,不过不如我们走得这么厉害罢了。对于我们,走路的时间通常多于作战的时间,平均每月打得一个大仗就算是好的。一切的"走"都是为着"打",我们的一切战略战役方针都是建立在"打"的一个基本点上。然而在我们面前有几种不好打的情形:第一是当面的敌人多了不好打;第二是当面敌人虽不多,但它和邻近敌人十分密接,也有时不好打;第三,一般地说来,凡不孤立而占有十分巩固阵地之敌都不好打;第四是打而不能解决战斗时,不好再继续打。以上这些时候,我们都是准备走的。这样的走是许可的,是必须的。因为我们承认必须的走,是在首先承认必须的打的条件之下。红军的运动战的基本特点,就在这里。

基本的是运动战,并不是拒绝必要的和可能的阵地战。

战略防御时，我们钳制方面某些支点的固守，战略进攻时遇着孤立无援之敌，都是应该承认用阵地战去对付的。采取这样的阵地战制胜敌人的经验，我们过去已经不少；很多的城市、堡垒、寨子，被我们打开，某种程度的敌人野战阵地被我们突破。以后还要增加这一方面的努力，补足我们这一方面的弱点。我们完全应该提倡那种在情况需要而且许可下的阵地攻击和阵地防御。我们所反对的，仅仅是在今天采取一般的阵地战，或者把阵地战和运动战平等看待，这些才是不能许可的。

　　红军的游击性，没有固定作战线，根据地的流动性，根据地建设工作的流动性，十年战争中一点也没有变化吗？有变化的。从井冈山到江西第一次反"围剿"前为第一个阶段，这个阶段中游击性和流动性是很大的，红军还在幼年时代，根据地还是游击区。从第一次反"围剿"到第三次反"围剿"为第二个阶段，这个阶段中游击性和流动性就缩小了许多，方面军已经建立，包含几百万人口的根据地已经存在。从第三次反"围剿"后至第五次反"围剿"为第三个阶段，游击性流动性更缩小了。中央政府与革命军事委员会已经建立。长征是第四个阶段。由于错误地否认小游击和小流动，就来了一个大游击和大流动。目前是第五个阶段。由于没有战胜第五次"围剿"和大流动，红军和根据地都大大地缩小了，但又已经在西北立住了脚根，巩固了并发展了陕甘宁边区根据地。红军主力三个方面军已经统一指挥，此事为前此所未有。

　　依战略的性质说，也可以说井冈山时期至第四次反"围剿"时期为一阶段，第五次反"围剿"时期为又一阶段，长征至今为第三阶段。第五次反"围剿"时人们错误地否定了以前本来是正确的方针,我们今天又正确地否定了第五次反"围剿"时人们的错误方针,复活了从前的正确方针。然而不是否定第五次反"围剿"时的一切,也不是复活从前的一切。复活的是从前优良的东西,否定的是第五次反"围剿"时的错误的东西。

游击主义有两方面。一方面是非正规性,就是不集中、不统一、纪律不严、工作方法简单化等。这些东西是红军幼年时代本身带来的,有些在当时还正是需要的。然而到了红军的高级阶段,必须逐渐地自觉地去掉它们,使红军更集中些,更统一些,更有纪律些,工作更周密些,就是说使之更带正规性。在作战指挥上,也应逐渐地自觉地减少那些在高级阶段所不必要的游击性。在这一方面拒绝前进,固执地停顿于旧阶段,是不许可的,是有害的,是不利于大规模作战的。

另一方面是运动战的方针,是现在还需要的战略和战役作战的游击性,是无法阻止的根据地的流动性,是根据地建设计划的灵活变更性,是在红军建设上的不要不适时宜的正规化。在这一方面拒绝历史事实,反对保留有用的东西,贸然地脱离现阶段,盲目地跑向可望不可即的、在当前没有现实意义的所谓"新阶段",同样是不许可的,是有害的,是不利于当前作战的。

我们现在是处在红军技术和组织的下一新阶段的前夜。我们应该准备转变到新阶段去。不作这种准备是不对的,是不利于将来的战争的。在将来,红军的技术和组织条件改变了,红军建设进到了新阶段,红军的作战方向和作战线的比较固定就出现了;阵地战增加了;战争的流动性、领土和建设的流动性,大大减少了,到最后,也就会消灭了;现在限制着我们的东西,如像优势的敌人及其据守的巩固阵地,就不能限制我们了。

我们现在一方面反对"左"倾机会主义统治时期的错误的办法,另一方面也反对复活红军幼年时代的许多在现时不需要的非正规性。但是我们要坚决地恢复红军一路来用以打胜仗的许多可宝贵的建军原则和战略战术原则。我们要把所有一切过去的优良的东西都总结起来,成为有系统的更发展的更丰富的军事路线,以便争取在今天战胜敌人,并且准备在将来转变到新阶段去。

运动战的实行方面,问题是很多的,例如侦察、判断、决心、战斗部署、指挥、荫蔽、集中、开进、展开、攻击、追击、袭击、阵地攻击、阵地防御、遭遇战、退却、夜战、特种战斗、避强打弱、围城打援、佯攻、防空、处在几个敌人之间、超越敌人作战、连续作战、无后方作战、养精蓄锐之必要等等。这些问题在红军战史中都表现了许多的特点,战役学中应当有条理地叙述到,应当给以总结,我在这里就不说了。

第八节　速　决　战

战略的持久战,战役和战斗的速决战,这是一件事的两方面,这是国内战争的两个同时并重的原则,也可以适用于反对帝国主义的战争。

因为反动势力的雄厚,革命势力是逐渐地生长的,这就规定了战争的持久性。在这上面性急是要吃亏的,在这上面提倡"速决"是不正确的。干了十年的革命战争,对于别的国家也许是值得惊奇的,对于我们却好似八股文章还只作了破题、承题和起讲[52],许多热闹文章都还在后面。往后的发展,在一切内外条件的影响下,无疑地将比过去有大大地增高速度的可能。因为国际和国内的环境已经起了变化,而且会有更大的变化要到来,可以说我们已经脱离了过去的那种慢慢发展的孤军作战的景况。然而不应该打算明天就会成功。"灭此朝食"[53]的气概是好的,"灭此朝食"的具体计划是不好的。因为中国的反动势力,是许多帝国主义支持的,国内革命势力没有聚积到足以突破内外敌人的主要阵地以前,国际革命势力没有打破和钳制大部分国际反动势力以前,我们的革命战争依然是持久的。从这一点出发,规定我们长期作战的战略方针,是战略指导的重要方针之一。

战役和战斗的原则与此相反,不是持久而是速决。在战役和战斗上面争取速决,古今中外都是相同的。在战争问题上,古今中外也都无不要求速决,旷日持久总是认为不利。惟独中国的战争不能不以最大的忍耐性对待之,不能不以持久战对待之。有人在立三路线时期讥笑我们的做法为"打拳战术"(说的是打过来打过去才能夺取大城市),讥笑我们要待头发白了才能看见革命的胜利。这种表现急性病的情绪,早已证明是不对了。但是他们的批评意见如果不是放在战略问题上而是放在战役和战斗的问题上,则是非常之对的。原因在于:第一,红军的武器尤其是弹药没有来源;第二,白军有很多支部队,红军只一支部队,打破一次"围剿"要准备迅速的连续的作战;第三,白军各个虽然分进,但多是比较地密集,打它们中间的一个如果不能迅速地解决战斗，其余各个就都来了。为了这些理由，不能不实行速决战。对于我们，几小时，一天或两天解决一个战斗是经常的。只有在"围城打援"的方针下，目的不在打围敌，而在打援敌，对围敌作战是准备着相当地持久的，但对援敌仍然是速决。战略防御时固守钳制方面的据点，战略进攻时打孤立无援之敌，消灭根据地中的白色据点，这些时候也常常给予战役或战斗以持久方针。然而这些持久战，只是帮助而并不妨碍主力红军的速决战。

速决战不是心里想要如此做就做得成功的，还须加上许多具体的条件。主要的条件是准备充足，不失时机，集中优势兵力，包围迂回战术，良好阵地，打运动中之敌，或打驻止而阵地尚不巩固之敌。不解决这些条件，而求战役或战斗的速决，是不可能的。

打破一次"围剿"属于一个大战役，依然适用速决原则，而不是持久原则。因为根据地的人力、财力、军力等项条件都不许可持久。

但在一般的速决原则之下，反对不正当的急躁性是必要的。一个革命根据地的最高军事政治领导机关，估计到根据地的这些条件，估计到敌方情况，不为敌之其势汹汹所吓倒，不为尚能忍耐的困难所沮丧，不为某些挫折而灰心，给予必要的耐心和持久，是完全必要的。江西打破第一次"围剿"，从初战到结束只有一星期，打破第二次"围剿"只有半个月，打破第三次"围剿"就熬上了三个月，第四次是三星期，第五次就熬了整整的一年。但是第五次没有打破"围剿"而被迫突围时，还表现了不应有的仓卒从事。依情况还可以熬上两三个月，用以休整军队。假如这样，又假如突围后的领导稍为聪明一点，情况便将有很大的不同。

虽然如此，仍然不破坏我们所说的力争缩短全战役时间的原则。除了战役战斗计划力争集中兵力和运动战等等条件、务期在内线（在根据地）消灭敌之有生力量、迅速解决"围剿"以外，当"围剿"已经证明无法在内线解决时，应该使用红军主力突破敌之围攻线，转入我之外线即敌之内线去解决这个问题。堡垒主义发达的今日，这种手段将要成为经常的作战手段。第五次反"围剿"进行两个月之后，当福建事变出现之时，红军主力无疑地应该突进到以浙江为中心的苏浙皖赣地区去，纵横驰骋于杭州、苏州、南京、芜湖、南昌、福州之间，将战略防御转变为战略进攻，威胁敌之根本重地，向广大无堡垒地带寻求作战。用这种方法，就能迫使进攻江西南部福建西部地区之敌回援其根本重地，粉碎其向江西根据地的进攻，并援助福建人民政府，——这种方法是必能确定地援助它的。此计不用，第五次"围剿"就不能打破，福建人民政府也只好倒台。到打了一年之久的时候，虽已不利于出浙江，但还可以向另一方向改取战略进攻，即以主力向湖南前进，不是经湖南向贵州，而是向湖南中部前进，调动江西敌人至湖南而消灭之。此计又不用，打破第五次"围剿"的希望就最后断绝，剩下长征一条路了。

第九节　歼　灭　战

"拚消耗"的主张，对于中国红军来说是不适时宜的。"比宝"不是龙王向龙王比,而是乞丐向龙王比,未免滑稽。对于几乎一切都取给于敌方的红军,基本的方针是歼灭战。只有歼灭敌人的有生力量才能打破"围剿"和发展革命根据地。给敌以杀伤,是作为给敌以歼灭的手段而采取的,否则便没有意义。因给敌以杀伤而给我以消耗,又因给敌以歼灭而给我以补充,这样就不但抵偿了我军的消耗,而且增加了我军的力量。击溃战,对于雄厚之敌不是基本上决定胜负的东西。歼灭战,则对任何敌人都立即起了重大的影响。对于人,伤其十指不如断其一指;对于敌,击溃其十个师不如歼灭其一个师。

对于第一、二、三、四次"围剿",我们的方针都是歼灭战。每次歼灭的敌人对于全敌不过是一部分,然而"围剿"是打破了。第五次反"围剿"时,采取了相反的方针,实际上是帮助敌人达到了他们的目的。

歼灭战和集中优势兵力、采取包围迂回战术,同一意义。没有后者,就没有前者。人民赞助、良好阵地、好打之敌、出其不意等条件,都是达到歼灭目的所不可缺少的。

击溃有意义,乃至让敌逃去有意义,只是对于全战斗或全战役中我军主力对确定之敌举行歼灭性的作战而说的,否则便没有什么意义。这又是一种有所失对有所得而有意义的场合。

我们建立军事工业,须使之不助长依赖性。我们的基本方针是依赖帝国主义和国内敌人的军事工业。伦敦和汉阳的兵工厂,我们是有权利的,并且经过敌人的运输队送来。这是真理,并不是笑话。

注　释

〔1〕"实际"这一个概念,按照中国文字,有两种含义:一种是指真实的情况,一种是指人们的行动(也即一般人所说的实践)。毛泽东在他的著作中,应用这一个概念,时常是双关的。

〔2〕孙武子即孙武,中国春秋时代的著名军事学家,著《孙子》十三篇。本文引语见《孙子·谋攻》。

〔3〕从一九二一年七月中国共产党成立到一九三六年毛泽东著此文时,正是十五年。

〔4〕陈独秀(一八七九——一九四二),安徽怀宁人。五四新文化运动的主要领导人之一。五四运动后,接受和宣传马克思主义,是中国共产党的主要创建人之一。在党成立后的最初六年中是党的主要领导人。陈独秀右倾机会主义指一九二七年上半年以陈独秀为代表的右倾投降主义错误。当时他放弃对于农民群众、城市小资产阶级和中等资产阶级的领导权,尤其是放弃对于武装力量的领导权,主张一切联合,否认斗争,对国民党右派反共反人民的阴谋活动采取妥协投降的政策,以致当大地主大资产阶级的代表蒋介石、汪精卫先后背叛革命,向人民突然袭击的时候,中国共产党和广大革命人民不能组织有效的抵抗,使第一次国内革命战争遭到失败。同年八月七日,中共中央在汉口召开紧急会议,总结了大革命失败的经验教训,结束了陈独秀右倾投降主义在党中央的统治。其后,陈独秀对于革命前途悲观失望,接受托派观点,在党内成立小组织,进行反党活动,一九二九年十一月被开除出党。一九三二年十月被国民党政府逮捕,一九三七年八月出狱。一九四二年病故于四川江津。

〔5〕李立三(一八九九——一九六七),湖南醴陵人。一九二一年加入中国共产党,是中国工人运动的主要领导人之一。李立三"左"倾机会主义指第二次国内革命战争期间以他为代表的"左"倾冒险主义错误。一九三〇年六月十一日,中共中央政治局在李立三领导下通过了《新的革命高潮与一省或几省的首先胜利》决议案,主张全国各地都要准备马上起义。不久,订出了组织全国中心城市武装起义和集中全国红军进攻中心城市的冒险计划,随后又将党、青年团、工会的各级领导机关,合并为准备武装起义的各级行动委员会,使一切经常工作陷于停顿。同年九月中共中央召开六届三中全会,纠正了李立三的"左"倾冒险主义错误。后来李立三接受了党对他所犯错误的批评,认识和改正了错误,在中共第七次、第八次全国代表大会上继续被选为中央委员。

〔6〕一九三一年一月,在中国共产党的六届四中全会上,王明(陈绍禹)等人

在共产国际及其代表米夫的支持下,取得了在党中央的领导地位。他们在政治上混淆民主革命和社会主义革命的界限,把反资产阶级和反帝反封建并列;否认九一八事变后国内阶级关系的明显变化,把中间势力当成"最危险的敌人";继续推行"城市中心论",主张红军夺取中心城市以实现一省数省首先胜利而形成全国的胜利。在军事上,先是推行冒险主义,后来又变为保守主义和逃跑主义。在组织上,实行宗派主义,对不同意他们错误主张的人,进行"残酷斗争,无情打击"。王明"左"倾冒险主义在党内统治达四年之久,给党和革命事业造成了重大的损失。一九三五年一月,中共中央政治局召开遵义会议,确立了以毛泽东为代表的新的中央的正确领导,从而结束了王明"左"倾冒险主义在党中央的统治。

〔7〕遵义会议指一九三五年一月长征途中,中共中央政治局在贵州遵义举行的扩大会议。这次会议集中讨论和纠正了军事上和组织上的错误,结束了王明"左"倾冒险主义在党中央的统治,确立了以毛泽东为代表的新的中央的正确领导,在最危急的关头挽救了红军,挽救了党。

〔8〕参见本卷《论反对日本帝国主义的策略》注〔23〕和注〔24〕。

〔9〕庐山军官训练团是蒋介石训练反共军事干部的组织,创办于一九三三年七月,地址在江西省的庐山。该团对围攻红军的蒋介石嫡系部队的军官进行军事的和政治的训练,以便普遍推行构筑碉堡以及其他进攻红军的办法。到一九三四年,训练的对象扩大到各非嫡系部队的军官,借以加强蒋介石对各地方军阀的控制。

〔10〕这里所说的第五次"围剿"的新军事原则,主要是指国民党反动派的碉堡推进、步步为营的"堡垒政策"。参见本卷《关心群众生活,注意工作方法》注〔5〕。

〔11〕参见列宁《共产主义》。在该文中列宁批评匈牙利共产党员库恩·贝拉说:"他忽略了马克思主义的精髓,马克思主义的活的灵魂:对具体情况作具体分析。"(《列宁全集》第39卷,人民出版社1986年版,第128页)

〔12〕中国共产党湘赣边界第一次代表大会于一九二八年五月在江西省宁冈县茅坪召开。这次大会分析了当时的政治形势,讨论了发展党的组织、深入土地革命、巩固和扩大红军及革命根据地等项任务,初步回答了红军中有些人提出的"红旗到底打得多久"的疑问。大会还选出以毛泽东为书记的中共湘赣边界特别委员会。这次会议促进了井冈山革命根据地的发展。

〔13〕见本卷《星星之火,可以燎原》注〔11〕。

〔14〕参见本卷《关于纠正党内的错误思想》注〔4〕和注〔5〕。

〔15〕土匪主义指无纪律、无组织、无明确的政治目标的抢掠行为。

〔16〕指中央红军(第一方面军)从江西瑞金等地出发转移到陕西北部的长征。参见本卷《论反对日本帝国主义的策略》注〔22〕。

〔17〕参见本卷《星星之火，可以燎原》注〔7〕。

〔18〕一九二九年七月，驻赣、闽、粤三省的国民党军队对红四军和闽西革命根据地发动第一次"围剿"。红四军前委决定：以第一纵队和第四纵队留闽西坚持游击战争，军部率领第二、第三两纵队出击闽中。九月，出击闽中的红四军主力在中途遇到很大的困难，遂回师闽西，先后歼灭了上杭、武平等地的敌军。同时，第一、第四纵队在中共闽西特委的领导下，和广大群众武装一起，开展游击战争，迫使赣敌退守长汀、连城，粤敌退守永定。第一次"围剿"至此被粉碎。一九三〇年一月初，赣、闽、粤三省的国民党军队又以十四个团的兵力分七路"围剿"闽西的红军。为粉碎敌人的"围剿"，红四军前委决定挺进江西，出击"围剿"军的主力江西敌军的后方。江西敌军仓皇回兵自救，福建敌军因内部冲突也从闽西撤走。这样，敌人的第二次"围剿"很快也被打破。

〔19〕"偏师"，即不是主力军，只是侧翼的一部分军队。

〔20〕一九三〇年十二月至一九三一年五月，国民党军队曾对鄂豫皖革命根据地进行过两次"围剿"，都被红军打败。一九三一年九月，蒋介石又开始筹划对鄂豫皖革命根据地的第三次"围剿"。至同年十一月，集结在根据地周围的国民党军队已达十五个师。由于九一八事变后全国人民抗日反蒋斗争空前高涨，国民党内部的矛盾日益加剧，敌军的"围剿"行动迟迟未能开始。十一月上旬成立的红四方面军，为破坏敌军的"围剿"计划，主动出击，至一九三二年六月，先后发起了黄安、商（城）潢（川）、苏家埠、潢（川）光（山）四次战役，歼敌约六万人，使国民党军队对鄂豫皖革命根据地的第三次"围剿"计划彻底破产。

〔21〕一九三二年六月蒋介石调集三十余万军队对鄂豫皖革命根据地进行第四次"围剿"。当时担任中共鄂豫皖中央分局书记的张国焘，被前三次反"围剿"的胜利冲昏头脑，在国民党军队的严重"围剿"面前，没有领导红军进行反"围剿"的准备，而是强令红军围攻敌军坚固设防的城市，准备夺取武汉。当敌军大举进攻时，他不是采取诱敌深入、待机反击的作战方针，而是下令红军仓卒迎击，使红军陷于被动地位。一九三二年十月，红四方面军主力被迫转移外线作战。此后，再未返回根据地，鄂豫皖革命根据地第四次反"围剿"斗争遭到失败。

〔22〕指俄国一九〇五年革命失败以后，革命由高涨时期转入逐渐低落时期的退却。参见列宁《共产主义运动中的"左派"幼稚病》第三节（《列宁全集》第39卷，人民出版社1986年版，第6—11页）和《联共（布）党史简明教程》第三章第五、第六两节（人民出版社1975年版，第88—105页）。

〔23〕布列斯特条约是一九一八年三月苏俄在俄国西部布列斯特—里托夫斯克（今布列斯特）同德国、奥匈帝国、保加利亚、土耳其订立的和约。当时，德帝国主义的军队正侵入苏维埃共和国境内，前线的俄国旧军队已经瓦解，新的革命军

队还没有组织起来。为了使刚成立的苏维埃共和国避免在德军的打击下夭折,列宁主张暂时退却,接受德帝国主义提出的割地、赔款等条件,立刻签订和约。这个和约的签订,使苏维埃共和国赢得了时间去巩固无产阶级的政权,调整经济,建立红军,使无产阶级保持了对农民的领导,集聚了力量,得以在一九一八年至一九二〇年击溃白军和英、美、法、日、波等国武装干涉者。

〔24〕一九二七年十月底,广东海陆丰农民在中国共产党领导下决定举行第三次起义。十一月,占领海丰、陆丰和附近地区,组织红军,建立工农民主政权。到一九二八年三月,这个地区的红军因优势敌军的围攻以及领导指挥上的"左"倾盲动而遭到失败。

〔25〕一九三六年七月,红四方面军和红二方面军会合后,由于中共中央的积极争取,并经过朱德、刘伯承等以及四方面军广大指战员的斗争,张国焘被迫同意与二方面军共同北上,于同年十月到达甘肃会宁。十月下旬,四方面军一部奉中央军委指示西渡黄河,执行宁夏战役计划。十一月上旬根据中共中央和中央军委的决定,过河部队称西路军。他们在极端困难的条件下孤军奋战四个月,歼敌二万余人,终因敌众我寡,于一九三七年三月失败。

〔26〕见马克思一八七一年四月十二日致库格曼论巴黎公社的信(《马克思恩格斯选集》第4卷,人民出版社1972年版,第392—393页);参见恩格斯《德国的革命和反革命》第十七节(《马克思恩格斯选集》第1卷,人民出版社1972年版,第585—586页)。

〔27〕《水浒传》是中国描写农民战争的著名小说,相传为公元十四世纪元末明初人施耐庵所作。林冲、柴进都是书中的英雄人物。洪教头是柴进家里的一个武术教师。关于林冲和洪教头比武的故事,见《水浒传》第九回《柴进门招天下客,林冲棒打洪教头》。

〔28〕鲁和齐是中国春秋时代(公元前七二二——前四八一)的两个国家。齐是大国,在今山东省的中部和东北部;鲁国较小,在今山东省的南部。鲁庄公,公元前六九三年至前六六二年鲁国的国君。

〔29〕左丘明,春秋末期鲁国人,相传是春秋时代著名编年史《左传》的作者。本文引的一段文章见《左传·庄公十年》。

〔30〕"肉食者"指做官的。"又何间焉",是"何必厕身其间"的意思。"牺牲玉帛,弗敢加也,必以信"一句中,牺牲玉帛是祀神的物品,"加"是虚报的意思。鲁庄公说他据实报告祭品,表示他对神守信用。"忠之属也。可以一战","忠"是尽力做好本分的事。曹刿的意思是说:一个国君对狱讼处置得合乎情理,便会得到人民拥护,所以可以作战。"公将鼓之"和"齐人三鼓"的"鼓",都是说鸣鼓指挥士兵冲锋。"登轼而望之"的"轼",是车前供给乘者扶手的横木,在车上位置较高,所以

登轵可以望远。

〔31〕成皋故城在今河南省荥阳县西北部,为古代军事重地。公元前二○三年,汉王刘邦和楚王项羽曾相持于此。当时项羽接连攻下荥阳、成皋,刘邦几乎溃不成军。但后来刘邦终于等待到楚军在汜水半渡的时机,大破楚军,复取成皋。

〔32〕昆阳故城在今河南省叶县境内。公元二三年,刘秀(后称东汉光武帝)在这里击破王莽(公元八年称帝,定国号为新)的军队。这次战争双方军力强弱悬殊,刘秀只有八九千人,而王莽有四十余万人。但刘秀利用王莽的将军王寻、王邑轻敌懈怠,以精兵三千突破王莽军队的中坚,乘锐进击,大破敌军。

〔33〕官渡在今河南省中牟县东北。公元二○○年,曹操军队和袁绍军队战于此处。当时袁绍拥军十万,而曹操兵少粮尽。但曹操利用袁军的轻敌无备,实行轻兵偷袭,烧了袁军的辎重。袁军慌乱,曹军出击,歼灭了袁军主力。

〔34〕吴指孙权方面,魏指曹操方面。赤壁在今湖北省蒲圻县西北长江南岸。公元二○八年,曹操率兵数十万进攻孙权。孙权出兵三万,并且同刘备联合,利用曹军有疫疾,又不习水战,在赤壁一带用火攻烧曹军船只,大破曹军。

〔35〕彝陵在今湖北省宜昌县境内。公元二二二年,吴将陆逊在这里大败蜀汉的刘备。这次战争开始,蜀军连战皆捷,进到彝陵,已入吴境五六百里。陆逊守七八月不战,直待刘备"兵疲意沮,计不复生",利用顺风放火,大破蜀军。

〔36〕公元三八三年,东晋将军谢玄大败秦王苻坚于安徽淝水。当时苻坚有步兵六十余万,骑兵二十七万,卫队三万余骑,东晋只有水陆军八万。在两军隔淝水对峙的时候,晋军将领要求淝水以北的秦军让出一片战场来,以便晋军渡水决战。秦军应允后撤,但一退即不可遏止,晋军乘机渡水攻击,大败秦军。

〔37〕一九二七年八月一日,中国共产党为反对蒋介石、汪精卫的反革命,继续一九二四年至一九二七年的革命事业,在江西南昌发动了武装起义。起义部队在中共前敌委员会书记周恩来和贺龙、叶挺、朱德、刘伯承等领导下,经过激烈战斗,占领了南昌城。这次起义打响了中国人民武装反抗国民党反动派的第一枪。从此,开始了中国共产党独立领导革命武装斗争的新时期。起义部队撤离南昌后南下广东。十月初在潮州、汕头一带遇到优势敌军的围攻而失败。保存下来的起义部队,一部分到达海陆丰地区,继续坚持斗争;另一部分在朱德、陈毅等率领下,转移到湘南,发动了湘南起义,一九二八年四月在井冈山同毛泽东领导的工农革命军会师。

〔38〕参见本卷《中国的红色政权为什么能够存在?》注〔8〕。

〔39〕一九二七年革命失败以后,中国共产党在湖南、湖北、江西、广东等省发动秋收起义。其中最著名的是九月间毛泽东在湖南、江西边界的修水、铜鼓、萍乡、醴陵、平江、浏阳等地领导的起义。参加这次起义的工农武装和原国民革命军

第四集团军第二方面军总指挥部警卫团,组成了工农革命军第一军第一师。十月间,毛泽东率领这支军队转战到井冈山,在那里建立了第一个农村革命根据地。

〔40〕见本卷《关心群众生活,注意工作方法》注〔5〕。

〔41〕见《孙子·军争》。

〔42〕AB团是一九二六年底在江西南昌成立的以反共为目的的国民党右派组织,存在时间不长。一九三○年五月起,赣西南苏区内开展了所谓肃清 AB 团的斗争。斗争不断扩大,严重混淆了敌我矛盾。

〔43〕指江西省中部介于赣江和抚河两条河流之间的地区。

〔44〕参见《战国策·魏策》。原文是:"将欲败之,必姑辅之;将欲取之,必姑与之。"

〔45〕阿比西尼亚即埃塞俄比亚。一九三五年十月,意大利法西斯出兵进攻埃塞俄比亚。埃军进行阵地战,至一九三六年五月失败。第二次世界大战开始后,埃塞俄比亚人民在一九四一年与反法西斯盟军配合,赶走了意大利侵略军,恢复了国家的独立。

〔46〕这里所说的藏人,主要是指西康(现在分属四川和西藏)、甘肃的藏族。这里所说的回人,是指甘肃、青海、新疆的回族。

〔47〕刘,指国民党军刘和鼎师。

〔48〕第三次"围剿"时,蒋介石担任"围剿"军总司令,何应钦任前线总司令,其指挥部均驻南昌。下辖:左翼集团军,何应钦兼任总司令;右翼集团军,陈铭枢任总司令,驻吉安;预备军,卫立煌任总指挥,驻临川。

〔49〕蒋光鼐原是第十九路军总指挥,第二次"围剿"时,由蔡廷锴任代总指挥。第三次"围剿"时,第十九路军蔡廷锴第六十师、戴戟第六十一师和韩德勤第五十二师被编为右翼集团军第一军团,蔡廷锴任代总指挥。这里的"蒋光鼐、蔡廷锴、韩德勤",应是"蔡廷锴、戴戟、韩德勤";下文的"蒋、蔡、韩"应是"蔡、戴、韩","蒋光鼐、蔡廷锴"应是"蔡廷锴、戴戟"。

〔50〕第三次反"围剿"时,红一方面军打上官云相师、郝梦龄师、毛炳文师,三个胜仗共歼敌一万余人,缴枪六千多支。

〔51〕南雄、水口战役,包括池江、梅岭关、大余、水口圩等战斗,共击溃陈济棠的粤军十五个团。其中水口圩战斗,击溃粤军十个团。

〔52〕八股文是中国明、清封建皇朝考试制度所规定的一种特殊文体。八股文每篇由破题、承题、起讲、入手、起股、中股、后股、束股八部分组成。破题一般用两句,说破题目的要义。承题一般用三句至五句,承接破题的意义而说明之。起讲概说全体,是议论的开始。入手为起讲后入手之处。起股、中股、后股和束股这四个段落才是正式的议论,中股为全篇文字的重心。在这四个段落中,每一段落都有

两股两相比偶的文字,合共有八股,所以叫作八股文,也称为八比。毛泽东这里用写作八股文由一部分到另一部分的展开过程,来比喻革命发展的各种阶段。但在通常的场合,毛泽东则用八股文这类东西去比喻和讽刺教条主义。

〔53〕见《左传·成公二年》。公元前五八九年,齐、晋两国的军队会战于鞌(今属山东省历城县)。战斗一开始,齐顷公以为胜敌至易,说:"余姑翦灭此而朝食"。"此",指这些敌人。这句话的意思是:先消灭了这些敌人,再吃早饭。结果齐军被晋军打败。后来人们常以此形容斗志坚决,要立即消灭敌人。

关于蒋介石声明的声明

（一九三六年十二月二十八日）

　　蒋介石氏在西安接受张学良杨虎城二将军和西北人民的抗日的要求[1]，首先命令进行内战的军队撤离陕甘两省，这是蒋介石氏转变其十年错误政策的开始。这对于指挥内战、制造分裂、并欲在这次事变中置蒋氏于死地的日本帝国主义和中国讨伐派[2]的阴谋，给了一个打击。日本帝国主义和中国讨伐派的失望，已显而易见。蒋氏此种觉悟的表示，可以看作国民党愿意结束其十年错误政策的一种表示。

　　蒋介石氏十二月二十六日在洛阳发表了一个声明，即所谓《对张杨的训词》[3]，内容含含糊糊，曲曲折折，实为中国政治文献中一篇有趣的文章。蒋氏果欲从这次事变获得深刻的教训，而为建立国民党的新生命有所努力，结束其传统的对外妥协、对内用兵、对民压迫的错误政策，将国民党引导到和人民愿望不相违背的地位，那末，他就应该有一篇在政治上痛悔已往开辟将来的更好些的文章，以表现其诚意。十二月二十六日的声明，是不能满足中国人民大众的要求的。

　　蒋氏声明中有一段是值得赞扬的，即他所说"言必信，行必果"的那一段。意思是说他在西安对于张杨所提出的条件没有签字，但是愿意采纳那些有利于国家民族的要求，不会因为未签字而不守信用。我们将在蒋氏撤兵后看他是否确守信义，是否实行他所允诺的条件。这些条件是：（一）改组国民党与国民政府，驱逐亲日派，容纳抗日分子；（二）释放上海爱国领袖[4]，释放一切政治犯，保证人民的自由权利；（三）停止"剿共"政策，联合红军抗日；（四）召集各党各派各界各军的救国会议，决定抗日救亡方针；（五）与同情中国抗日的国家建立合作关系；（六）其他具体的救国办法。这些条件的实行，首先需要确守信义，并且需要一些勇气。我们将于蒋氏今后的行动表现中考察之。

然而蒋氏声明中又有西安事变系受"反动派"包围的话。可惜蒋氏没有说明他所谓"反动派"究系一些什么人物，也不知道蒋氏字典中的"反动派"三字作何解释。但是西安事变的发动，确系受下列数种势力的影响：（一）张杨部队及西北革命人民的抗日怒潮的高涨；（二）全国人民的抗日怒潮的高涨；（三）国民党左派势力的发展；（四）各省实力派的抗日救国的要求；（五）共产党的抗日民族统一战线的主张；（六）世界和平阵线的发展。这些都是无可讳言的事实。蒋氏所说的"反动派"，不是别的，就是这些势力，不过人们叫作革命派，蒋氏则叫作"反动派"罢了。蒋氏在西安曾说了将要认真抗日的话，当不至一出西安又肆力攻击革命势力，因为不但信义问题关系蒋氏及其一派的政治生命，而且在实际的政治道路上，在蒋氏及其一派面前横着一种已经膨胀起来而不利于他们的势力，这就是在西安事变中欲置蒋氏于死地的所谓讨伐派。因此，我们劝蒋氏将其政治字典修改一下，将"反动派"三字改为革命派三字，改得名副其实，较为妥当。

蒋氏应当记忆,他之所以能够安然离开西安,除西安事变的领导者张杨二将军之外,共产党的调停,实与有力。共产党在西安事变中主张和平解决,并为此而作了种种努力,全系由民族生存的观点出发。设使内战扩大,张杨长期禁锢蒋氏,则事变的进展徒然有利于日本帝国主义和中国讨伐派。在这种情形下,共产党坚决揭破日本帝国主义和中国讨伐派汪精卫[5]、何应钦[6]等的阴谋,坚决主张和平解决这次事变,这和张杨二将军及宋子文[7]氏等国民党人的主张可谓不谋而合。这就是全国人民的主张,因为现在的内战是人民所痛恶的。

蒋氏已因接受西安条件而恢复自由了。今后的问题是蒋氏是否不打折扣地实行他自己"言必信,行必果"的诺言,将全部救亡条件切实兑现。全国人民将不容许蒋氏再有任何游移和打折扣的余地。蒋氏如欲在抗日问题上徘徊,推迟其诺言的实践,则全国人民的革命浪潮势将席卷蒋氏以去。语曰:"人而无信,不知其可。"[8]蒋氏及其一派必须深切注意。

蒋氏倘能一洗国民党十年反动政策的污垢,彻底地改变他的对外退让、对内用兵、对民压迫的基本错误,而立即走上联合各党各派一致抗日的战线,军事上政治上俱能实际采取救国步骤,则共产党自当给他以赞助。共产党早已于八月二十五日致国民党书中将此种赞助的诺言许给蒋氏和国民党了[9]。共产党的"言必信,行必果",十五年来全国人民早已承认。全国人民信任共产党的言行,实高出于信任国内任何党派的言行。

注　释

〔1〕以张学良为首的国民党东北军和以杨虎城为首的国民党第十七路军,因受中国红军和人民抗日运动的影响,同意中国共产党提出的建立抗日民族统一战线的主张,要求蒋介石联共抗日。蒋加以拒绝,而且更加倒行逆施,积极布置"剿共"军事,下令镇压西安学生的抗日爱国运动。一九三六年十二月十二日,张、杨发动西安事变,扣押了蒋介石。中国共产党坚决支持张、杨的爱国行动,同时主张在团结抗日的基础上和平解决这次事变。十二月二十四日,蒋介石被迫接受联共抗日的条件,随后被释放回南京。

〔2〕指西安事变时南京国民党政府内部主张讨伐张学良、杨虎城的亲日派。这些人以汪精卫、何应钦为首,借西安事变准备发动大规模内战,以便利日本帝国主义的进攻,并乘机夺取蒋介石的统治地位。

〔3〕蒋介石的所谓《对张杨的训词》,是在一九三六年十二月二十六日他由洛阳抵达南京后发表的。

〔4〕上海爱国领袖,指当时在上海领导抗日爱国运动的全国救国会负责人沈钧儒、章乃器、邹韬奋、李公朴、王造时、沙千里、史良等。他们在一九三六年十一月被国民党政府逮捕,到一九三七年七月才被释放。

〔5〕汪精卫是当时国民党中亲日派的首领。从一九三一年九一八事变起,他对于日本帝国主义的侵略,一贯主张妥协。一九三六年十二月西安事变发生后,在国外通电主张对张学良、杨虎城"大张挞伐,迅予围剿";同时立即从德国动身回国,企图夺取南京国民党政府的统治权。西安事变和平解决后,他继续散布降日言论,反对国共合作抗日。参见本卷《论反对日本帝国主义的策略》注〔31〕。

〔6〕何应钦(一八九○——一九八七),贵州兴义人。当时是国民党中亲日派的另一首领。西安事变发生后被南京国民党政府推任为"讨逆总司令"。他积极筹谋掀起内战,部署国民党军队沿陇海路进逼陕西,调派空军轰炸渭南等地,并计划轰炸西安,炸死蒋介石,以便取蒋介石的地位而代之。

〔7〕宋子文为亲美派。由于当时美日两帝国主义在远东争霸的矛盾,他根据美国的利益,对于西安事变,也主张和平解决。

〔8〕见《论语·为政》。

〔9〕这封信对于国民党的反动统治和当时的国民党二中全会,作了义正词严的批判,同时申明了中国共产党关于建立抗日民族统一战线和准备重新建立国共

合作的政策。以下是这封信的主要部分："贵党二中全会所说的'集中统一'，实在未免本末倒置。须知十年以来的内战和不统一，完全是因为贵党和贵党政府依赖帝国主义的误国政策，尤其是'九一八'以来一贯的不抵抗政策造成的。在贵党和贵党政府'攘外必先安内'的口号之下，进行了连年不绝的内战，举行了无数次对于红军的围攻，不遗余力地镇压了全国人民的爱国运动和民主运动。直至最近，还是放弃东北和华北不顾，忘记日本帝国主义是中国的最大敌人，而把一切力量反对红军和从事贵党自己营垒之间的内争，用一切力量拦阻红军的抗日去路，捣乱红军的抗日后方，漠视全国人民的抗日要求，剥夺全国人民的自由权利。爱国有罪，冤狱遍于国中；卖国有赏，汉奸弹冠相庆。以这种错误政策来求集中和统一，真是缘木求鱼，适得其反。我们现在正告诸位先生，如果你们不根本改变自己的错误方针，如果不把仇恨之心放到日本帝国主义身上去，而依旧放在自己同胞身上的话，那末你们即欲勉强维持现状，也是不可能的，集中统一以及所谓'现代国家'的说法，更是完全的空谈。全国人民现在所要的是抗日救国的集中统一，而不是媚外残民的集中统一。全国人民现在热烈要求一个真正救国救民的政府，要求一个真正的民主共和国。全国人民要求一个为他们自己谋利益的民主共和政府。这个政府的主要纲领，必须：第一，是能够抵抗外侮的。第二，是能够给予人民以民主权利的。第三，是能够发展国民经济，减轻以至免除人民生活上的痛苦的。如果要说'现代国家'，这些纲领才是殖民地和半殖民地的中国在现时代所真正要求的。全国人民现在正以热烈的愿望和坚毅的决心，为着实现这样的目标而斗争。而贵党和贵党政府的政策，则与此种全国人民的愿望背道而驰，以此而求人民的信任，是决不可能的。中国共产党和中国红军，今特郑重宣言：我们赞助建立全中国统一的民主共和国，赞助召集由普选权选举出来的国会，拥护全国人民和抗日军队的抗日救国代表大会，拥护全国统一的国防政府。我们宣布：全中国统一的民主共和国建立之时，红色区域即可成为全中国统一的民主共和国的一个组成部分，红色区域人民的代表，将参加全中国的国会，并在红色区域实行和全中国一样的民主制度。我们认为贵党二中全会所决定组织的国防会议，以及贵党和贵党政府正在召集中的国民大会，是不能完成集中统一抗日救亡的任务的。依照贵党二中全会所通过的国防会议条例看来，则国防会议的组织，只限于贵党和贵党政府当权执政的少数官员；国防会议的任务，是仅充贵党政府的咨询机关。这种会议之不能有任何的成就和不能取得人民的任何信任，是十分明显的。而诸位先生所要召集的国民大会，依据贵党政府所通过的《中华民国宪法草案》和《国民大会组织法及代表选举法》看来，也同样地不能有什么成就和不能得到人民的信任，因为这种国民大会仅仅是贵党和贵党政府少数官员们所操纵的机关，是这些官员们的附属品和装饰品。这样的国防会议和国民大会，同本党所主张的全国抗日救国代表大会(即国防会议),中华民主共和国和它的国会,是没有丝毫相同之点的。我们认为抗日救国的国防会议,必须吸收各党各派各界各武装队伍的代表,构成真正能够决定抗日救国大计的权力机关,并从这一会议中产生全国统一的国防政府。而国民大会也必须是全国人民普选出来的国会,是中华民主共和国的最高权力机关。只有这样的国防会议和全国国会,才能是全国人民所欢迎、拥护和参加的,才能把救国救民的伟大事业,放在坚固不拔的基础之上。否则任何好听的名词,均决然无补实际,决然不为全国人民所同意。贵党和贵党政府历来所召集的各种会议的失败,就是最好的明证。贵党二中全会宣言又说:'险阻之来,本可意计,断不因国事之艰虞,而自懈其应尽之职责。''本党对于国家兴亡,必当尽其心思才力,贯彻始终。'诚然,贵党是中国最大部分领土中的统治的政党,一切过去实施的政治责任,不能不由贵党负担。在一党专政的国民党政府之下,国民党决不能逃避其责任。尤其是九一八事变以来,贵党违背全国民意,违背全民族利益,执行了绝对错误的政策,得到了丧失几乎半个中国的结果,这个责任是绝对不能推诿于任何别人的。在我们和全国人民看来,半个中国由贵党而沦亡,决不能不课督贵党以恢复领土主权的责任。同时,贵党中许多有良心的分子,现在也确然憬悟于亡国的可怕和民意的不可侮,而开始了新的转变,开始了对于自己党中祸党祸国分子的愤怒和不满。中国共产党完全同情于这种新的转变,热烈地欢迎这些有爱国心的有良心的中国国民党党员的志气和觉悟,欢迎他们在民族危亡面前愿意牺牲奋斗和勇于革新的精神。我们知道,在贵党中央和各省党部中,中央和各省政府中,在教育界,在科学界,在艺术界,在新闻界,在实业界,在妇女界,在宗教界,在医药界,在警察界,在各种民众团体,尤其在广大的军队、国民党的新旧党员和各级领袖中,实在有很多觉悟和爱国的人士,并且这样的人还在日益增加着,这是非常可喜的现象。中国共产党随时准备着和这些国民党人携手,组织坚固的民族统一战线,去反对全民族的最大敌人——日本帝国主义。我们希望这些国民党员能够在国民党中迅速形成一种支配的势力,去压倒那些不顾民族利益,实际成为日本帝国主义代理人,实际成为亲日汉奸的最坏和最可耻的国民党员——那些侮辱孙中山先生的国民党员,恢复孙中山先生革命的三民主义精神,重振孙中山先生的联俄联共和扶助农工的三大政策,把自己的'心思才力'去'贯彻'革命的三民主义和三大政策的'始终','贯彻'孙中山先生革命遗嘱的'始终'。我们希望他们和全国各党各派各界爱国领袖和爱国人民一道,坚决地担负继承孙中山先生革命事业的责任,坚决地为驱逐日本帝国主义、挽救中国于危亡而斗争,为全国人民的民主权利而斗争,为发展中国国民经济解除最大多数人民的痛苦而斗争,为实现中华民主共和国及其民主国会民主政府而斗争。中国共产党向一切中国国民党人宣言:假如你们真正这样干的时候,我们坚决地赞助你们,我们愿意同你们结成一个坚固的革命的统一战线,如像一九二四年至一九二七年中国伟大的革命时期两党结成反对民族压迫和封建压迫的伟大的统一战线一样,因为这是今日救亡图存的唯一正确的道路。"

中国共产党在抗日时期的任务 *

（一九三七年五月三日）

民族矛盾和国内矛盾的
目前发展阶段

（一）由于中日矛盾成为主要的矛盾、国内矛盾降到次要和服从的地位而产生的国际关系和国内阶级关系的变化，形成了目前形势的新的发展阶段。

（二）中国很久以来就是处在两种剧烈的基本的矛盾中——帝国主义和中国之间的矛盾，封建制度和人民大众之间的矛盾。一九二七年以国民党为代表的资产阶级叛变革命，出卖民族利益于帝国主义，造成了工农政权和国民党政权尖锐对立，以及民族和民主革命的任务不能不由中国共产党单独负担的局面。

（三）一九三一年九一八事变[1]特别是一九三五年华北事变[2]以来的形势，使这些矛盾发生了如下的变化：

甲、由一般帝国主义和中国的矛盾，变为特别突出特别尖锐的日本帝国主义和中国的矛盾。日本帝国主义实行了完全

---

* 这是毛泽东在一九三七年五月二日至十四日在延安召开的中国共产党全国代表会议上的报告。

征服中国的政策。因此,便把若干其他帝国主义和中国的矛盾推入次要的地位,而在这些帝国主义和日本帝国主义之间,扩大了矛盾的裂口。因此,便在中国共产党和中国人民面前提出了中国的抗日民族统一战线和世界的和平阵线相结合的任务。这就是说,中国不但应当和中国人民的始终一贯的良友苏联相联合,而且应当按照可能,和那些在现时愿意保持和平而反对新的侵略战争的帝国主义国家建立共同反对日本帝国主义的关系。我们的统一战线应当以抗日为目的,不是同时反对一切帝国主义。

乙、中日矛盾变动了国内的阶级关系,使资产阶级甚至军阀都遇到了存亡的问题,在他们及其政党内部逐渐地发生了改变政治态度的过程。这就在中国共产党和中国人民面前提出了建立抗日民族统一战线的任务。我们的统一战线是包括资产阶级及一切同意保卫祖国的人们的,是举国一致对外的。这个任务不但必须完成,而且是可能完成的。

丙、中日矛盾变动了全国人民大众(无产阶级、农民和城市小资产阶级)和共产党的情况和政策。人民更大规模地起来为救亡而斗争。共产党发展了在"九一八"后在三个条件(停止进攻革命根据地,保障人民的自由权利,武装人民)下和国民党中愿意同我们合作抗日的部分订立抗日协定的政策,成为建立全民族的抗日统一战线的政策。这就是我党一九三五年八月宣言[3],十二月决议[4],一九三六年五月放弃"反蒋"口号[5],八月致国民党书[6],九月民主共和国决议[7],十二月坚持和平解决西安事变[8],一九三七年二月致国民党三中全会电[9]等等步骤之所由来。

丁、由于帝国主义势力范围政策和中国半殖民地经济状况而来的中国军阀割据和军阀内战，在中日矛盾面前也起了变化。日本帝国主义赞助这种割据和内战，以便利其独占中国。若干其他帝国主义为了它们自己的利益，暂时地赞助中国的统一与和平。中国共产党和中国人民则以极大的努力反对内战与分裂，争取和平与统一。

戊、中日民族矛盾的发展，在政治比重上，降低了国内阶级间的矛盾和政治集团间的矛盾的地位，使它们变为次要和服从的东西。但是国内阶级间的矛盾和政治集团间的矛盾本身依然存在着，并没有减少或消灭。中国和日本以外其他帝国主义国家之间的矛盾亦然。因此，就在中国共产党和中国人民面前提出了下列的任务：适当地调整国内国际在现时可能和必须调整的矛盾，使之适合于团结抗日的总任务。这就是中国共产党要求和平统一、民主政治、改良生活及与反对日本的外国进行谈判种种方针之所由来。

（四）从一九三五年十二月九日开始的中国革命新时期[10]的第一阶段，至一九三七年二月国民党三中全会[11]时，告一段落。此阶段内的重大事变，是学生界、文化界、舆论界的救亡运动，红军的进入西北，共产党的抗日民族统一战线政策的宣传和组织工作，上海和青岛的反日罢工[12]，英国对日政策之趋向比较的强硬[13]，两广事变[14]，绥远战争和援绥运动[15]，南京在中日谈判中的比较强硬的态度[16]，西安事变，最后是南京国民党的三中全会。这些事变，统统都是围绕着中国和日本对立这一基本矛盾的，都是直接围绕着建立抗日民族统一战线这个历史要求的。这一阶段的革命基本任务，是争取国内和平,停止国内的武装冲突,以便团结一致,共同抗日。共产党在此阶段内提出了"停止内战,一致抗日"的号召,这一号召是基本上实现了,这就构成了抗日民族统一战线实际组成上的第一个必要条件。

(五)国民党的三中全会,由于其内部有亲日派的存在,没有表示它的政策的明确和彻底的转变,没有具体地解决问题。然而由于人民的逼迫和国民党内部的变动,国民党不能不开始转变它过去十年的错误政策,这即是由内战、独裁和对日不抵抗的政策,向着和平、民主和抗日的方向转变,而开始接受抗日民族统一战线政策,这种初步转变,在国民党三中全会上是表现出来了。今后的要求是国民党政策的彻底转变。这就需要我们和全国人民更大地发展抗日和民主的运动,进一步地批评、推动和督促国民党,团结国民党内的主张和平、民主、抗日的分子,推动动摇犹豫分子,排除亲日分子,才能达到目的。

(六)目前的阶段,是新时期的第二个阶段。前一阶段和这一阶段都是走上全国性对日武装抗战的过渡阶段。如果前一阶段的任务主要地是争取和平,则这一阶段的任务主要地是争取民主。必须知道,为了建立真正的坚实的抗日民族统一战线,没有国内和平固然不行,没有国内民主也不行。所以争取民主,是目前发展阶段中革命任务的中心一环。看不清民主任务的重要性,降低对于争取民主的努力,我们将不能达到真正的坚实的抗日民族统一战线的建立。

为民主和自由而斗争

（七）对于中国本部的侵略，日本帝国主义正在加紧准备着。和希特勒、墨索里尼在西方加紧准备的强盗战争相呼应，日本在东方正在用尽一切气力在确定的步骤上准备一举灭亡中国的条件——国内军事的、政治的、经济的、思想的条件，国际外交条件，中国亲日势力的扶植。所谓"中日提携"的宣传和某些外交步骤的缓和，正是出于战争前夜日本侵略政策的战术上的必要。中国正迫近着判定自己存亡的关头，中国的救亡抗战，必须用跑步的速度去准备。我们并不反对准备，但反对长期准备论，反对文恬武嬉饱食终日的亡国现象，这些都是实际上帮助敌人的，必须迅速地清除干净。

（八）政治上、军事上、经济上、教育上的国防准备，都是救亡抗战的必需条件，都是不可一刻延缓的。而争取政治上的民主自由，则为保证抗战胜利的中心一环。抗战需要全国的和平与团结，没有民主自由，便不能巩固已经取得的和平，不能增强国内的团结。抗战需要人民的动员，没有民主自由，便无从进行动员。没有巩固的和平与团结，没有人民的动员，抗战的前途便会蹈袭阿比西尼亚[17]的覆辙。阿比西尼亚主要地是因为封建制度的统治，不能巩固内部的团结，不能发动人民的积极性，所以失败了。中国真正的坚实的抗日民族统一战线的建立及其任务的完成，没有民主是不行的。

（九）中国必须立即开始实行下列两方面的民主改革。第一方面，将政治制度上国民党一党派一阶级的反动独裁政体，改变为各党派各阶级合作的民主政体。这方面,应从改变国民大会的选举和召集上违反民主的办法,实行民主的选举和保证大会的自由开会做起,直到制定真正的民主宪法,召集真正的民主国会,选举真正的民主政府,执行真正的民主政策为止。只有这样做,才能真正地巩固国内和平,停止国内的武装敌对,增强国内的团结,以便举国一致抗御外敌。可能有这种情况发生,不待我们改革完毕,日本帝国主义的进攻就到来了。因此,为着随时能够抵抗日本的进攻并彻底地战胜之,我们必须迅速地进行改革,并准备在抗战的过程中进到彻底改革的程度。全国人民及各党派的爱国分子,必须抛弃过去对于国民大会和制定宪法问题的冷淡,而集中力量于这一具体的带着国防意义的国民大会运动和宪法运动,严厉地批判当权的国民党,推动和督促国民党放弃其一党派一阶级的独裁,而执行人民的意见。今年的几个月内,全国必须发起一个广大的民主运动,这运动的当前目标,应当放在国民大会和宪法的民主化的完成上。第二方面,是人民的言论、集会、结社自由。没有这种自由,就不能实现政治制度的民主改革,就不能动员人民进入抗战,取得保卫祖国和收复失地的胜利。当前几个月内,全国人民的民主运动,必须争取这一任务的某种最低限度的完成,释放政治犯、开放党禁等等,都包括在内。政治制度的民主改革和人民的自由权利,是抗日民族统一战线纲领上的重要部分,同时也是建立真正的坚实的抗日民族统一战线的必要条件。

（一〇）我们的敌人——日本帝国主义、中国汉奸、亲日派、托洛茨基派[18],对于中国的和平统一、民主自由和对日抗战的每一个步骤,都竭尽全力来破坏。当我们过去力争和平统一的时候,他们就竭力挑拨内战和分裂。当我们现在和最近将来力争民主自由的时候,他们无疑地又要来破坏。其总目标,就在使我们保卫祖国的抗战任务不能成功,而使他们灭亡中国的侵略计划达到目的。今后在争取民主自由的斗争中,不但要向国民党顽固派和人民中的落后成分努力做宣传鼓动和批评的工作,而且要针对着日本帝国主义以及充任日本侵华走狗的亲日派和托洛茨基派的阴谋,作尽量的揭破和坚决的斗争。

(一)为了和平、民主和抗战,为了建立抗日的民族统一战线,中国共产党曾在致国民党三中全会电中向他们保证下列四项:(1)共产党领导的陕甘宁革命根据地的政府改名为中华民国特区政府,红军改名为国民革命军,受南京中央政府及军事委员会的指导;(2)在特区政府区域内,实行彻底的民主制度;(3)停止武力推翻国民党的方针;(4)停止没收地主的土地。这些保证,是必需的和许可的。因为只有如此,才能根据民族矛盾和国内矛盾在政治比重上的变化而改变国内两个政权敌对的状态,团结一致,共同赴敌。这是一种有原则有条件的让步,实行这种让步是为了去换得全民族所需要的和平、民主和抗战。然而让步是有限度的。在特区和红军中共产党领导的保持,在国共两党关系上共产党的独立性和批评自由的保持,这就是让步的限度,超过这种限度是不许可的。让步是两党的让步:国民党抛弃内战、独裁和对外不抵抗政策,共产党抛弃两个政权敌对的政策。我们以后者换得前者,重新与国民党合作,为救亡而奋斗。如果说这是共产党的投降,那只是阿Q主义[19]和恶意的污蔑。

　　(一二)共产党是否同意三民主义?我们的答复:是同意的[20]。三民主义有它的历史变化。孙中山先生的革命的三民主义,曾经因为孙先生与共产党合作加以坚决执行而取得人民的信仰,成为一九二四年至一九二七年的胜利的革命的旗帜。但是一九二七年国民党排斥共产党(清党运动[21]和反共战争),实行相反的政策,招致革命的失败,陷民族于危险的地位,于是三民主义也就失去了人民的信仰。现在民族危机极端严重,国民党已不能照旧不变地统治下去,因而全国人民和国民党中的爱国分子,又有两党合作的迫切要求。因此,重新整顿三民主义的精神,在对外争取独立解放的民族主义、对内实现民主自由的民权主义和增进人民幸福的民生主义之下,两党重新合作,并领导人民坚决地实行起来,是完全适合于中国革命的历史要求,而应为每一个共产党员所明白认识的。共产党人决不抛弃其社会主义和共产主义的理想,他们将经过资产阶级民主革命的阶段而达到社会主义和共产主义的阶段。中国共产党有自己的政治经济纲领。其最高的纲领是社会主义和共产主义,这是和三民主义有区别的。其在民主革命时期的纲领,亦比国内任何党派为彻底。但是共产党的民主革命纲领,与国民党第一次全国代表大会所宣布的三民主义的纲领,基本上是不相冲突的。因此,我们不但不拒绝三民主义,而且愿意坚决地实行三民主义,而且要求国民党和我们一道实行三民主义,而且号召全国人民实行三民主义。我们认为,共产党、国民党、全国人民,应当共同一致为民族独立、民权自由、民生幸福这三大目标而奋斗。

　　(一三)我们过去的工农民主共和国的口号是否错了呢?没有错的。资产阶级尤其是大资产阶级既然退出革命,而且投靠帝国主义和封建势力,变为人民的敌人,则革命的动力便只剩下了无产阶级、农民和城市中的小资产阶级;革命的政党,便只剩下了共产党;革命的组织责任,便不得不落在唯一的革命政党共产党的肩上。仅仅共产党继续高举革命的旗帜,保持革命的传统,提出工农民主共和国的口号,且为此口号而艰苦奋斗了许多年。工农民主共和国的口号,不是违背资产阶级民主革命任务的,而是坚决地执行资产阶级民主革命任务的。我们在实际斗争中没有一项政策不适合这种任务。我们的政策,包括没收地主土地和实行八小时工作制在内,并没有超出资本主义范畴内私有财产制的界限以外,并没有实行社会主义。新的民主共和国所包括的成分是什么呢? 它包括无产阶级、农民、城市小资产阶级、资产阶级及一切国内同意民族和民主革命的分子,它是这些阶级的民族和民主革命的联盟。这里的特点是包括了资产阶级,这是因为资产阶级在今天的环境下,又有重新参加抗日的可能,所以无产阶级政党不应该拒绝他们,而应该招致他们,恢复和他们共同斗争的联盟,以利于中国革命的前进。为了停止国内的武装冲突,共产党愿意停止使用暴力没收地主土地的政策,而准备在新的民主共和国建设过程中,用立法和别的适当方法去解决土地问题。中国土地属于日本人,还是属于中国人,这是首先待解决的问题。既是在保卫中国的大前提之下来解决农民的土地问题,那末,由暴力没收方法转变到新的适当方法,就是完全必要的。

　　工农民主共和国口号,过去的提出和今天的放弃,都是正确的。

（一四）为了建立民族统一战线共同对敌，国内的某些矛盾，必须给予适当的解决，其原则是应当有助于抗日民族统一战线的增强和扩大，而不是使其削弱和缩小。在民主革命阶段内，国内阶级间、党派间、政治集团间的矛盾和斗争是无法避免的，但是可以而且应该停止那些不利于团结抗日的斗争（国内战争，党派敌对，地方割据，一方面封建的政治压迫和经济压迫，一方面暴动政策和不利于抗日的过高的经济要求等等），而保存那些有利于团结抗日的斗争（批评的自由，党派的独立性，人民政治条件和经济条件的改善等等）。

（一五）在为抗日民族统一战线和统一的民主共和国而斗争的总任务之下，红军和抗日根据地的任务是：（1）使红军适合抗日战争的情况，应即改组为国民革命军，并将军事的政治的文化的教育提高一步，造成抗日战争中的模范兵团。（2）根据地改为全国的一个组成部分，实行新条件下的民主制度，重新编制保安部队，肃清汉奸和捣乱分子，造成抗日和民主的模范区。（3）在此区域内实行必要的经济建设，改善人民的生活状况。（4）实行必要的文化建设。

我们的领导责任

（一六）在某种历史环境能够参加反对帝国主义和反对封建制度的中国资产阶级，由于它在经济上政治上的软弱性，在另一种历史环境就要动摇变节，这一规律，在中国历史上已经证明了。因此，中国反帝反封建的资产阶级民主革命的任务，历史已判定不能经过资产阶级的领导,而必须经过无产阶级的领导,才能够完成。并且只有充分发扬无产阶级在民主革命中的坚持性和彻底性,才能克服资产阶级的那种先天的动摇性和不彻底性,而使革命不至于流产。使无产阶级跟随资产阶级呢,还是使资产阶级跟随无产阶级呢? 这个中国革命领导责任的问题,乃是革命成败的关键。一九二四年至一九二七年的经验,表明了当资产阶级追随着无产阶级的政治领导的时候,革命是如何地前进了;及至无产阶级(由共产党负责)在政治上变成了资产阶级的尾巴的时候[22],革命又是如何地遭到了失败。这种历史不应当重复了。依现时的情况说来,离开了无产阶级及其政党的政治领导,抗日民族统一战线就不能建立,和平民主抗战的目的就不能实现,祖国就不能保卫,统一的民主共和国就不能成功。在今天,以国民党为代表的资产阶级还带着很多的被动性和保守性,对于共产党发起的抗日民族统一战线,在长久的时期中表示不敢接受,就是证据。这种情况,加重了无产阶级及其政党的政治领导责任。抗日救国的总参谋部的职务,共产党是责无旁贷和义不容辞的。

　　(一七)无产阶级怎样经过它的政党实现对于全国各革命阶级的政治领导呢? 首先,是根据历史发展行程提出基本的政治口号,和为了实现这种口号而提出关于每一发展阶段和每一重大事变中的动员口号。例如我们提出了"抗日民族统一战线"和"统一的民主共和国"这样的基本口号,又提出了"停止内战"、"争取民主"、"实现抗战"的口号,作为全国人民一致行动的具体目标,没有这种具体目标,是无所谓政治领导的。第二,是按照这种具体目标在全国行动起来时,无产阶级,特别是它的先锋队——共产党,应该提起自己的无限的积极性和忠诚,成为实现这些具体目标的模范。在为抗日民族统一战线和民主共和国的一切任务而奋斗时,共产党员应该作到最有远见,最富于牺牲精神,最坚定,而又最能虚心体会情况,依靠群众的多数,得到群众的拥护。第三,在不失掉确定的政治目标的原则上,建立与同盟者的适当的关系,发展和巩固这个同盟。第四,共产党队伍的发展,思想的统一性,纪律的严格性。共产党对于全国人民的政治领导,就是由执行上述这些条件去实现的。这些条件是保证自己的政治领导的基础,也就是使革命获得彻底的胜利而不被同盟者的动摇性所破坏的基础。

(一八)和平实现与两党合作成立之后,过去在两个政权敌对路线下的斗争方式、组织方式和工作方式,应当有所改变。这种改变,主要是从武装的转到和平的,非法的转到合法的。这种转变是不容易的,需要重新学习。重新训练干部,成为主要的一环。

(一九)关于民主共和国的性质和前途的问题,许多同志已提出来了。我们的答复是:其阶级性是各革命阶级的联盟,其前途可能是走向社会主义。我们的民主共和国,是在执行民族抗战任务的过程中建立起来的,是在无产阶级领导之下建立起来的,是在国际新环境之下(苏联社会主义的胜利,世界革命新时期的前夜)建立起来的。因此,按照社会经济条件,它虽仍是资产阶级民主主义性质的国家,但是按照具体的政治条件,它应该是一个工农小资产阶级和资产阶级联盟的国家,而不同于一般的资产阶级共和国。因此,它的前途虽仍然有走上资本主义方向的可能,但是同时又有转变到社会主义方向的可能,中国无产阶级政党应该力争这后一个前途。

（二〇）向关门主义和冒险主义、同时又向尾巴主义作斗争,是执行党的任务的必要的条件。我们党在民众运动中,有严重的关门主义、高慢的宗派主义和冒险主义的传统倾向,这是一个妨碍党建立抗日民族统一战线和争取多数群众的恶劣的倾向。在每一个具体的工作中肃清这个倾向是完全必要的。我们的要求是依靠多数和照顾全局。陈独秀尾巴主义的复活是不能容许的,这是资产阶级改良主义在无产阶级队伍中的反映。降低党的立场,模糊党的面目,牺牲工农利益去适合资产阶级改良主义的要求,将必然引导革命趋于失败。我们的要求是实行坚决的革命政策,争取资产阶级民主革命的彻底胜利。为了达到克服上述这些不良倾向的目的,在全党中提高马克思列宁主义的理论水平是完全必要的,因为只有这种理论,才是引导中国革命走向胜利的指南针。

注　释

〔1〕见本卷《论反对日本帝国主义的策略》注〔4〕。

〔2〕华北事变指一九三五年日本帝国主义侵略华北和以蒋介石为首的国民党政府出卖华北主权的一连串事件。这一年五月,日本帝国主义向国民党政府提出了对华北统治权的无理要求;国民党政府在华北的代表何应钦开始与日方会商。七月六日,何应钦正式致函日本华北驻屯军司令官梅津美治郎,接受了日方要求,这就是所谓"何梅协定"。六月二十七日,国民党察哈尔省政府代理主席秦德纯与日本沈阳特务机关长土肥原以换文方式达成协议,通称"秦土协定"。按照这些协定,中国在河北和察哈尔(现在分属河北、山西两省)的主权大部丧失。随后,日本帝国主义更策动汉奸制造所谓"华北五省自治运动",企图使河北、察哈

尔、绥远（现属内蒙古自治区）、山东、山西五省脱离中国政府的管辖。十月，日本帝国主义在河北省香河县指使汉奸暴动，一度占领了县城。十一月，汉奸殷汝耕在通县成立所谓"冀东防共自治委员会"（一个月后改称"冀东防共自治政府"）。十二月，国民党政府指派宋哲元等成立"冀察政务委员会"，以适应日本帝国主义关于"华北政权特殊化"的要求。

〔3〕这是指一九三五年八月一日中国共产党驻共产国际代表团以中国苏维埃中央政府、中国共产党中央委员会名义发表的《为抗日救国告全体同胞书》，通称"八一宣言"。这个宣言的要点是："今当我亡国灭种大祸迫在眉睫之时，共产党再一次向全体同胞呼吁：无论各党派间在过去和现在有任何政见和利害的不同，无论各界同胞间有任何意见上或利益上的差异，无论各军队间过去和现在有任何敌对行动，大家应当有'兄弟阋于墙外御其侮'的真诚觉悟，首先大家都应当停止内战，以便集中一切国力（人力、物力、财力、武力等）去为抗日救国的神圣事业而奋斗。共产党特再一次郑重宣言：只要国民党军队停止进攻红军的行动，只要任何部队实行对日抗战，不管过去和现在他们与红军之间有任何旧仇宿怨，不管他们与红军之间在对内问题上有何分歧，红军不仅立刻对之停止敌对行为，而且愿意与之亲密携手共同救国。""共产党愿意作成立这种国防政府的发起人，共产党愿意立刻与中国一切愿意参加抗日救国事业的各党派，各团体（工会、农会、学生会、商会、教育会、新闻记者联合会、教职员联合会、同乡会、致公堂、民族武装自卫会、反日会、救国会等等），各名流学者，政治家，以及一切地方军政机关，进行谈判共同成立国防政府问题。谈判结果所成立的国防政府，应该作为救亡图存的临时领导机关。这种国防政府，应当设法召集真正代表全体同胞（由工农军政商学各界，一切愿意抗日救国的党派和团体，以及国外侨胞和中国境内各民族，在民主条件下选出的代表）的代表机关，以便更具体地讨论关于抗日救国的各种问题。共产党绝对尽力赞助这一全民代表机关的召集，并绝对执行这一机关的决议。""抗日联军应由一切愿意抗日的部队合组而成。在国防政府领导之下，组成统一的抗日联军总司令部。这种总司令部或由各军抗日长官及士兵选出代表组成，或由其他形式组成，也由各方代表及全体人民公意而定。红军绝对首先加入联军，以尽抗日救国的天职。为了使国防政府真能担当起国防重任，为了使抗日联军真能担负起抗日重责，共产党号召全体同胞：有钱的出钱，有枪的出枪，有粮的出粮，有力的出力，有专门技能的贡献专门技能，以便我全体同胞总动员，并用一切新旧式武器，武装起千百万民众来。"

〔4〕这是指一九三五年十二月中共中央在陕北瓦窑堡举行政治局会议期间，于二十五日通过的《关于目前政治形势与党的任务决议》。这个决议全面地分析了当时国内外的形势和阶级关系的变化，批判了成为当时党内主要危险的关门主

义,确定了建立抗日民族统一战线的策略方针。下面是这个决议的一部分:"目前的形势告诉我们,日本帝国主义并吞中国的行动,震动了全中国与全世界。中国政治生活中的各阶级、阶层、政党以及武装势力,重新改变了与正在改变着它们之间的相互关系。民族革命战线与民族反革命战线是在重新改组中。因此,党的策略路线,是在于发动、团结与组织全中国全民族一切革命力量去反对当前主要的敌人——日本帝国主义与卖国贼头子蒋介石。不论什么人,什么派别,什么武装队伍,什么阶级,只要是反对日本帝国主义与卖国贼蒋介石的,都应该联合起来开展神圣的民族革命战争,驱逐日本帝国主义出中国,打倒日本帝国主义的走狗在中国的统治,取得中华民族的彻底解放,保持中国的独立与领土的完整。只有最广泛的反日民族统一战线(下层的与上层的),才能战胜日本帝国主义与其走狗蒋介石。当然,不同的个人,不同的团体,不同的社会阶级与阶层,不同的武装队伍,他们参加反日的民族革命,各有他们不同的动机与立场。有的是为了保持他们原有的地位,有的是为了要争取运动的领导权使运动不至超出他们所容许的范围之外,有的真是为了中华民族的彻底解放。正因为他们的动机与立场各有不同,有的在斗争开始时就要动摇叛变的,有的会在中途消极或退出战线的,有的愿意奋斗到底的。但是,我们的任务,是在不但要团结一切可能的反日的基本力量,而且要团结一切可能的反日同盟者,是在使全国人民有力出力,有钱出钱,有枪出枪,有知识出知识,不使一个爱国的中国人不参加到反日的战线上去。这就是党的最广泛的民族统一战线策略的总路线。只有按照这种路线,我们才能动员全国人民的力量去对付全国人民的公敌:日本帝国主义与卖国贼蒋介石。中国工人阶级与农民,依然是中国革命的基本动力。广大的小资产阶级群众,革命的知识分子,是民族革命中最可靠的同盟者。工农小资产阶级的坚固联盟,是战胜日本帝国主义与汉奸卖国贼的基本力量。一部分民族资产阶级与军阀,不管他们怎样不同意土地革命与红色政权,在他们对于反日反汉奸卖国贼的斗争采取同情,或善意中立,或直接参加之时,对于反日战线的开展都是有利的。因为这就使他们离开了总的反革命力量,而扩大了总的革命力量。为达到此目的,党应该采取各种适当的方法与方式,争取这些力量到反日战线中来。不但如此,即在地主买办阶级营垒中间,也不是完全统一的,由于中国过去是许多帝国主义互相竞争的结果,产生了各国帝国主义在中国的互相竞争的卖国贼集团,他们中间的矛盾与冲突,党亦应使用许多的办法使某些反革命力量暂时处于不积极的反对反日战线的地位。对于日本帝国主义以外的其他帝国主义的策略也是如此。党在发动团结与组织全中国人民的力量以反对全中国人民的公敌时,应该坚决不动摇地同反日统一战线内部一切动摇、妥协、投降与叛变的倾向做斗争。一切破坏中国人民反日运动者,都是汉奸卖国贼,应该群起而攻之。共产党应该以自己彻底的正确的反日反汉奸卖国贼的言论与行动去取得自己在反日战线中的领导权。也只有在共产党领导之下,反日运动才能得到彻底的胜利。对反日战争中的广大民众,应该满足他们基本利益的要求(农民的土地要求,工人、士兵、贫民、知识分子等改良生活待遇的要求)。只有满足了他们的要求,才能动员更广大的群众走进反日的阵地上去,才能使反日运动得到持久性,才能使运动走到彻底的胜利。也只有如此,才能取得党在反日战争中的领导权。"

〔5〕见一九三六年五月五日中国红军要求南京政府停战议和一致抗日的通电。中国共产党在这个通电中开始放弃"反蒋"口号。通电内容如下:"南京国民政府军事委员会,全体海陆空军,全国各党、各派、各团体、各报馆,一切不愿意当亡国奴的同胞们:自从中国红军革命军事委员会组织中国人民红军抗日先锋军渡河东征以来,所向皆捷,全国响应。但正当抗日先锋军占领同蒲铁路,积极准备东出河北与日本帝国主义直接作战之时,蒋介石氏竟以十师以上兵力开入山西,协同阎锡山氏阻拦红军抗日去路,并命令张学良杨虎城两氏及陕北军队向陕甘红色区域挺进,扰乱我抗日后方。中国人民红军抗日先锋军,本当集中全力消灭蒋氏拦阻抗日去路的部队,以达到对日直接作战之目的。但红军革命军事委员会一再考虑,认为国难当前,双方决战,不论胜负属谁,都是中国国防力量的损失,而为日本帝国主义所称快。且在蒋介石、阎锡山两氏的部队中,不少愿意停止内战、一致抗日的爱国军人,目前接受两氏的命令,拦阻红军抗日去路,实系违反自己良心的举动。因此,红军革命军事委员会为了保存国防实力,以便利于迅速进行抗日战争,为了坚决履行我们每次向国人宣言停止内战、一致抗日的主张,为了促进蒋介石氏及其部下爱国军人们的最后觉悟,故虽在山西取得了许多胜利,仍然将人民抗日先锋军撤回黄河西岸。以此行动向南京政府、全国海陆空军、全国人民表示诚意,我们愿意在一个月内与所有一切进攻抗日红军的武装队伍,实行停战议和,以达到停战抗日的目的。红军革命军事委员会特慎重地向南京政府诸公进言,在亡国灭种紧急关头,理应翻然改悔,以'兄弟阋于墙外御其侮'的精神,在全国范围、首先在陕甘晋停止内战,双方互派代表磋商抗日救亡的具体办法。此不仅诸公之幸,实亦民族国家之福。如仍执迷不悟,甘为汉奸卖国贼,则诸公的统治,必将最后瓦解,必将为全国人民所唾弃所倾覆。语云:'千夫所指,无疾而死。'又云:'放下屠刀,立地成佛。'愿诸公深思熟虑之。红军革命军事委员会更号召全国凡属不愿意做亡国奴的团体、党派、人民,赞助我们停战议和、一致抗日的主张,组织停止内战促进会,派遣代表隔断双方火线,督促并监视这一主张的完全实现。"

〔6〕见本卷《关于蒋介石声明的声明》注〔9〕。

〔7〕指一九三六年九月十七日中共中央通过的《关于抗日救亡运动的新形势与民主共和国的决议》。一九三五年十二月中共中央政治局会议通过的《关于目前

政治形势与党的任务决议》和毛泽东的《论反对日本帝国主义的策略》的报告,提出了人民共和国的口号。随后,根据情况的需要,中国共产党采取了逼蒋抗日的政策,估计人民共和国这个口号不会为蒋介石集团所接受,于是在一九三六年八月致国民党信中,改用了民主共和国的口号。接着又在同年九月十七日中共中央通过的决议中,对于民主共和国的口号作了具体的说明。两个口号形式上虽有不同,实质上却是一致的。下面是一九三六年九月十七日中共中央通过的决议中关于民主共和国问题的两节:"中央认为在目前形势之下,有提出建立民主共和国口号的必要,因为这是团结一切抗日力量来保障中国领土完整和预防中国人民遭受亡国灭种的惨祸的最好方法,而且这也是从广大人民的民主要求产生出来的最适当的统一战线的口号。民主共和国是较之一部分领土上的工农民主专政制度在地域上更普及的民主,较之全中国主要地区上国民党的一党专政大大进步的政治制度,因此便更能保障抗日战争的普遍发动与彻底胜利。同时,民主共和国不但能够使全中国最广大的人民群众参加到政治生活中来,提高他们的觉悟程度与组织力量,而且也给中国无产阶级及其首领共产党为着将来的社会主义的胜利而斗争以自由活动的舞台。因此,中国共产党宣布:积极赞助民主共和国运动。并且宣布:民主共和国在全中国建立、依据普选的国会实行召集之时,红色区域即将成为它的一个组成部分,红色区域人民将选派代表参加国会,并将在红色区域内完成同样的民主制度。""中央着重指出:只有继续开展全中国人民的抗日救亡运动,扩大各党各派各界各军的抗日民族统一战线,加强中国共产党在民族统一战线中的政治领导作用,极大地巩固红色政权与红军,同一切丧权辱国及削弱民族统一战线力量的言论行动进行坚决的斗争,我们才能推动国民党南京政府走向抗日,才能给民主共和国的实现准备前提。没有艰苦的持久的斗争,没有全中国人民的发动与革命的高涨,民主共和国的实现是不可能的。中国共产党在为民主共和国而斗争的过程中,应该使这个民主共和国从实行本党所提出的抗日救国十大纲领开始,一直到中国资产阶级民主革命的基本任务彻底的完成。"

〔8〕参见本卷《关于蒋介石声明的声明》注〔1〕。

〔9〕这个电报于一九三七年二月十日发出,内容如下:"中国国民党三中全会诸先生鉴:西安问题和平解决,举国庆幸,从此和平统一团结御侮之方针得以实现,实为国家民族之福。当此日寇猖狂,中华民族存亡千钧一发之际,本党深望贵党三中全会,本此方针,将下列各项定为国策:(一)停止一切内战,集中国力,一致对外;(二)保障言论、集会、结社之自由,释放一切政治犯;(三)召集各党各派各界各军的代表会议,集中全国人材,共同救国;(四)迅速完成对日抗战之一切准备工作;(五)改善人民的生活。如贵党三中全会果能毅然决然确定此国策,则本党为着表示团结御侮之诚意,愿给贵党三中全会以如下之保证:(一)在全国范围内停

止推翻国民政府之武装暴动方针;(二)工农民主政府改名为中华民国特区政府,红军改名为国民革命军,直接受南京中央政府与军事委员会之指导;(三)在特区政府区域内,实行普选的彻底民主制度;(四)停止没收地主土地之政策,坚决执行抗日民族统一战线之共同纲领。"

〔10〕参见本卷《论反对日本帝国主义的策略》注〔8〕。

〔11〕指在西安事变和平解决后,一九三七年二月十五日至二十二日在南京举行的国民党第五届中央执行委员会第三次全体会议。会议主要商讨对中国共产党和对日本的政策。迫于全国人民停止内战、一致抗日的要求,会议实际上接受了国共两党合作抗日的政策,确定了和平统一、修改选举法、扩大民主、释放政治犯等原则。

〔12〕一九三六年十一月八日,上海的日本纱厂工人开始罢工。参加这次罢工的,先后共达四万五千余人。罢工坚持二十天左右,获得胜利。日本资本家被迫同意自十一月份起增加工资百分之五,不无故开除工人,不打骂工人,等等。十一月十九日,青岛的日本纱厂工人,为响应上海工人的斗争,也开始罢工。十二月三日,日本海军陆战队在青岛登陆,罢工工人遭到镇压。

〔13〕一九三三年日本帝国主义侵占山海关进入华北以后,特别是自一九三五年《何梅协定》以后,英美帝国主义在华北华中的利益,直接受到日本帝国主义的打击,因此,英美就开始改变对于日本的态度,并且给国民党政府的对日政策以影响。一九三六年西安事变发生的时候,英国曾经主张拒绝日本所提出的不利于英国在华利益的要求,甚至表示只要国民党政府还能够继续统治中国人民,就不妨和"共产党采取某种形式的联合",以便打击日本企图独占全中国的政策。

〔14〕广东地方实力派陈济棠和广西地方实力派李宗仁、白崇禧等在一九三六年六月间发表通电,宣布"北上抗日",联合起来反对蒋介石。蒋介石用分化利诱等手段,收买了陈济棠的军队。七月,陈济棠被迫下台。九月,李宗仁、白崇禧同蒋介石达成协议,事变和平解决。

〔15〕一九三六年七月底至八月初,日本侵略军和伪蒙军向绥远(现划归内蒙古自治区)东北部进攻,当地驻军傅作义所部在全国人民抗日救亡运动的推动下,奋起抗战,击退这次进犯。十一月,日伪军发动更大规模的进攻,当地驻军再次进行抵抗。全国人民开展援绥运动,组织后援会和战区服务团,并且募集款项、棉衣等支援前线。在全国人民的支援下,绥远的中国驻军击溃了日伪军,收复了当时日伪军在绥北的主要基地百灵庙。

〔16〕一九三六年,由于中国人民抗日潮流的压力和英美同日本争夺中国的矛盾日益尖锐,南京国民党政府对于日本帝国主义的侵略采取了比较强硬的态度。这一年的三月,国民党政府外交部长同日本驻华大使举行会谈,最后发表共同公

告,宣布双方意见"未能全部一致"。在同年九月至十二月的中日谈判中,国民党政府又采用拖延的办法,使谈判未获结果而停顿。

〔17〕阿比西尼亚,即埃塞俄比亚。

〔18〕参见本卷《论反对日本帝国主义的策略》注〔33〕。抗日战争时期,托派在宣传上主张抗日,但是攻击中国共产党的抗日民族统一战线政策。把托派与汉奸相提并论,是由于当时在共产国际内流行着中国托派与日本帝国主义间谍组织有关的错误论断所造成的。

〔19〕阿Q是中国伟大作家鲁迅的著名小说《阿Q正传》中的主角。他的突出特点是习惯于用自己安慰自己的方法,在任何情形下都自以为是胜利者即"精神胜利"者。阿Q主义就是指这种"精神上的胜利法"。

〔20〕这里所说的三民主义,是指孙中山在《中国国民党第一次全国代表大会宣言》中所重新解释的三民主义。中国共产党在资产阶级民主革命阶段中同意孙中山重新解释的三民主义中革命的民族主义、民权主义和民生主义这三个政治原则,但并不同意他所代表的资产阶级和小资产阶级的宇宙观或理论体系。参见本书第二卷《新民主主义论》第九节和第十节。

〔21〕一九二四年,孙中山在共产党人的帮助下,将国民党改组成各阶级的民主革命的联盟。当时,中国共产党的许多党员曾以个人名义参加国民党。一九二七年蒋介石、汪精卫相继叛变革命以后,在全国各地屠杀共产党人以及国民党内许多真正拥护孙中山三大政策的左派分子,他们称之为"清党运动"。从此,国民党基本上变成代表大地主大资产阶级的反动集团。

〔22〕这里是指一九二七年上半年陈独秀右倾投降主义的领导所造成的情况。

为争取千百万群众
进入抗日民族统一战线而斗争 *

（一九三七年五月八日）

同志们！对于我的报告——《中国共产党在抗日时期的任务》，经这几天的讨论，除了个别同志提出了不同意见之外，大家都已表示同意。他们这些不同的意见，颇带重要性，因此我的结论，首先就来讨论这些意见，然后再说到一些其他的问题。

和 平 问 题

我们党为国内和平而斗争，差不多有两年的时间了。国民党三中全会[1]后，我们说和平已经取得，"争取和平"的阶段已经过去，新的任务是"巩固和平"，并指出这是同"争取民主"相关联的——用争取民主去巩固和平。我们的这种意见，按照几个同志的说法却不能成立。他们的结论必是相反的，或者是动摇于两者之间的。因为他们说："日本后退了[2]，南京更动摇了，民族矛盾下降，国内矛盾上升。"根据这种估计，当然无所谓新阶段和新任务，情况回到旧阶段，或者还不如。

---

* 这是毛泽东在一九三七年五月二日至十四日在延安召开的中国共产党全国代表会议上所作的结论。

这种意见,我以为是不对的。

我们说和平取得了,并不是说和平巩固了,相反,我们说它是不巩固的。和平实现与和平巩固是两件事。历史暂时地走回头路是可能的,和平发生波折是可能的,原因就在于日本帝国主义和汉奸亲日派的存在。然而西安事变[3]后和平实现是事实,这种情况是由多方面促成的(日本进攻的基本方针,苏联和英美法的赞助和平,中国人民的逼迫,共产党在西安事变中的和平方针及停止两个政权敌对的政策,资产阶级的分化,国民党的分化等等),不是蒋介石一个人所能决定和推翻的。要推翻和平必须同多方面势力作战,并且必须同日本帝国主义和亲日派靠拢,才能成功。没有问题,日本帝国主义和亲日派还在企图使中国继续内战。和平没有巩固,正是因为这一点。在这种情况下,我们的结论不是回到“停止内战”或“争取和平”的旧口号去,而是前进一步,提出“争取民主”的新口号,只有这样才能巩固和平,也只有这样才能实现抗战。为什么提出“巩固和平”、“争取民主”、“实现抗战”这样三位一体的口号?为的是把我们的革命车轮推进一步,为的是情况已经允许我们进一步了。如果否认新阶段和新任务,否认国民党的“开始转变”,并且逻辑的结论也将不得不否认一年半以来一切为争取和平而斗争的各派势力努力的成绩,那末,只是把自己停顿在旧位置,一步也没有前进。

为什么这些同志作出这种不妥当的估计呢?原因在于他们观察时局不从根本之点出发,而从许多局部和一时的现象(佐藤外交,苏州审判[4],压制罢工,东北军东调[5],杨虎城出洋[6]等等)出发,于是形成一幅暗淡的画图。我们说国民党已经开始转变,但我们同时即说国民党并没有彻底转变。国民党的十年反动政策,要它彻底转变而不用我们和人民的新的更多更大的努力,这是不能设想的事情。不少号称"左"倾的人们,平日痛骂国民党,在西安事变中主张杀蒋和"打出潼关去"[7],及至和平刚刚实现又发现苏州审判等事,就用惊诧的口气发问道:"为什么蒋介石又这样干?"这些人们须知:共产党员和蒋介石都不是神仙,且都不是孤立的个人,而是处于一个党派、一个阶级里头的分子。共产党有本领把革命逐步地推向前进,但没有本领把全国的坏事在一个早晨去掉干净。蒋介石或国民党已经开始了他们的转变,但没有全国人民的更大努力,也决不会在一个早晨把他们的十年污浊洗掉得干净。我们说运动的方向是向着和平、民主和抗战,但不是说不经努力能够把内战、独裁和不抵抗的旧毒扫除干净。旧毒,污浊,革命进程中的某些波折,以及可能的回头路,只有斗争和努力才能够克服,而且需要长期的斗争和努力。

"他们是一心要破坏我们。"对的,他们总是在企图破坏我们,我完全承认这种估计的正确,不估计这一点就等于睡觉。但问题在破坏的方式是否有了改变。我以为是有了改变的。从战争和屠杀的政策改变到改良和欺骗的政策,从硬的政策改变到软的政策,从军事政策改变到政治政策。为什么有这种改变?资产阶级和国民党处在日本帝国主义面前不得不暂时向无产阶级找同盟军,也和我们向资产阶级找同盟军一样。观察问题应从这一点出发。国际上,法国政府由仇苏变为联苏[8],同此道理。我们在国内的任务,也从军事的变到政治的。我们不需要阴谋诡计,我们的目的在团结资产阶级和国民党中一切同情抗日的分子,共同战胜日本帝国主义。

民　主　问　题

"强调民主是错误的,仅仅应该强调抗日;没有抗日的直接行动,就不能有民主运动;多数人只要抗日不要民主,再来一个'一二九'就对了。"

让我首先发出一点问题:能够在过去阶段中(一九三五年一二九运动[9]到一九三七年二月国民党三中全会)说,多数人只要抗日不要和平吗? 过去强调和平是错了吗? 没有抗日的直接行动就不能有和平运动吗?(西安事变和国民党三中全会正在绥远抗战[10]结束之后,现在也还没有绥远抗战或"一二九"。)谁人不知:要抗日就要和平,无和平不能抗日,和平是抗日的条件。前一阶段一切直接间接的抗日行动(从"一二九"起到国民党三中全会止)都围绕着争取和平,和平是前一阶段的中心一环,是抗日运动在前一阶段中的最本质的东西。

对于抗日任务,民主也是新阶段中最本质的东西,为民主即是为抗日。抗日与民主互为条件,同抗日与和平、民主与和平互为条件一样。民主是抗日的保证,抗日能给予民主运动发展以有利条件。

新阶段中,我们希望有、也将会有许多直接的间接的反日斗争,这些将推动对日抗战,也大有助于民主运动。然而历史给予我们的革命任务,中心的本质的东西是争取民主。"民主","民主"是错的吗? 我以为是不错的。

"日本退后了,英日向着平衡,南京更动摇了。"这是一种不了解历史发展规律而发生的不适当的忧虑。日本如因国内革命而根本后退，这是有助于中国革命的，是我们所希望的，是世界侵略战线崩溃的开始，为什么还忧虑？然而究竟还不是这样；佐藤外交是大战的准备，大战在我们面前。英国的动摇政策只能落得无结果，这是英国和日本的不同利害决定了的。南京如果是长期动摇，便变为全国人民之敌，也为南京的利益所不许。一时的后退现象，不能代替总的历史规律。因此不能否认新阶段，也不能否认民主任务的提出。况且无论什么情况，民主的口号都能适应，民主对于中国人是缺乏而不是多余，这是人人明白的。何况实际情况已经表明，指出新阶段和提出民主任务，是向抗战接近一步的东西。时局已经前进了，不要把它拉向后退。

"为什么强调国民大会？"因为它是可能牵涉到全部生活的东西，因为它是从反动独裁到民主的桥梁，因为它带着国防性，因为它是合法的。收复冀东察北、反对走私、反对"经济提携"等等，如像同志们所提出的，都是很对的，但这丝毫也不与民主任务和国民大会相矛盾，二者正是互相完成的，但中心的东西是国民大会和人民自由。

日常的反日斗争和人民生活斗争，要和民主运动相配合，这是完全对的，也是没有任何争论的。但目前阶段里中心和本质的东西，是民主和自由。

革命前途问题

有几个同志发出了这个问题，我的答复只能是简单的。

　　两篇文章,上篇与下篇,只有上篇做好,下篇才能做好。坚决地领导民主革命,是争取社会主义胜利的条件。我们是为着社会主义而斗争,这是和任何革命的三民主义者不相同的。现在的努力是朝着将来的大目标的,失掉这个大目标,就不是共产党员了。然而放松今日的努力,也就不是共产党员。

　　我们是革命转变论[11]者,主张民主革命转变到社会主义方向去。民主革命中将有几个发展阶段,都在民主共和国口号下面。从资产阶级占优势到无产阶级占优势,这是一个斗争的长过程,争取领导权的过程,依靠着共产党对无产阶级觉悟程度组织程度的提高,对农民、对城市小资产阶级觉悟程度组织程度的提高。

　　无产阶级的坚固的同盟者是农民,其次是城市小资产阶级。同我们争领导权的是资产阶级。

　　对资产阶级的动摇和不彻底性的克服,依靠群众的力量和正确的政策,否则资产阶级将反过来克服无产阶级。

　　不流血的转变是我们所希望的,我们应该力争这一着,结果将看群众的力量如何而定。

　　我们是革命转变论者,不是托洛茨基主义的“不断革命”论[12]者。我们主张经过民主共和国的一切必要的阶段,到达于社会主义。我们反对尾巴主义,但又反对冒险主义和急性病。

　　因为资产阶级参加革命的暂时性而不要资产阶级,指联合资产阶级的抗日派(在半殖民地)为投降主义,这是托洛茨基主义的说法,我们是不能同意的。今天的联合资产阶级抗日派，正是走向社会主义的必经的桥梁。

干 部 问 题

　　指导伟大的革命，要有伟大的党，要有许多最好的干部。在一个四亿五千万人的中国里面，进行历史上空前的大革命，如果领导者是一个狭隘的小团体是不行的，党内仅有一些委琐不识大体、没有远见、没有能力的领袖和干部也是不行的。中国共产党早就是一个大政党，经过反动时期的损失它依然是一个大政党，它有了许多好的领袖和干部，但是还不够。我们党的组织要向全国发展，要自觉地造就成万数的干部，要有几百个最好的群众领袖。这些干部和领袖懂得马克思列宁主义，有政治远见，有工作能力，富于牺牲精神，能独立解决问题，在困难中不动摇，忠心耿耿地为民族、为阶级、为党而工作。党依靠着这些人而联系党员和群众，依靠着这些人对于群众的坚强领导而达到打倒敌人之目的。这些人不要自私自利，不要个人英雄主义和风头主义，不要懒惰和消极性，不要自高自大的宗派主义，他们是大公无私的民族的阶级的英雄，这就是共产党员、党的干部、党的领袖应该有的性格和作风。我们死去的若干万数的党员，若干千数的干部和几十个最好的领袖遗留给我们的精神，也就是这些东西。我们无疑地应该学习这些东西，把自己改造得更好一些，把自己提高到更高的革命水平。但是还不够，还要作为一种任务，在全党和全国发现许多新的干部和领袖。我们的革命依靠干部，正像斯大林所说的话："干部决定一切。"[13]

党 内 民 主 问 题

要达到这种目的,党内的民主是必要的。要党有力量,依靠实行党的民主集中制去发动全党的积极性。在反动和内战时期,集中制表现得多一些。在新时期,集中制应该密切联系于民主制。用民主制的实行,发挥全党的积极性。用发挥全党的积极性,锻炼出大批的干部,肃清宗派观念的残余,团结全党像钢铁一样。

大会的团结和全党的团结

大会中政治问题上的不同意见,经过说明已经归于一致了;过去中央路线和个别同志领导的退却路线之间的分歧,也已经解决了[14],表示了我们的党已经团结得很坚固。这种团结是当前民族和民主革命的最重要的基础;因为只有经过共产党的团结,才能达到全阶级和全民族的团结,只有经过全阶级全民族的团结,才能战胜敌人,完成民族和民主革命的任务。

为争取千百万群众
进入抗日民族统一战线而斗争

我们的正确的政治方针和坚固的团结,是为着争取千百万群众进入抗日民族统一战线这个目的。无产阶级、农民、城市小资产阶级的广大群众,有待于我们宣传、鼓动和组织的工作。资产阶级抗日派的和我们建立同盟,也还待我们的进一步工作。把党的方针变为群众的方针,还须要我们长期坚持的、百折不挠的、艰苦卓绝的、耐心而不怕麻烦的努力。没有这样一种努力是一切都不成功的。抗日民族统一战线的组成、巩固及其任务的完成,民主共和国在中国的实现,丝毫也不能离开这一争取群众的努力。如果经过这种努力而争取千百万群众在我们领导之下的话,那我们的革命任务就能够迅速地完成。我们的努力将确定地打倒日本帝国主义,并实现全部的民族解放和社会解放。

注　释

〔1〕见本卷《中国共产党在抗日时期的任务》注〔11〕。

〔2〕西安事变以后,日本帝国主义为了破坏当时已开始实现的中国国内和平和正在逐渐形成中的抗日民族统一战线,在加紧准备以武力征服中国的同时,表面上对国民党当局暂时采取了和缓姿态。一九三六年十二月和一九三七年一月,日本帝国主义曾两次唆使伪蒙古军政府发表通电,拥护国民党政府集中军力进攻红军和张学良、杨虎城部队,宣称同国民党军队停止作战。一九三七年三月,日本外相佐藤尚武诡称要调整中日两国的关系,协助中国的“统一和复兴”。日本财阀儿玉谦次等还组织了所谓“经济考察团”来华,诡称要协助中国建成现代国家。所谓“佐藤外交”和“日本后退”,就是指当时日本帝国主义玩弄的这一套骗人的阴谋。

〔3〕参见本卷《关于蒋介石声明的声明》注〔1〕。

〔4〕一九三六年十一月,国民党政府逮捕了全国各界救国联合会领导人沈钧儒、章乃器、邹韬奋、李公朴、王造时、沙千里、史良等七人,随后又把他们押到苏州,在国民党江苏高等法院看守所内监禁。一九三七年四月,这个法院的检察官对沈等提出“公诉”,并于六月十一日和六月二十五日两次开庭审判,说他们违犯了所谓“危害民国紧急治罪法”。

〔5〕西安事变以前,东北军驻在陕西、甘肃境内,同西北红军直接接触,深受中国共产党抗日民族统一战线政策的影响,促成了西安事变的发生。一九三七年

三月，国民党反动派为了隔离红军和东北军的关系，并且乘机分裂东北军内部，强令东北军东调河南、安徽和苏北地区。

〔6〕杨虎城（一八九三——一九四九），陕西蒲城人，原西北军爱国将领。曾任国民党军第十七路军总指挥、西安绥靖公署主任。一九三六年十二月和张学良一起发动西安事变。张学良在释放蒋介石后送蒋回南京，即被长期囚禁。杨虎城也被国民党反动派迫令于一九三七年四月二十七日辞职，六月二十九日出国"考察"。抗日战争爆发后，杨虎城于一九三七年十一月回国准备参加抗日工作，但不久也被蒋介石逮捕长期监禁，到一九四九年九月人民解放军迫近重庆的时候，在集中营内遇害。

〔7〕潼关是陕西、河南、山西三省交界处的军事重地。西安事变时，国民党中央军驻在潼关以东，准备进攻东北军和西北军。当时某些号称"左"倾的人们（张国焘是其中之一），主张"打出潼关去"，向国民党中央军进攻。这种主张是同中共中央和平解决西安事变的方针相反的。

〔8〕一九一八年至一九二〇年，法国政府积极地参加了十四个国家对苏维埃共和国的武装干涉，并在这次干涉失败以后继续执行孤立苏联的反动政策。直到一九三五年五月，由于苏联的日益强大及其和平外交政策在法国人民中的影响，由于法西斯德国对法国的威胁，法国政府才同苏联缔结了互助条约。但是，法国政府后来并未忠实地执行这个条约。

〔9〕见本卷《论反对日本帝国主义的策略》注〔8〕。

〔10〕见本卷《中国共产党在抗日时期的任务》注〔15〕。

〔11〕参见马克思、恩格斯《共产党宣言》第四部分（《马克思恩格斯选集》第1卷，人民出版社1972年版，第284—286页），列宁《社会民主党在民主革命中的两种策略》第十二、十三部分（《列宁全集》第11卷，人民出版社1987年版，第76—97页）和《联共（布）党史简明教程》第三章第三节（人民出版社1975年版，第68—84页）。

〔12〕参见斯大林《论列宁主义基础》第三部分，《十月革命和俄国共产党人的策略》第二部分，《论列宁主义的几个问题》第三部分（《斯大林选集》上卷，人民出版社1979年版，第199—214、279—293、400—402页）。

〔13〕见一九三五年五月四日斯大林在克里姆林宫举行的红军学院学员毕业典礼上的讲话。原文如下："人才，干部是世界上所有宝贵的资本中最宝贵最有决定意义的资本。应该了解：在我们目前的条件下，'干部决定一切'。"（《斯大林选集》下卷，人民出版社1979年版，第373页）

〔14〕这里所说的分歧，指一九三五年至一九三六年间党中央路线和张国焘退却路线之间的分歧。一九三六年十月，红军第四方面军到达甘肃会宁地区同红

军第一方面军会合。一九三七年三月下旬,中共中央在延安召开政治局扩大会议,讨论国内政治形势和党的任务,对张国焘路线的错误及其危害进行了系统的批判和总结,使党和红军在思想上、政治上和组织上达到新的一致,标志着这个分歧已经解决。至于后来张国焘公开叛党,堕落为反革命,那已不是领导路线上的问题,而只是个人的叛变行动了。

实　践　论*

论认识和实践的关系——
知和行的关系

（一九三七年七月）

　　马克思以前的唯物论，离开人的社会性，离开人的历史发展，去观察认识问题，因此不能了解认识对社会实践的依赖关系，即认识对生产和阶级斗争的依赖关系。

　　首先，马克思主义者认为人类的生产活动是最基本的实践活动，是决定其他一切活动的东西。人的认识，主要地依赖于物质的生产活动，逐渐地了解自然的现象、自然的性质、自

---

*　在中国共产党内，曾经有一部分教条主义的同志长期拒绝中国革命的经验，否认"马克思主义不是教条而是行动的指南"这个真理，而只生吞活剥马克思主义书籍中的只言片语，去吓唬人们。还有另一部分经验主义的同志长期拘守于自身的片断经验，不了解理论对于革命实践的重要性，看不见革命的全局，虽然也是辛苦地——但却是盲目地在工作。这两类同志的错误思想，特别是教条主义思想，曾经在一九三一年至一九三四年使得中国革命受了极大的损失，而教条主义者却是披着马克思主义的外衣迷惑了广大的同志。毛泽东的《实践论》，是为着用马克思主义的认识论观点去揭露党内的教条主义和经验主义——特别是教条主义这些主观主义的错误而写的。因为重点是揭露看轻实践的教条主义这种主观主义，故题为《实践论》。毛泽东曾以这篇论文的观点在延安的抗日军事政治大学作过讲演。

然的规律性、人和自然的关系；而且经过生产活动，也在各种不同程度上逐渐地认识了人和人的一定的相互关系。一切这些知识，离开生产活动是不能得到的。在没有阶级的社会中，每个人以社会一员的资格，同其他社会成员协力，结成一定的生产关系，从事生产活动，以解决人类物质生活问题。在各种阶级的社会中，各阶级的社会成员，则又以各种不同的方式，结成一定的生产关系，从事生产活动，以解决人类物质生活问题。这是人的认识发展的基本来源。

人的社会实践，不限于生产活动一种形式，还有多种其他的形式，阶级斗争，政治生活，科学和艺术的活动，总之社会实际生活的一切领域都是社会的人所参加的。因此，人的认识，在物质生活以外，还从政治生活文化生活中（与物质生活密切联系），在各种不同程度上，知道人和人的各种关系。其中，尤以各种形式的阶级斗争，给予人的认识发展以深刻的影响。在阶级社会中，每一个人都在一定的阶级地位中生活，各种思想无不打上阶级的烙印。

马克思主义者认为人类社会的生产活动，是一步又一步地由低级向高级发展，因此，人们的认识，不论对于自然界方面，对于社会方面，也都是一步又一步地由低级向高级发展，即由浅入深，由片面到更多的方面。在很长的历史时期内，大家对于社会的历史只能限于片面的了解，这一方面是由于剥削阶级的偏见经常歪曲社会的历史，另方面，则由于生产规模的狭小，限制了人们的眼界。人们能够对于社会历史的发展作全面的历史的了解，把对于社会的认识变成了科学，这只是到了伴随巨大生产力——大工业而出现近代无产阶级的时候，这就是马克思主义的科学。

马克思主义者认为，只有人们的社会实践，才是人们对于外界认识的真理性的标准。实际的情形是这样的，只有在社会实践过程中（物质生产过程中，阶级斗争过程中，科学实验过程中），人们达到了思想中所预想的结果时，人们的认识才被证实了。人们要想得到工作的胜利即得到预想的结果，一定要使自己的思想合于客观外界的规律性，如果不合，就会在实践中失败。人们经过失败之后，也就从失败取得教训，改正自己的思想使之适合于外界的规律性，人们就能变失败为胜利，所谓"失败者成功之母"，"吃一堑长一智"，就是这个道理。辩证唯物论的认识论把实践提到第一的地位，认为人的认识一点也不能离开实践，排斥一切否认实践重要性、使认识离开实践的错误理论。列宁这样说过："实践高于（理论的）认识，因为它不但有普遍性的品格，而且还有直接现实性的品格。"[1]马克思主义的哲学辩证唯物论有两个最显著的特点：一个是它的阶级性，公然申明辩证唯物论是为无产阶级服务的；再一个是它的实践性，强调理论对于实践的依赖关系，理论的基础是实践，又转过来为实践服务。判定认识或理论之是否真理，不是依主观上觉得如何而定，而是依客观上社会实践的结果如何而定。真理的标准只能是社会的实践。实践的观点是辩证唯物论的认识论之第一的和基本的观点[2]。

然而人的认识究竟怎样从实践发生，而又服务于实践呢？这只要看一看认识的发展过程就会明了的。

原来人在实践过程中，开始只是看到过程中各个事物的现象方面，看到各个事物的片面，看到各个事物之间的外部联系。例如有些外面的人们到延安来考察，头一二天，他们看到了延安的地形、街道、屋宇，接触了许多的人，参加了宴会、晚会和群众大会，听到了各种说话，看到了各种文件，这些就是事物的现象，事物的各个片面以及这些事物的外部联系。这叫做认识的感性阶段，就是感觉和印象的阶段。也就是延安这些各别的事物作用于考察团先生们的感官，引起了他们的感觉，在他们的脑子中生起了许多的印象，以及这些印象间的大概的外部的联系，这是认识的第一个阶段。在这个阶段中，人们还不能造成深刻的概念，作出合乎论理（即合乎逻辑）的结论。

社会实践的继续，使人们在实践中引起感觉和印象的东西反复了多次，于是在人们的脑子里生起了一个认识过程中的突变（即飞跃），产生了概念。概念这种东西已经不是事物的现象，不是事物的各个片面，不是它们的外部联系，而是抓着了事物的本质，事物的全体，事物的内部联系了。概念同感觉，不但是数量上的差别，而且有了性质上的差别。循此继进，使用判断和推理的方法，就可产生出合乎论理的结论来。《三国演义》上所谓"眉头一皱计上心来"，我们普通说话所谓"让我想一想"，就是人在脑子中运用概念以作判断和推理的工夫。这是认识的第二个阶段。外来的考察团先生们在他们集合了各种材料，加上他们"想了一想"之后，他们就能够作出"共产党的抗日民族统一战线的政策是彻底的、诚恳的和真实的"这样一个判断了。在他们作出这个判断之后，如果他们对于团结救国也是真实的的话，那末他们就能够进一步作出这样的结论："抗日民族统一战线是能够成功的。"这个概念、判断和推理的阶段，在人们对于一个事物的整个认识过程中是更重要的阶段,也就是理性认识的阶段。认识的真正任务在于经过感觉而到达于思维,到达于逐步了解客观事物的内部矛盾,了解它的规律性,了解这一过程和那一过程间的内部联系,即到达于论理的认识。重复地说,论理的认识所以和感性的认识不同,是因为感性的认识是属于事物之片面的、现象的、外部联系的东西,论理的认识则推进了一大步,到达了事物的全体的、本质的、内部联系的东西,到达了暴露周围世界的内在的矛盾,因而能在周围世界的总体上,在周围世界一切方面的内部联系上去把握周围世界的发展。

这种基于实践的由浅入深的辩证唯物论的关于认识发展过程的理论,在马克思主义以前,是没有一个人这样解决过的。马克思主义的唯物论,第一次正确地解决了这个问题,唯物地而且辩证地指出了认识的深化的运动,指出了社会的人在他们的生产和阶级斗争的复杂的、经常反复的实践中,由感性认识到论理认识的推移的运动。列宁说过:"物质的抽象,自然规律的抽象,价值的抽象以及其他等等,一句话,一切科学的(正确的、郑重的、非瞎说的)抽象,都更深刻、更正确、更完全地反映着自然。"[3]马克思列宁主义认为:认识过程中两个阶段的特性,在低级阶段,认识表现为感性的,在高级阶段,认识表现为论理的,但任何阶段,都是统一的认识过程中的阶段。感性和理性二者的性质不同,但又不是互相分离的,它们在实践的基础上统一起来了。我们的实践证明:感觉到了的东西,我们不能立刻理解它,只有理解了的东西才更深刻地感觉它。感觉只解决现象问题,理论才解决本质问题。这些问题的解决,一点也不能离开实践。无论何人要认识什么事物,除了同那个事物接触，即生活于(实践于)那个事物的环境中，是没有法子解决的。不能在封建社会就预先认识资本主义社会的规律，因为资本主义还未出现，还无这种实践。马克思主义只能是资本主义社会的产物。马克思不能在自由资本主义时代就预先具体地认识帝国主义时代的某些特异的规律，因为帝国主义这个资本主义最后阶段还未到来，还无这种实践，只有列宁和斯大林才能担当此项任务。马克思、恩格斯、列宁、斯大林之所以能够作出他们的理论，除了他们的天才条件之外，主要地是他们亲自参加了当时的阶级斗争和科学实验的实践，没有这后一个条件，任何天才也是不能成功的。"秀才不出门，全知天下事"，在技术不发达的古代只是一句空话，在技术发达的现代虽然可以实现这句话，然而真正亲知的是天下实践着的人，那些人在他们的实践中间取得了"知"，经过文字和技术的传达而到达于"秀才"之手，秀才乃能间接地"知天下事"。如果要直接地认识某种或某些事物，便只有亲身参加于变革现实、变革某种或某些事物的实践的斗争中，才能触到那种或那些事物的现象，也只有在亲身参加变革现实的实践的斗争中，才能暴露那种或那些事物的本质而理解它们。这是任何人实际上走着的认识路程，不过有些人故意歪曲地说些反对的话罢了。世上最可笑的是那些"知识里手[4]"，有了道听途说的一知半解，便自封为"天下第一"，适足见其不自量而已。知识的问题是一个科学问题，来不得半点的虚伪和骄傲，决定地需要的倒是其反面——诚实和谦逊的态度。你要有知识，你就得参加变革现实的实践。你要知道梨子的滋味，你就得变革梨子，亲口吃一吃。你要知道原子的组织同性质，你就得实行物理学和化学的实验,变革原子的情况。你要知道革命的理论和方法,你就得参加革命。一切真知都是从直接经验发源的。但人不能事事直接经验,事实上多数的知识都是间接经验的东西,这就是一切古代的和外域的知识。这些知识在古人在外人是直接经验的东西,如果在古人外人直接经验时是符合于列宁所说的条件"科学的抽象",是科学地反映了客观的事物,那末这些知识是可靠的,否则就是不可靠的。所以,一个人的知识,不外直接经验的和间接经验的两部分。而且在我为间接经验者,在人则仍为直接经验。因此,就知识的总体说来,无论何种知识都是不能离开直接经验的。任何知识的来源,在于人的肉体感官对客观外界的感觉,否认了这个感觉,否认了直接经验,否认亲自参加变革现实的实践,他就不是唯物论者。"知识里手"之所以可笑,原因就是在这个地方。中国人有一句老话:"不入虎穴,焉得虎子。"这句话对于人们的实践是真理,对于认识论也是真理。离开实践的认识是不可能的。

为了明了基于变革现实的实践而产生的辩证唯物论的认识运动——认识的逐渐深化的运动,下面再举出几个具体的例子。

无产阶级对于资本主义社会的认识,在其实践的初期——破坏机器和自发斗争时期,他们还只在感性认识的阶段,只认识资本主义各个现象的片面及其外部的联系。这时,他们还是一个所谓"自在的阶级"。但是到了他们实践的第二个时期——有意识有组织的经济斗争和政治斗争的时期,由于实践,由于长期斗争的经验,经过马克思、恩格斯用科学的方法把这种种经验总结起来,产生了马克思主义的理论,用以教育无产阶级,这样就使无产阶级理解了资本主义社会的本质,理解了社会阶级的剥削关系,理解了无产阶级的历史任务,这时他们就变成了一个"自为的阶级"。

中国人民对于帝国主义的认识也是这样。第一阶段是表面的感性的认识阶段,表现在太平天国运动和义和团运动等笼统的排外主义的斗争上[5]。第二阶段才进到理性的认识阶段,看出了帝国主义内部和外部的各种矛盾,并看出了帝国主义联合中国买办阶级和封建阶级以压榨中国人民大众的实质,这种认识是从一九一九年五四运动[6]前后才开始的。

我们再来看战争。战争的领导者,如果他们是一些没有战争经验的人,对于一个具体的战争(例如我们过去十年的土地革命战争)的深刻的指导规律,在开始阶段是不了解的。他们在开始阶段只是身历了许多作战的经验,而且败仗是打得很多的。然而由于这些经验(胜仗,特别是败仗的经验),使他们能够理解贯串整个战争的内部的东西,即那个具体战争的规律性,懂得了战略和战术,因而能够有把握地去指导战争。此时,如果改换一个无经验的人去指导,又会要在吃了一些败仗之后(有了经验之后)才能理会战争的正确的规律。

常常听到一些同志在不能勇敢接受工作任务时说出来的一句话:没有把握。为什么没有把握呢? 因为他对于这项工作的内容和环境没有规律性的了解,或者他从来就没有接触过这类工作,或者接触得不多,因而无从谈到这类工作的规律性。及至把工作的情况和环境给以详细分析之后,他就觉得比较地有了把握,愿意去做这项工作。如果这个人在这项工作中经过了一个时期,他有了这项工作的经验了,而他又是一个肯虚心体察情况的人,不是一个主观地、片面地、表面地看问题的人,他就能够自己做出应该怎样进行工作的结论,他的工作勇气也就可以大大地提高了。只有那些主观地、片面地和表面地看问题的人,跑到一个地方,不问环境的情况,不看事情的全体(事情的历史和全部现状),也不触到事情的本质(事情的性质及此一事情和其他事情的内部联系),就自以为是地发号施令起来,这样的人是没有不跌交子的。

由此看来,认识的过程,第一步,是开始接触外界事情,属于感觉的阶段。第二步,是综合感觉的材料加以整理和改造,属于概念、判断和推理的阶段。只有感觉的材料十分丰富(不是零碎不全)和合于实际(不是错觉),才能根据这样的材料造出正确的概念和论理来。

这里有两个要点必须着重指明。第一个,在前面已经说过的,这里再重复说一说,就是理性认识依赖于感性认识的问题。如果以为理性认识可以不从感性认识得来,他就是一个唯心论者。哲学史上有所谓"唯理论"一派,就是只承认理性的实在性,不承认经验的实在性,以为只有理性靠得住,而感觉的经验是靠不住的,这一派的错误在于颠倒了事实。理性的东西所以靠得住,正是由于它来源于感性,否则理性的东西就成了无源之水,无本之木,而只是主观自生的靠不住的东西了。从认识过程的秩序说来,感觉经验是第一的东西,我们强调社会实践在认识过程中的意义,就在于只有社会实践才能使人的认识开始发生,开始从客观外界得到感觉经验。一个闭目塞听、同客观外界根本绝缘的人,是无所谓认识的。认识开始于经验——这就是认识论的唯物论。

　　第二是认识有待于深化，认识的感性阶段有待于发展到理性阶段——这就是认识论的辩证法[7]。如果以为认识可以停顿在低级的感性阶段，以为只有感性认识可靠，而理性认识是靠不住的，这便是重复了历史上的"经验论"的错误。这种理论的错误，在于不知道感觉材料固然是客观外界某些真实性的反映（我这里不来说经验只是所谓内省体验的那种唯心的经验论），但它们仅是片面的和表面的东西，这种反映是不完全的，是没有反映事物本质的。要完全地反映整个的事物，反映事物的本质，反映事物的内部规律性，就必须经过思考作用，将丰富的感觉材料加以去粗取精、去伪存真、由此及彼、由表及里的改造制作工夫，造成概念和理论的系统，就必须从感性认识跃进到理性认识。这种改造过的认识，不是更空虚了更不可靠了的认识，相反，只要是在认识过程中根据于实践基础而科学地改造过的东西，正如列宁所说乃是更深刻、更正确、更完全地反映客观事物的东西。庸俗的事务主义家不是这样，他们尊重经验而看轻理论，因而不能通观客观过程的全体，缺乏明确的方针，没有远大的前途，沾沾自喜于一得之功和一孔之见。这种人如果指导革命，就会引导革命走上碰壁的地步。

　　理性认识依赖于感性认识，感性认识有待于发展到理性认识，这就是辩证唯物论的认识论。哲学上的"唯理论"和"经验论"都不懂得认识的历史性或辩证性，虽然各有片面的真理（对于唯物的唯理论和经验论而言，非指唯心的唯理论和经验论），但在认识论的全体上则都是错误的。由感性到理性之辩证唯物论的认识运动，对于一个小的认识过程（例如对于一个事物或一件工作的认识）是如此，对于一个大的认识过程（例如对于一个社会或一个革命的认识)也是如此。

　　然而认识运动至此还没有完结。辩证唯物论的认识运动,如果只到理性认识为止,那末还只说到问题的一半。而且对于马克思主义的哲学说来,还只说到非十分重要的那一半。马克思主义的哲学认为十分重要的问题,不在于懂得了客观世界的规律性,因而能够解释世界,而在于拿了这种对于客观规律性的认识去能动地改造世界。在马克思主义看来,理论是重要的,它的重要性充分地表现在列宁说过的一句话:"没有革命的理论,就不会有革命的运动。"[8]然而马克思主义看重理论,正是,也仅仅是,因为它能够指导行动。如果有了正确的理论,只是把它空谈一阵,束之高阁,并不实行,那末,这种理论再好也是没有意义的。认识从实践始,经过实践得到了理论的认识,还须再回到实践去。认识的能动作用,不但表现于从感性的认识到理性的认识之能动的飞跃,更重要的还须表现于从理性的认识到革命的实践这一个飞跃。抓着了世界的规律性的认识,必须把它再回到改造世界的实践中去,再用到生产的实践、革命的阶级斗争和民族斗争的实践以及科学实验的实践中去。这就是检验理论和发展理论的过程,是整个认识过程的继续。理论的东西之是否符合于客观真理性这个问题,在前面说的由感性到理性之认识运动中是没有完全解决的,也不能完全解决的。要完全地解决这个问题,只有把理性的认识再回到社会实践中去,应用理论于实践,看它是否能够达到预想的目的。许多自然科学理论之所以被称为真理,不但在于自然科学家们创立这些学说的时候,而且在于为尔后的科学实践所证实的时候。马克思列宁主义之所以被称为真理,也不但在于马克思、恩格斯、列宁、斯大林等人科学地构成这些学说的时候,而且在于为尔后革命的阶级斗争和民族斗争的实践所证实的时候。辩证唯物论之所以为普遍真理,在于经过无论什么人的实践都不能逃出它的范围。人类认识的历史告诉我们,许多理论的真理性是不完全的,经过实践的检验而纠正了它们的不完全性。许多理论是错误的,经过实践的检验而纠正其错误。所谓实践是真理的标准,所谓"生活、实践底观点,应该是认识论底首先的和基本的观点"[9],理由就在这个地方。斯大林说得好:"理论若不和革命实践联系起来,就会变成无对象的理论,同样,实践若不以革命理论为指南,就会变成盲目的实践。"[10]

说到这里,认识运动就算完成了吗?我们的答复是完成了,又没有完成。社会的人们投身于变革在某一发展阶段内的某一客观过程的实践中(不论是关于变革某一自然过程的实践,或变革某一社会过程的实践),由于客观过程的反映和主观能动性的作用,使得人们的认识由感性的推移到了理性的,造成了大体上相应于该客观过程的法则性的思想、理论、计划或方案,然后再应用这种思想、理论、计划或方案于该同一客观过程的实践,如果能够实现预想的目的,即将预定的思想、理论、计划、方案在该同一过程的实践中变为事实,或者大体上变为事实,那末,对于这一具体过程的认识运动算是完成了。例如,在变革自然的过程中,某一工程计划的实现,某一科学假想的证实,某一器物的制成,某一农产的收获,在变革社会过程中某一罢工的胜利,某一战争的胜利,某一教育计划的实现,都算实现了预想的目的。然而一般地说来,不论在变革自然或变革社会的实践中，人们原定的思想、理论、计划、方案，毫无改变地实现出来的事，是很少的。这是因为从事变革现实的人们，常常受着许多的限制，不但常常受着科学条件和技术条件的限制，而且也受着客观过程的发展及其表现程度的限制（客观过程的方面及本质尚未充分暴露）。在这种情形之下，由于实践中发现前所未料的情况，因而部分地改变思想、理论、计划、方案的事是常有的，全部地改变的事也是有的。即是说，原定的思想、理论、计划、方案，部分地或全部地不合于实际，部分错了或全部错了的事，都是有的。许多时候须反复失败过多次，才能纠正错误的认识，才能到达于和客观过程的规律性相符合，因而才能够变主观的东西为客观的东西，即在实践中得到预想的结果。但是不管怎样，到了这种时候，人们对于在某一发展阶段内的某一客观过程的认识运动，算是完成了。

然而对于过程的推移而言，人们的认识运动是没有完成的。任何过程，不论是属于自然界的和属于社会的，由于内部的矛盾和斗争，都是向前推移向前发展的，人们的认识运动也应跟着推移和发展。依社会运动来说，真正的革命的指导者，不但在于当自己的思想、理论、计划、方案有错误时须得善于改正，如同上面已经说到的，而且在于当某一客观过程已经从某一发展阶段向另一发展阶段推移转变的时候，须得善于使自己和参加革命的一切人员在主观认识上也跟着推移转变，即是要使新的革命任务和新的工作方案的提出，适合于新的情况的变化。革命时期情况的变化是很急速的，如果革命党人的认识不能随之而急速变化，就不能引导革命走向胜利。

　　然而思想落后于实际的事是常有的,这是因为人的认识受了许多社会条件的限制的缘故。我们反对革命队伍中的顽固派,他们的思想不能随变化了的客观情况而前进,在历史上表现为右倾机会主义。这些人看不出矛盾的斗争已将客观过程推向前进了,而他们的认识仍然停止在旧阶段。一切顽固党的思想都有这样的特征。他们的思想离开了社会的实践,他们不能站在社会车轮的前头充任向导的工作,他们只知跟在车子后面怨恨车子走得太快了,企图把它向后拉,开倒车。

　　我们也反对"左"翼空谈主义。他们的思想超过客观过程的一定发展阶段,有些把幻想看作真理,有些则把仅在将来有现实可能性的理想,勉强地放在现时来做,离开了当前大多数人的实践,离开了当前的现实性,在行动上表现为冒险主义。

　　唯心论和机械唯物论,机会主义和冒险主义,都是以主观和客观相分裂,以认识和实践相脱离为特征的。以科学的社会实践为特征的马克思列宁主义的认识论,不能不坚决反对这些错误思想。马克思主义者承认,在绝对的总的宇宙发展过程中,各个具体过程的发展都是相对的,因而在绝对真理的长河中,人们对于在各个一定发展阶段上的具体过程的认识只具有相对的真理性。无数相对的真理之总和,就是绝对的真理[11]。客观过程的发展是充满着矛盾和斗争的发展,人的认识运动的发展也是充满着矛盾和斗争的发展。一切客观世界的辩证法的运动,都或先或后地能够反映到人的认识中来。社会实践中的发生、发展和消灭的过程是无穷的,人的认识的发生、发展和消灭的过程也是无穷的。根据于一定的思想、理论、计划、方案以从事于变革客观现实的实践,一次又一次地向前,人们对于客观现实的认识也就一次又一次地深化。客观现实世界的变化运动永远没有完结,人们在实践中对于真理的认识也就永远没有完结。马克思列宁主义并没有结束真理,而是在实践中不断地开辟认识真理的道路。我们的结论是主观和客观、理论和实践、知和行的具体的历史的统一,反对一切离开具体历史的"左"的或右的错误思想。

社会的发展到了今天的时代,正确地认识世界和改造世界的责任,已经历史地落在无产阶级及其政党的肩上。这种根据科学认识而定下来的改造世界的实践过程,在世界、在中国均已到达了一个历史的时节——自有历史以来未曾有过的重大时节,这就是整个儿地推翻世界和中国的黑暗面,把它们转变过来成为前所未有的光明世界。无产阶级和革命人民改造世界的斗争,包括实现下述的任务:改造客观世界,也改造自己的主观世界——改造自己的认识能力,改造主观世界同客观世界的关系。地球上已经有一部分实行了这种改造,这就是苏联。他们还正在促进这种改造过程。中国人民和世界人民也都正在或将要通过这样的改造过程。所谓被改造的客观世界,其中包括了一切反对改造的人们,他们的被改造,须要通过强迫的阶段,然后才能进入自觉的阶段。世界到了全人类都自觉地改造自己和改造世界的时候,那就是世界的共产主义时代。

通过实践而发现真理,又通过实践而证实真理和发展真理。从感性认识而能动地发展到理性认识,又从理性认识而能动地指导革命实践,改造主观世界和客观世界。实践、认识、再实践、再认识,这种形式,循环往复以至无穷,而实践和认识之每一循环的内容,都比较地进到了高一级的程度。这就是辩证唯物论的全部认识论,这就是辩证唯物论的知行统一观。

注　释

〔1〕见列宁《黑格尔〈逻辑学〉一书摘要》。新的译文是:"实践高于(理论的)认识,因为它不仅具有普遍性的品格,而且还具有直接现实性的品格。"(《列宁全集》第 55 卷,人民出版社 1990 年版,第 183 页)

〔2〕参见马克思《关于费尔巴哈的提纲》(《马克思恩格斯选集》第 1 卷,人民出版社 1972 年版,第 16—19 页)和列宁《唯物主义和经验批判主义》第二章第六节(《列宁全集》第 18 卷,人民出版社 1988 年版,第 144 页)。

〔3〕见列宁《黑格尔〈逻辑学〉一书摘要》(《列宁全集》第 55 卷,人民出版社 1990 年版,第 142 页)。

〔4〕里手,湖南方言,内行的意思。

〔5〕一九五一年三月二十七日,毛泽东在致李达的信中说:"《实践论》中将太平天国放在排外主义一起说不妥,出选集时拟加修改,此处暂仍照原。"

〔6〕五四运动是一九一九年五月四日发生的反帝反封建的爱国运动。当时,第一次世界大战刚刚结束,英、美、法、日、意等战胜国在巴黎召开对德和会,决定由日本继承德国在中国山东的特权。中国是参加对德宣战的战胜国之一,但北洋军阀政府却准备接受这个决定。五月四日,北京学生游行示威,反对帝国主义的这一无理决定和北洋军阀政府的妥协。这次运动迅速地获得了全国人民的响应,到六月三日以后,发展成为有工人阶级、城市小资产阶级和民族资产阶级参加的广大群众性的反帝反封建的爱国运动。五四运动也是反对封建文化的新文化运动。以一九一五年《青年杂志》(后改名《新青年》)创刊为起点的新文化运动,竖起"民主"和"科学"的旗帜,反对旧道德,提倡新道德,反对旧文学,提倡新文学。五四运动中的先进分子接受了马克思主义,使新文化运动发展成为马克思主义思想运动,他们致力于马克思主义同中国工人运动相结合,在思想上和干部上准备了中国共产党的成立。

〔7〕参见列宁《黑格尔〈逻辑学〉一书摘要》:"要理解,就必须从经验开始理解、研究,从经验上升到一般。"(《列宁全集》第 55 卷,人民出版社 1990 年版,第 175 页)

〔8〕见列宁《俄国社会民主党人的任务》(《列宁全集》第 2 卷,人民出版社 1984 年版,第 443 页);并见列宁《怎么办?》第一章第四节(《列宁全集》第 6 卷,人

民出版社1986年版,第23页)。

〔9〕见列宁《唯物主义和经验批判主义》第二章第六节(《列宁全集》第18卷,人民出版社1988年版,第144页)。

〔10〕见斯大林《论列宁主义基础》第三部分《理论》。新的译文是:"离开革命实践的理论是空洞的理论,而不以革命理论为指南的实践是盲目的实践。"(《斯大林选集》上卷,人民出版社1979年版,第199—200页)

〔11〕参见列宁《唯物主义和经验批判主义》第二章第五节。原文是:"人类思维按其本性是能够给我们提供并且正在提供由相对真理的总和所构成的绝对真理的。"(《列宁全集》第18卷,人民出版社1988年版,第135页)

矛　盾　论[*]

（一九三七年八月）

　　事物的矛盾法则，即对立统一的法则，是唯物辩证法的最根本的法则。列宁说："就本来的意义讲，辩证法是研究对象的本质自身中的矛盾。"[1]列宁常称这个法则为辩证法的本质，又称之为辩证法的核心[2]。因此，我们在研究这个法则时，不得不涉及广泛的方面，不得不涉及许多的哲学问题。如果我们将这些问题都弄清楚了，我们就在根本上懂得了唯物辩证法。这些问题是：两种宇宙观；矛盾的普遍性；矛盾的特殊性；主要的矛盾和主要的矛盾方面；矛盾诸方面的同一性和斗争性；对抗在矛盾中的地位。

　　苏联哲学界在最近数年中批判了德波林学派[3]的唯心论，这件事引起了我们的极大的兴趣。德波林的唯心论在中国共产党内发生了极坏的影响，我们党内的教条主义思想不能说和这个学派的作风没有关系。因此，我们现在的哲学研究工作，应当以扫除教条主义思想为主要的目标。

---

　　*　这篇哲学论文，是毛泽东继《实践论》之后，为了同一的目的，即为了克服存在于中国共产党内的严重的教条主义思想而写的，曾在延安的抗日军事政治大学作过讲演。在收入本书第一版的时候，作者作了部分的补充、删节和修改。

一　两种宇宙观

在人类的认识史中,从来就有关于宇宙发展法则的两种见解,一种是形而上学的见解,一种是辩证法的见解,形成了互相对立的两种宇宙观。列宁说:"对于发展(进化)所持的两种基本的(或两种可能的? 或两种在历史上常见的?)观点是:(一)认为发展是减少和增加,是重复;(二)认为发展是对立的统一(统一物分成为两个互相排斥的对立,而两个对立又互相关联着)。"[4]列宁说的就是这两种不同的宇宙观。

形而上学,亦称玄学。这种思想,无论在中国,在欧洲,在一个很长的历史时间内,是属于唯心论的宇宙观,并在人们的思想中占了统治的地位。在欧洲,资产阶级初期的唯物论,也是形而上学的。由于欧洲许多国家的社会经济情况进到了资本主义高度发展的阶段,生产力、阶级斗争和科学均发展到了历史上未有过的水平,工业无产阶级成为历史发展的最伟大的动力,因而产生了马克思主义的唯物辩证法的宇宙观。于是,在资产阶级那里,除了公开的极端露骨的反动的唯心论之外,还出现了庸俗的进化论,出来对抗唯物辩证法。

所谓形而上学的或庸俗进化论的宇宙观,就是用孤立的、静止的和片面的观点去看世界。这种宇宙观把世界一切事物,一切事物的形态和种类,都看成是永远彼此孤立和永远不变化的。如果说有变化,也只是数量的增减和场所的变更。而这种增减和变更的原因,不在事物的内部而在事物的外部,即是由于外力的推动。形而上学家认为,世界上各种不同事物和事物的特性,从它们一开始存在的时候就是如此。后来的变化,不过是数量上的扩大或缩小。他们认为一种事物永远只能反复地产生为同样的事物,而不能变化为另一种不同的事物。在形而上学家看来,资本主义的剥削,资本主义的竞争,资本主义社会的个人主义思想等,就是在古代的奴隶社会里,甚至在原始社会里,都可以找得出来,而且会要永远不变地存在下去。说到社会发展的原因,他们就用社会外部的地理、气候等条件去说明。他们简单地从事物外部去找发展的原因,否认唯物辩证法所主张的事物因内部矛盾引起发展的学说。因此,他们不能解释事物的质的多样性,不能解释一种质变为他种质的现象。这种思想,在欧洲,在十七世纪和十八世纪是机械唯物论,在十九世纪末和二十世纪初则有庸俗进化论。在中国,则有所谓"天不变,道亦不变"[5]的形而上学的思想,曾经长期地为腐朽了的封建统治阶级所拥护。近百年来输入了欧洲的机械唯物论和庸俗进化论,则为资产阶级所拥护。

　　和形而上学的宇宙观相反,唯物辩证法的宇宙观主张从事物的内部、从一事物对他事物的关系去研究事物的发展,即把事物的发展看做是事物内部的必然的自己的运动,而每一事物的运动都和它的周围其他事物互相联系着和互相影响着。事物发展的根本原因,不是在事物的外部而是在事物的内部,在于事物内部的矛盾性。任何事物内部都有这种矛盾性,因此引起了事物的运动和发展。事物内部的这种矛盾性是事物发展的根本原因,一事物和他事物的互相联系和互相影响则是事物发展的第二位的原因。这样,唯物辩证法就有力地反对了形而上学的机械唯物论和庸俗进化论的外因论或被动论。这是清楚的，单纯的外部原因只能引起事物的机械的运动，即范围的大小，数量的增减，不能说明事物何以有性质上的千差万别及其互相变化。事实上，即使是外力推动的机械运动，也要通过事物内部的矛盾性。植物和动物的单纯的增长，数量的发展，主要地也是由于内部矛盾所引起的。同样，社会的发展，主要地不是由于外因而是由于内因。许多国家在差不多一样的地理和气候的条件下，它们发展的差异性和不平衡性，非常之大。同一个国家吧，在地理和气候并没有变化的情形下，社会的变化却是很大的。帝国主义的俄国变为社会主义的苏联，封建的闭关锁国的日本变为帝国主义的日本，这些国家的地理和气候并没有变化。长期地被封建制度统治的中国，近百年来发生了很大的变化，现在正在变化到一个自由解放的新中国的方向去，中国的地理和气候并没有变化。整个地球及地球各部分的地理和气候也是变化着的，但以它们的变化和社会的变化相比较，则显得很微小，前者是以若干万年为单位而显现其变化的，后者则在几千年、几百年、几十年、甚至几年或几个月（在革命时期）内就显现其变化了。按照唯物辩证法的观点，自然界的变化，主要地是由于自然界内部矛盾的发展。社会的变化，主要地是由于社会内部矛盾发展，即生产力和生产关系的矛盾，阶级之间的矛盾，新旧之间的矛盾，由于这些矛盾的发展，推动了社会的前进，推动了新旧社会的代谢。唯物辩证法是否排除外部的原因呢？并不排除。唯物辩证法认为外因是变化的条件，内因是变化的根据，外因通过内因而起作用。鸡蛋因得适当的温度而变化为鸡子，但温度不能使石头变为鸡子，因为二者的根据是不同的。各国人民之间的互相影响是时常存在的。在资本主义时代,特别是在帝国主义和无产阶级革命的时代,各国在政治上、经济上和文化上的互相影响和互相激动,是极其巨大的。十月社会主义革命不只是开创了俄国历史的新纪元,而且开创了世界历史的新纪元,影响到世界各国内部的变化,同样地而且还特别深刻地影响到中国内部的变化,但是这种变化是通过了各国内部和中国内部自己的规律性而起的。两军相争,一胜一败,所以胜败,皆决于内因。胜者或因其强,或因其指挥无误,败者或因其弱,或因其指挥失宜,外因通过内因而引起作用。一九二七年中国大资产阶级战败了无产阶级,是通过中国无产阶级内部的(中国共产党内部的)机会主义而起作用的。当着我们清算了这种机会主义的时候,中国革命就重新发展了。后来,中国革命又受了敌人的严重的打击,是因为我们党内产生了冒险主义。当着我们清算了这种冒险主义的时候,我们的事业就又重新发展了。由此看来,一个政党要引导革命到胜利,必须依靠自己政治路线的正确和组织上的巩固。

辩证法的宇宙观,不论在中国,在欧洲,在古代就产生了。但是古代的辩证法带着自发的朴素的性质,根据当时的社会历史条件,还不可能有完备的理论,因而不能完全解释宇宙,后来就被形而上学所代替。生活在十八世纪末和十九世纪初期的德国著名哲学家黑格尔,对于辩证法曾经给了很重要的贡献,但是他的辩证法却是唯心的辩证法。直到无产阶级运动的伟大的活动家马克思和恩格斯综合了人类认识史的积极的成果,特别是批判地吸取了黑格尔的辩证法的合理的部分,创造了辩证唯物论和历史唯物论这个伟大的理论,才在人类认识史上起了一个空前的大革命。后来,经过列宁和斯大林,又发展了这个伟大的理论。这个理论一经传到中国来,就在中国思想界引起了极大的变化。

这个辩证法的宇宙观,主要地就是教导人们要善于去观察和分析各种事物的矛盾的运动,并根据这种分析,指出解决矛盾的方法。因此,具体地了解事物矛盾这一个法则,对于我们是非常重要的。

二　矛盾的普遍性

为了叙述的便利起见,我在这里先说矛盾的普遍性,再说矛盾的特殊性。这是因为马克思主义的伟大的创造者和继承者马克思、恩格斯、列宁、斯大林他们发现了唯物辩证法的宇宙观,已经把唯物辩证法应用在人类历史的分析和自然历史的分析的许多方面,应用在社会的变革和自然的变革(例如在苏联)的许多方面,获得了极其伟大的成功,矛盾的普遍性已经被很多人所承认,因此,关于这个问题只需要很少的话就可以说明白;而关于矛盾的特殊性的问题,则还有很多的同志,特别是教条主义者,弄不清楚。他们不了解矛盾的普遍性即寓于矛盾的特殊性之中。他们也不了解研究当前具体事物的矛盾的特殊性,对于我们指导革命实践的发展有何等重要的意义。因此,关于矛盾的特殊性的问题应当着重地加以研究,并用足够的篇幅加以说明。为了这个缘故,当着我们分析事物矛盾的法则的时候,我们就先来分析矛盾的普遍性的问题,然后再着重地分析矛盾的特殊性的问题,最后仍归到矛盾的普遍性的问题。

矛盾的普遍性或绝对性这个问题有两方面的意义。其一是说,矛盾存在于一切事物的发展过程中;其二是说,每一事物的发展过程中存在着自始至终的矛盾运动。

恩格斯说:"运动本身就是矛盾。"[6]列宁对于对立统一法则所下的定义,说它就是"承认(发现)自然界(精神和社会两者也在内)的一切现象和过程都含有互相矛盾、互相排斥、互相对立的趋向"[7]。这些意见是对的吗?是对的。一切事物中包含的矛盾方面的相互依赖和相互斗争,决定一切事物的生命,推动一切事物的发展。没有什么事物是不包含矛盾的,没有矛盾就没有世界。

矛盾是简单的运动形式(例如机械性的运动)的基础,更是复杂的运动形式的基础。

恩格斯这样说明过矛盾的普遍性:"如果简单的机械的移动本身包含着矛盾,那末,物质的更高的运动形式,特别是有机生命及其发展,就更加包含着矛盾。……生命首先就在于:生物在每一个瞬间是它自身,但却又是别的什么。所以,生命也是存在于物体和过程本身中的不断地自行产生并自行解决的矛盾;这一矛盾一停止,生命亦即停止,于是死就来到。同样,我们看到了,在思维的范围以内我们也不能避免矛盾,并且我们看到了,例如,人的内部无限的认识能力与此种认识能力仅在外部被局限的而且认识上也被局限的个别人们身上的实际的实现二者之间的矛盾,是在人类世代的无穷的——至少对于我们,实际上是无穷的——连续系列之中,是在无穷的前进运动之中解决的。"

"高等数学的主要基础之一,就是矛盾……"

"就是初等数学,也充满着矛盾。……"[8]

列宁也这样说明过矛盾的普遍性:"在数学中,正和负,微分和积分。

在力学中,作用和反作用。

在物理学中,阳电和阴电。

在化学中,原子的化合和分解。

在社会科学中,阶级斗争。"[9]

战争中的攻守,进退,胜败,都是矛盾着的现象。失去一方,他方就不存在。双方斗争而又联结,组成了战争的总体,推动了战争的发展,解决了战争的问题。

人的概念的每一差异,都应把它看作是客观矛盾的反映。客观矛盾反映入主观的思想,组成了概念的矛盾运动,推动了思想的发展,不断地解决了人们的思想问题。

党内不同思想的对立和斗争是经常发生的,这是社会的阶级矛盾和新旧事物的矛盾在党内的反映。党内如果没有矛盾和解决矛盾的思想斗争,党的生命也就停止了。

由此看来,不论是简单的运动形式,或复杂的运动形式,不论是客观现象,或思想现象,矛盾是普遍地存在着,矛盾存在于一切过程中,这一点已经弄清楚了。但是每一过程的开始阶段,是否也有矛盾存在呢? 是否每一事物的发展过程具有自始至终的矛盾运动呢?

从苏联哲学界批判德波林学派的文章中看出,德波林学派有这样一种见解,他们认为矛盾不是一开始就在过程中出现,须待过程发展到一定的阶段才出现。那末,在那一时间以前,过程发展的原因不是由于内部的原因,而是由于外部的原因了。这样,德波林回到形而上学的外因论和机械论去了。拿这种见解去分析具体的问题,他们就看见在苏联条件下富农和一般农民之间只有差异,并无矛盾,完全同意了布哈林的意见。在分析法国革命时,他们就认为在革命前,工农资产阶级合组的第三等级中,也只有差异,并无矛盾。德波林学派这类见解是反马克思主义的。他们不知道世界上的每一差异中就已经包含着矛盾,差异就是矛盾。劳资之间,从两阶级发生的时候起,就是互相矛盾的,仅仅还没有激化而已。工农之间,即使在苏联的社会条件下,也有差异,它们的差异就是矛盾,仅仅不会激化成为对抗,不取阶级斗争的形态,不同于劳资间的矛盾;它们在社会主义建设中形成巩固的联盟,并在由社会主义走向共产主义的发展过程中逐渐地解决这个矛盾。这是矛盾的差别性的问题,不是矛盾的有无的问题。矛盾是普遍的、绝对的,存在于事物发展的一切过程中,又贯串于一切过程的始终。

新过程的发生是什么呢?这是旧的统一和组成此统一的对立成分让位于新的统一和组成此统一的对立成分,于是新过程就代替旧过程而发生。旧过程完结了,新过程发生了。新过程又包含着新矛盾,开始它自己的矛盾发展史。

事物发展过程的自始至终的矛盾运动,列宁指出马克思在《资本论》中模范地作了这样的分析。这是研究任何事物发展过程所必须应用的方法。列宁自己也正确地应用了它,贯彻于他的全部著作中。

"马克思在《资本论》中,首先分析的是资产阶级社会(商品社会)里最简单的、最普通的、最基本的、最常见的、最平常的、碰到亿万次的关系——商品交换。这一分析在这个最简单的现象之中(资产阶级社会的这个'细胞'之中)暴露了现代社会的一切矛盾(以及一切矛盾的胚芽)。往后的叙述又向我们表明了这些矛盾和这个社会各个部分总和的自始至终的发展(增长与运动两者)。"

列宁说了上面的话之后,接着说道:"这应该是一般辩证法的……叙述(以及研究)方法。"〔10〕

中国共产党人必须学会这个方法,才能正确地分析中国革命的历史和现状,并推断革命的将来。

三　矛盾的特殊性

矛盾存在于一切事物发展的过程中,矛盾贯串于每一事物发展过程的始终,这是矛盾的普遍性和绝对性,前面已经说过了。现在来说矛盾的特殊性和相对性。

这个问题,应从几种情形中去研究。

首先是各种物质运动形式中的矛盾,都带特殊性。人的认识物质,就是认识物质的运动形式,因为除了运动的物质以外,世界上什么也没有,而物质的运动则必取一定的形式。对于物质的每一种运动形式,必须注意它和其他各种运动形式的共同点。但是,尤其重要的,成为我们认识事物的基础的东西,则是必须注意它的特殊点,就是说,注意它和其他运动形式的质的区别。只有注意了这一点,才有可能区别事物。任何运动形式,其内部都包含着本身特殊的矛盾。这种特殊的矛盾,就构成一事物区别于他事物的特殊的本质。这就是世界上诸种事物所以有千差万别的内在的原因,或者叫做根据。自然界存在着许多的运动形式,机械运动、发声、发光、发热、电流、化分、化合等等都是。所有这些物质的运动形式,都是互相依存的,又是本质上互相区别的。每一物质的运动形式所具有的特殊的本质,为它自己的特殊的矛盾所规定。这种情形,不但在自然界中存在着,在社会现象和思想现象中也是同样地存在着。每一种社会形式和思想形式,都有它的特殊的矛盾和特殊的本质。

科学研究的区分,就是根据科学对象所具有的特殊的矛盾性。因此,对于某一现象的领域所特有的某一种矛盾的研究,就构成某一门科学的对象。例如,数学中的正数和负数,机械学中的作用和反作用,物理学中的阴电和阳电,化学中的化分和化合,社会科学中的生产力和生产关系、阶级和阶级的互相斗争,军事学中的攻击和防御,哲学中的唯心论和唯物论、形而上学观和辩证法观等等,都是因为具有特殊的矛盾和特殊的本质,才构成了不同的科学研究的对象。固然,如果不认识矛盾的普遍性,就无从发现事物运动发展的普遍的原因或普遍的根据;但是,如果不研究矛盾的特殊性,就无从确定一事物不同于他事物的特殊的本质,就无从发现事物运动发展的特殊的原因,或特殊的根据,也就无从辨别事物,无从区分科学研究的领域。

就人类认识运动的秩序说来,总是由认识个别的和特殊的事物,逐步地扩大到认识一般的事物。人们总是首先认识了许多不同事物的特殊的本质,然后才有可能更进一步地进行概括工作,认识诸种事物的共同的本质。当着人们已经认识了这种共同的本质以后,就以这种共同的认识为指导,继续地向着尚未研究过的或者尚未深入地研究过的各种具体的事物进行研究,找出其特殊的本质,这样才可以补充、丰富和发展这种共同的本质的认识,而使这种共同的本质的认识不致变成枯槁的和僵死的东西。这是两个认识的过程:一个是由特殊到一般,一个是由一般到特殊。人类的认识总是这样循环往复地进行的,而每一次的循环(只要是严格地按照科学的方法)都可能使人类的认识提高一步,使人类的认识不断地深化。我们的教条主义者在这个问题上的错误,就是,一方面,不懂得必须研究矛盾的特殊性,认识各别事物的特殊的本质,才有可能充分地认识矛盾的普遍性,充分地认识诸种事物的共同的本质;另一方面,不懂得在我们认识了事物的共同的本质以后,还必须继续研究那些尚未深入地研究过的或者新冒出来的具体的事物。我们的教条主义者是懒汉,他们拒绝对于具体事物做任何艰苦的研究工作,他们把一般真理看成是凭空出现的东西,把它变成为人们所不能够捉摸的纯粹抽象的公式,完全否认了并且颠倒了这个人类认识真理的正常秩序。他们也不懂得人类认识的两个过程的互相联结——由特殊到一般,又由一般到特殊,他们完全不懂得马克思主义的认识论。

不但要研究每一个大系统的物质运动形式的特殊的矛盾性及其所规定的本质,而且要研究每一个物质运动形式在其发展长途中的每一个过程的特殊的矛盾及其本质。一切运动形式的每一个实在的非臆造的发展过程内,都是不同质的。我们的研究工作必须着重这一点,而且必须从这一点开始。

不同质的矛盾，只有用不同质的方法才能解决。例如，无产阶级和资产阶级的矛盾，用社会主义革命的方法去解决；人民大众和封建制度的矛盾，用民主革命的方法去解决；殖民地和帝国主义的矛盾，用民族革命战争的方法去解决；在社会主义社会中工人阶级和农民阶级的矛盾，用农业集体化和农业机械化的方法去解决；共产党内的矛盾，用批评和自我批评的方法去解决；社会和自然的矛盾，用发展生产力的方法去解决。过程变化，旧过程和旧矛盾消灭，新过程和新矛盾发生，解决矛盾的方法也因之而不同。俄国的二月革命和十月革命所解决的矛盾及其所用以解决矛盾的方法是根本上不相同的。用不同的方法去解决不同的矛盾，这是马克思列宁主义者必须严格地遵守的一个原则。教条主义者不遵守这个原则，他们不了解诸种革命情况的区别，因而也不了解应当用不同的方法去解决不同的矛盾，而只是千篇一律地使用一种自以为不可改变的公式到处硬套，这就只能使革命遭受挫折，或者将本来做得好的事情弄得很坏。

为要暴露事物发展过程中的矛盾在其总体上、在其相互联结上的特殊性，就是说暴露事物发展过程的本质，就必须暴露过程中矛盾各方面的特殊性，否则暴露过程的本质成为不可能，这也是我们作研究工作时必须十分注意的。

一个大的事物，在其发展过程中，包含着许多的矛盾。例如，在中国资产阶级民主革命过程中，有中国社会各被压迫阶级和帝国主义的矛盾，有人民大众和封建制度的矛盾，有无产阶级和资产阶级的矛盾，有农民及城市小资产阶级和资产阶级的矛盾，有各个反动的统治集团之间的矛盾等等，情形是非常复杂的。这些矛盾，不但各各有其特殊性，不能一律看待，而且每一矛盾的两方面，又各各有其特点，也是不能一律看待的。我们从事中国革命的人，不但要在各个矛盾的总体上，即矛盾的相互联结上，了解其特殊性，而且只有从矛盾的各个方面着手研究，才有可能了解其总体。所谓了解矛盾的各个方面，就是了解它们每一方面各占何等特定的地位，各用何种具体形式和对方发生互相依存又互相矛盾的关系，在互相依存又互相矛盾中，以及依存破裂后，又各用何种具体的方法和对方作斗争。研究这些问题，是十分重要的事情。列宁说：马克思主义的最本质的东西，马克思主义的活的灵魂，就在于具体地分析具体的情况[11]。就是说的这个意思。我们的教条主义者违背列宁的指示，从来不用脑筋具体地分析任何事物，做起文章或演说来，总是空洞无物的八股调，在我们党内造成了一种极坏的作风。

研究问题，忌带主观性、片面性和表面性。所谓主观性，就是不知道客观地看问题，也就是不知道用唯物的观点去看问题。这一点，我在《实践论》一文中已经说过了。所谓片面性，就是不知道全面地看问题。例如：只了解中国一方、不了解日本一方，只了解共产党一方、不了解国民党一方，只了解无产阶级一方、不了解资产阶级一方，只了解农民一方、不了解地主一方，只了解顺利情形一方、不了解困难情形一方，只了解过去一方、不了解将来一方，只了解个体一方、不了解总体一方，只了解缺点一方、不了解成绩一方，只了解原告一方、不了解被告一方，只了解革命的秘密工作一方、不了解革命的公开工作一方，如此等等。一句话，不了解矛盾各方的特点。

这就叫做片面地看问题。或者叫做只看见局部,不看见全体,只看见树木,不看见森林。这样,是不能找出解决矛盾的方法的,是不能完成革命任务的,是不能做好所任工作的,是不能正确地发展党内的思想斗争的。孙子论军事说:"知彼知己,百战不殆。"[12]他说的是作战的双方。唐朝人魏徵说过:"兼听则明,偏信则暗。"[13]也懂得片面性不对。可是我们的同志看问题,往往带片面性,这样的人就往往碰钉子。《水浒传》上宋江三打祝家庄[14],两次都因情况不明,方法不对,打了败仗。后来改变方法,从调查情形入手,于是熟悉了盘陀路,拆散了李家庄、扈家庄和祝家庄的联盟,并且布置了藏在敌人营盘里的伏兵,用了和外国故事中所说木马计[15]相像的方法,第三次就打了胜仗。《水浒传》上有很多唯物辩证法的事例,这个三打祝家庄,算是最好的一个。列宁说:"要真正地认识对象,就必须把握和研究它的一切方面、一切联系和'媒介'。我们决不会完全地作到这一点,可是要求全面性,将使我们防止错误,防止僵化。"[16]我们应该记得他的话。表面性,是对矛盾总体和矛盾各方的特点都不去看,否认深入事物里面精细地研究矛盾特点的必要,仅仅站在那里远远地望一望,粗枝大叶地看到一点矛盾的形相,就想动手去解决矛盾(答复问题、解决纠纷、处理工作、指挥战争)。这样的做法,没有不出乱子的。中国的教条主义和经验主义的同志们所以犯错误,就是因为他们看事物的方法是主观的、片面的和表面的。片面性、表面性也是主观性,因为一切客观事物本来是互相联系的和具有内部规律的,人们不去如实地反映这些情况,而只是片面地或表面地去看它们,不认识事物的互相联系,不认识事物的内部规律,所以这种方法是主观主义的。

不但事物发展的全过程中的矛盾运动,在其相互联结上,在其各方情况上,我们必须注意其特点,而且在过程发展的各个阶段中,也有其特点,也必须注意。

事物发展过程的根本矛盾及为此根本矛盾所规定的过程的本质,非到过程完结之日,是不会消灭的;但是事物发展的长过程中的各个发展的阶段,情形又往往互相区别。这是因为事物发展过程的根本矛盾的性质和过程的本质虽然没有变化,但是根本矛盾在长过程中的各个发展阶段上采取了逐渐激化的形式。并且,被根本矛盾所规定或影响的许多大小矛盾中,有些是激化了,有些是暂时地或局部地解决了,或者缓和了,又有些是发生了,因此,过程就显出阶段性来。如果人们不去注意事物发展过程中的阶段性,人们就不能适当地处理事物的矛盾。

例如,自由竞争时代的资本主义发展为帝国主义,这时,无产阶级和资产阶级这两个根本矛盾着的阶级的性质和这个社会的资本主义的本质,并没有变化;但是,两阶级的矛盾激化了,独占资本和自由资本之间的矛盾发生了,宗主国和殖民地的矛盾激化了,各资本主义国家间的矛盾即由各国发展不平衡的状态而引起的矛盾特别尖锐地表现出来了,因此形成了资本主义的特殊阶段,形成了帝国主义阶段。列宁主义之所以成为帝国主义和无产阶级革命时代的马克思主义,就是因为列宁和斯大林正确地说明了这些矛盾,并正确地作出了解决这些矛盾的无产阶级革命的理论和策略。

拿从辛亥革命[17]开始的中国资产阶级民主革命过程的

情形来看,也有了若干特殊阶段。特别是在资产阶级领导时期的革命和在无产阶级领导时期的革命,区别为两个很大不同的历史阶段。这就是:由于无产阶级的领导,根本地改变了革命的面貌,引出了阶级关系的新调度,农民革命的大发动,反帝国主义和反封建主义的革命彻底性,由民主革命转变到社会主义革命的可能性,等等。所有这些,都是在资产阶级领导革命时期不可能出现的。虽然整个过程中根本矛盾的性质,过程之反帝反封建的民主革命的性质(其反面是半殖民地半封建的性质),并没有变化,但是,在这长时间中,经过了辛亥革命失败和北洋军阀统治,第一次民族统一战线的建立和一九二四年至一九二七年的革命,统一战线破裂和资产阶级转入反革命,新的军阀战争,土地革命战争,第二次民族统一战线建立和抗日战争等等大事变,二十多年间经过了几个发展阶段。在这些阶段中,包含着有些矛盾激化了(例如土地革命战争和日本侵入东北四省[18]),有些矛盾部分地或暂时地解决了(例如北洋军阀的被消灭,我们没收了地主的土地),有些矛盾重新发生了(例如新军阀之间的斗争,南方各革命根据地丧失后地主又重新收回土地)等等特殊的情形。

研究事物发展过程中的各个发展阶段上的矛盾的特殊性,不但必须在其联结上、在其总体上去看,而且必须从各个阶段中矛盾的各个方面去看。

例如国共两党。国民党方面,在第一次统一战线时期,因为它实行了孙中山的联俄、联共、援助工农的三大政策,所以它是革命的、有朝气的,它是各阶级的民主革命的联盟。一九二七年以后,国民党变到了与此相反的方面,成了地主和大资产阶级的反动集团。一九三六年十二月西安事变[19]后又开始向停止内战、联合共产党共同反对日本帝国主义这个方面转变。这就是国民党在三个阶段上的特点。形成这些特点，当然有种种的原因。中国共产党方面，在第一次统一战线时期，它是幼年的党，它英勇地领导了一九二四年至一九二七年的革命；但在对于革命的性质、任务和方法的认识方面，却表现了它的幼年性，因此在这次革命的后期所发生的陈独秀主义[20]能够起作用，使这次革命遭受了失败。一九二七年以后，它又英勇地领导了土地革命战争，创立了革命的军队和革命的根据地，但是它也犯过冒险主义的错误，使军队和根据地都受了很大的损失。一九三五年以后，它又纠正了冒险主义的错误，领导了新的抗日的统一战线，这个伟大的斗争现在正在发展。在这个阶段上，共产党是一个经过了两次革命的考验、有了丰富的经验的党。这些就是中国共产党在三个阶段上的特点。形成这些特点也有种种的原因。不研究这些特点，就不能了解两党在各个发展阶段上的特殊的相互关系：统一战线的建立，统一战线的破裂，再一个统一战线的建立。而要研究两党的种种特点，更根本的就必须研究这两党的阶级基础以及因此在各个时期所形成的它们和其他方面的矛盾的对立。例如，国民党在它第一次联合共产党的时期，一方面有和国外帝国主义的矛盾，因而它反对帝国主义；另一方面有和国内人民大众的矛盾，它在口头上虽然允许给予劳动人民以许多的利益，但在实际上则只给予很少的利益，或者简直什么也不给。在它进行反共战争的时期，则和帝国主义、封建主义合作反对人民大众，一笔勾销了人民大众原来在革命中所争得的一切利益,激化了它和人民大众的矛盾。现在抗日时期,国民党和日本帝国主义有矛盾,它一面要联合共产党,同时它对共产党和国内人民并不放松其斗争和压迫。共产党则无论在哪一时期,均和人民大众站在一道,反对帝国主义和封建主义;但在现在的抗日时期,由于国民党表示抗日,它对国民党和国内封建势力,也就采取了缓和的政策。由于这些情况,所以或者造成了两党的联合,或者造成了两党的斗争,而且即使在两党联合的时期也有又联合又斗争的复杂的情况。如果我们不去研究这些矛盾方面的特点,我们就不但不能了解这两个党各各和其他方面的关系,也不能了解两党之间的相互关系。

由此看来,不论研究何种矛盾的特性——各个物质运动形式的矛盾,各个运动形式在各个发展过程中的矛盾,各个发展过程的矛盾的各方面,各个发展过程在其各个发展阶段上的矛盾以及各个发展阶段上的矛盾的各方面,研究所有这些矛盾的特性,都不能带主观随意性,必须对它们实行具体的分析。离开具体的分析,就不能认识任何矛盾的特性。我们必须时刻记得列宁的话:对于具体的事物作具体的分析。

这种具体的分析,马克思、恩格斯首先给了我们以很好的模范。

当马克思、恩格斯把这事物矛盾的法则应用到社会历史过程的研究的时候,他们看出生产力和生产关系之间的矛盾,看出剥削阶级和被剥削阶级之间的矛盾以及由于这些矛盾所产生的经济基础和政治及思想等上层建筑之间的矛盾,而这些矛盾如何不可避免地会在各种不同的阶级社会中,引出各种不同的社会革命。

马克思把这一法则应用到资本主义社会经济结构的研究的时候，他看出这一社会的基本矛盾在于生产的社会性和占有制的私人性之间的矛盾。这个矛盾表现于在各别企业中的生产的有组织性和在全社会中的生产的无组织性之间的矛盾。这个矛盾的阶级表现则是资产阶级和无产阶级之间的矛盾。

由于事物范围的极其广大，发展的无限性，所以，在一定场合为普遍性的东西，而在另一一定场合则变为特殊性。反之，在一定场合为特殊性的东西，而在另一一定场合则变为普遍性。资本主义制度所包含的生产社会化和生产资料私人占有制的矛盾，是所有有资本主义的存在和发展的各国所共有的东西，对于资本主义说来，这是矛盾的普遍性。但是资本主义的这种矛盾，乃是一般阶级社会发展在一定历史阶段上的东西，对于一般阶级社会中的生产力和生产关系的矛盾说来，这是矛盾的特殊性。然而，当着马克思把资本主义社会这一切矛盾的特殊性解剖出来之后，同时也就更进一步地、更充分地、更完全地把一般阶级社会中这个生产力和生产关系的矛盾的普遍性阐发出来了。

由于特殊的事物是和普遍的事物联结的，由于每一个事物内部不但包含了矛盾的特殊性，而且包含了矛盾的普遍性，普遍性即存在于特殊性之中，所以，当着我们研究一定事物的时候，就应当去发现这两方面及其互相联结，发现一事物内部的特殊性和普遍性的两方面及其互相联结，发现一事物和它以外的许多事物的互相联结。斯大林在他的名著《论列宁主义基础》一书中说明列宁主义的历史根源的时候,他分析了列宁主义所由产生的国际环境,分析了在帝国主义条件下已经发展到极点的资本主义的诸矛盾,以及这些矛盾使无产阶级革命成为直接实践的问题,并造成了直接冲击资本主义的良好的条件。不但如此,他又分析了为什么俄国成为列宁主义的策源地,分析了沙皇俄国当时是帝国主义一切矛盾的集合点以及俄国无产阶级所以能够成为国际的革命无产阶级的先锋队的原因。这样,斯大林分析了帝国主义的矛盾的普遍性,说明列宁主义是帝国主义和无产阶级革命时代的马克思主义;又分析了沙俄帝国主义在这一般矛盾中所具有的特殊性,说明俄国成了无产阶级革命理论和策略的故乡,而在这种特殊性中间就包含了矛盾的普遍性。斯大林的这种分析,给我们提供了认识矛盾的特殊性和普遍性及其互相联结的模范。

马克思和恩格斯,同样地列宁和斯大林,他们对于应用辩证法到客观现象的研究的时候,总是指导人们不要带上任何的主观随意性,而必须从客观的实际运动所包含的具体的条件,去看出这些现象中的具体的矛盾、矛盾各方面的具体的地位以及矛盾的具体的相互关系。我们的教条主义者因为没有这种研究态度,所以弄得一无是处。我们必须以教条主义的失败为鉴戒,学会这种研究态度,舍此没有第二种研究法。

矛盾的普遍性和矛盾的特殊性的关系,就是矛盾的共性和个性的关系。其共性是矛盾存在于一切过程中,并贯串于一切过程的始终,矛盾即是运动,即是事物,即是过程,也即是思想。否认事物的矛盾就是否认了一切。这是共通的道理,古今中外,概莫能外。所以它是共性,是绝对性。然而这种共性,即包含于一切个性之中,无个性即无共性。假如除去一切个性,还有什么共性呢? 因为矛盾的各各特殊,所以造成了个性。一切个性都是有条件地暂时地存在的,所以是相对的。

这一共性个性、绝对相对的道理,是关于事物矛盾的问题的精髓,不懂得它,就等于抛弃了辩证法。

四　主要的矛盾和主要的矛盾方面

在矛盾特殊性的问题中,还有两种情形必须特别地提出来加以分析,这就是主要的矛盾和主要的矛盾方面。

在复杂的事物的发展过程中,有许多的矛盾存在,其中必有一种是主要的矛盾,由于它的存在和发展规定或影响着其他矛盾的存在和发展。

例如在资本主义社会中,无产阶级和资产阶级这两个矛盾着的力量是主要的矛盾;其他的矛盾力量,例如,残存的封建阶级和资产阶级的矛盾,农民小资产者和资产阶级的矛盾,无产阶级和农民小资产者的矛盾,自由资产阶级和垄断资产阶级的矛盾,资产阶级的民主主义和资产阶级的法西斯主义的矛盾,资本主义国家相互间的矛盾,帝国主义和殖民地的矛盾,以及其他的矛盾,都为这个主要的矛盾力量所规定、所影响。

半殖民地的国家如中国,其主要矛盾和非主要矛盾的关系呈现着复杂的情况。

当着帝国主义向这种国家举行侵略战争的时候,这种国家的内部各阶级,除开一些叛国分子以外,能够暂时地团结起来举行民族战争去反对帝国主义。这时,帝国主义和这种国家之间的矛盾成为主要的矛盾,而这种国家内部各阶级的一切矛盾(包括封建制度和人民大众之间这个主要矛盾在内),便都暂时地降到次要和服从的地位。中国一八四〇年的鸦片战争[21],一八九四年的中日战争[22],一九〇〇年的义和团战争[23]和目前的中日战争,都有这种情形。

　　然而在另一种情形之下,则矛盾的地位起了变化。当着帝国主义不是用战争压迫而是用政治、经济、文化等比较温和的形式进行压迫的时候,半殖民地国家的统治阶级就会向帝国主义投降,二者结成同盟,共同压迫人民大众。这种时候,人民大众往往采取国内战争的形式,去反对帝国主义和封建阶级的同盟,而帝国主义则往往采取间接的方式去援助半殖民地国家的反动派压迫人民,而不采取直接行动,显出了内部矛盾的特别尖锐性。中国的辛亥革命战争,一九二四年至一九二七年的革命战争,一九二七年以后的十年土地革命战争,都有这种情形。还有半殖民地国家各个反动的统治集团之间的内战,例如在中国的军阀战争,也属于这一类。

　　当着国内革命战争发展到从根本上威胁帝国主义及其走狗国内反动派的存在的时候,帝国主义就往往采取上述方法以外的方法,企图维持其统治:或者分化革命阵线的内部,或者直接出兵援助国内反动派。这时,外国帝国主义和国内反动派完全公开地站在一个极端,人民大众则站在另一极端,成为一个主要矛盾,而规定或影响其他矛盾的发展状态。十月革命后各资本主义国家援助俄国反动派,是武装干涉的例子。一九二七年的蒋介石的叛变,是分化革命阵线的例子。

　　然而不管怎样,过程发展的各个阶段中,只有一种主要的矛盾起着领导的作用,是完全没有疑义的。

　　由此可知,任何过程如果有多数矛盾存在的话,其中必定有一种是主要的,起着领导的、决定的作用,其他则处于次要和服从的地位。因此,研究任何过程,如果是存在着两个以上矛盾的复杂过程的话,就要用全力找出它的主要矛盾。捉住了这个主要矛盾,一切问题就迎刃而解了。这是马克思研究资本主义社会告诉我们的方法。列宁和斯大林研究帝国主义和资本主义总危机的时候,列宁和斯大林研究苏联经济的时候,也告诉了这种方法。万千的学问家和实行家,不懂得这种方法,结果如堕烟海,找不到中心,也就找不到解决矛盾的方法。

　　不能把过程中所有的矛盾平均看待,必须把它们区别为主要的和次要的两类,着重于捉住主要的矛盾,已如上述。但是在各种矛盾之中,不论是主要的或次要的,矛盾着的两个方面,又是否可以平均看待呢? 也是不可以的。无论什么矛盾,矛盾的诸方面,其发展是不平衡的。有时候似乎势均力敌,然而这只是暂时的和相对的情形,基本的形态则是不平衡。矛盾着的两方面中,必有一方面是主要的,他方面是次要的。其主要的方面,即所谓矛盾起主导作用的方面。事物的性质,主要地是由取得支配地位的矛盾的主要方面所规定的。

　　然而这种情形不是固定的,矛盾的主要和非主要的方面互相转化着,事物的性质也就随着起变化。在矛盾发展的一定过程或一定阶段上,主要方面属于甲方,非主要方面属于乙方;到了另一发展阶段或另一发展过程时,就互易其位置,这是依靠事物发展中矛盾双方斗争的力量的增减程度来决定的。

我们常常说"新陈代谢"这句话。新陈代谢是宇宙间普遍的永远不可抵抗的规律。依事物本身的性质和条件，经过不同的飞跃形式，一事物转化为他事物，就是新陈代谢的过程。任何事物的内部都有其新旧两个方面的矛盾，形成为一系列的曲折的斗争。斗争的结果，新的方面由小变大，上升为支配的东西；旧的方面则由大变小，变成逐步归于灭亡的东西。而一当新的方面对于旧的方面取得支配地位的时候，旧事物的性质就变化为新事物的性质。由此可见，事物的性质主要地是由取得支配地位的矛盾的主要方面所规定的。取得支配地位的矛盾的主要方面起了变化，事物的性质也就随着起变化。

在资本主义社会中，资本主义已从旧的封建主义社会时代的附庸地位，转化成了取得支配地位的力量，社会的性质也就由封建主义的变为资本主义的。在新的资本主义社会时代，封建势力则由原来处在支配地位的力量转化为附庸的力量，随着也就逐步地归于消灭了，例如英法诸国就是如此。随着生产力的发展，资产阶级由新的起进步作用的阶级，转化为旧的起反动作用的阶级，以至于最后被无产阶级所推翻，而转化为私有的生产资料被剥夺和失去权力的阶级，这个阶级也就要逐步归于消灭了。人数比资产阶级多得多、并和资产阶级同时生长、但被资产阶级统治着的无产阶级，是一个新的力量，它由初期的附属于资产阶级的地位，逐步地壮大起来，成为独立的和在历史上起主导作用的阶级，以至最后夺取政权成为统治阶级。这时，社会的性质，就由旧的资本主义的社会转化成了新的社会主义的社会。这就是苏联已经走过和一切其他国家必然要走的道路。

就中国的情形来说,帝国主义处在形成半殖民地这种矛盾的主要地位,压迫中国人民,中国则由独立国变为半殖民地。然而事情必然会变化,在双方斗争的局势中,中国人民在无产阶级领导之下所生长起来的力量必然会把中国由半殖民地变为独立国,而帝国主义则将被打倒,旧中国必然要变为新中国。

旧中国变为新中国,还包含着国内旧的封建势力和新的人民势力之间的情况的变化。旧的封建地主阶级将被打倒,由统治者变为被统治者,这个阶级也就会要逐步归于消灭。人民则将在无产阶级领导之下,由被统治者变为统治者。这时,中国社会的性质就会起变化,由旧的半殖民地和半封建的社会变为新的民主的社会。

这种互相转化的事情,过去已有经验。统治中国将近三百年的清朝帝国,曾在辛亥革命时期被打倒;而孙中山领导的革命同盟会,则曾经一度取得了胜利。在一九二四年至一九二七年的革命战争中,共产党和国民党联合的南方革命势力,曾经由弱小的力量变得强大起来,取得了北伐的胜利;而称雄一时的北洋军阀则被打倒了。一九二七年,共产党领导的人民力量,受了国民党反动势力的打击,变得很小了;但因肃清了自己内部的机会主义,就又逐步地壮大起来。在共产党领导的革命根据地内,农民由被统治者转化为统治者,地主则作了相反的转化。世界上总是这样以新的代替旧的,总是这样新陈代谢、除旧布新或推陈出新的。

革命斗争中的某些时候,困难条件超过顺利条件,在这种时候,困难是矛盾的主要方面,顺利是其次要方面。然而由于革命党人的努力,能够逐步地克服困难,开展顺利的新局面,困难的局面让位于顺利的局面。一九二七年中国革命失败后的情形,中国红军在长征[24]中的情形,都是如此。现在的中日战争,中国又处在困难地位,但是我们能够改变这种情况,使中日双方的情况发生根本的变化。在相反的情形之下,顺利也能转化为困难,如果是革命党人犯了错误的话。一九二四年至一九二七年的革命的胜利,变为失败了。一九二七年以后在南方各省发展起来的革命根据地,至一九三四年都失败了。

研究学问的时候,由不知到知的矛盾也是如此。当着我们刚才开始研究马克思主义的时候,对于马克思主义的无知或知之不多的情况,和马克思主义的知识之间,互相矛盾着。然而由于努力学习,可以由无知转化为有知,由知之不多转化为知之甚多,由对于马克思主义的盲目性改变为能够自由运用马克思主义。

有人觉得有些矛盾并不是这样。例如,生产力和生产关系的矛盾,生产力是主要的;理论和实践的矛盾,实践是主要的;经济基础和上层建筑的矛盾,经济基础是主要的:它们的地位并不互相转化。这是机械唯物论的见解,不是辩证唯物论的见解。诚然,生产力、实践、经济基础,一般地表现为主要的决定的作用,谁不承认这一点,谁就不是唯物论者。然而,生产关系、理论、上层建筑这些方面,在一定条件之下,又转过来表现其为主要的决定的作用,这也是必须承认的。当着不变更生产关系,生产力就不能发展的时候,生产关系的变更就起了主要的决定的作用。当着如同列宁所说"没有革命的理论，就不会有革命的运动"〔25〕的时候，革命理论的创立和提倡就起了主要的决定的作用。当着某一件事情（任何事情都是一样）要做，但是还没有方针、方法、计划或政策的时候，确定方针、方法、计划或政策，也就是主要的决定的东西。当着政治文化等等上层建筑阻碍着经济基础的发展的时候，对于政治上和文化上的革新就成为主要的决定的东西了。我们这样说，是否违反了唯物论呢？没有。因为我们承认总的历史发展中是物质的东西决定精神的东西，是社会的存在决定社会的意识；但是同时又承认而且必须承认精神的东西的反作用，社会意识对于社会存在的反作用，上层建筑对于经济基础的反作用。这不是违反唯物论，正是避免了机械唯物论，坚持了辩证唯物论。

在研究矛盾特殊性的问题中，如果不研究过程中主要的矛盾和非主要的矛盾以及矛盾之主要的方面和非主要的方面这两种情形，也就是说不研究这两种矛盾情况的差别性，那就将陷入抽象的研究，不能具体地懂得矛盾的情况，因而也就不能找出解决矛盾的正确的方法。这两种矛盾情况的差别性或特殊性，都是矛盾力量的不平衡性。世界上没有绝对地平衡发展的东西，我们必须反对平衡论，或均衡论。同时，这种具体的矛盾状况，以及矛盾的主要方面和非主要方面在发展过程中的变化，正是表现出新事物代替旧事物的力量。对于矛盾的各种不平衡情况的研究，对于主要的矛盾和非主要的矛盾、主要的矛盾方面和非主要的矛盾方面的研究，成为革命政党正确地决定其政治上和军事上的战略战术方针的重要方法之一,是一切共产党人都应当注意的。

五　矛盾诸方面的同一性和斗争性

在懂得了矛盾的普遍性和特殊性的问题之后,我们必须进而研究矛盾诸方面的同一性和斗争性的问题。

同一性、统一性、一致性、互相渗透、互相贯通、互相依赖(或依存)、互相联结或互相合作,这些不同的名词都是一个意思,说的是如下两种情形:第一、事物发展过程中的每一种矛盾的两个方面,各以和它对立着的方面为自己存在的前提,双方共处于一个统一体中;第二、矛盾着的双方,依据一定的条件,各向着其相反的方面转化。这些就是所谓同一性。

列宁说:"辩证法是这样的一种学说:它研究对立怎样能够是同一的,又怎样成为同一的(怎样变成同一的),——在怎样的条件之下它们互相转化,成为同一的,——为什么人的头脑不应当把这些对立看作死的、凝固的东西,而应当看作生动的、有条件的、可变动的、互相转化的东西。"〔26〕

列宁这段话是什么意思呢?

一切过程中矛盾着的各方面,本来是互相排斥、互相斗争、互相对立的。世界上一切事物的过程里和人们的思想里,都包含着这样带矛盾性的方面,无一例外。单纯的过程只有一对矛盾,复杂的过程则有一对以上的矛盾。各对矛盾之间,又互相成为矛盾。这样地组成客观世界的一切事物和人们的思想,并推使它们发生运动。

如此说来,只是极不同一,极不统一,怎样又说是同一或统一呢？

原来矛盾着的各方面，不能孤立地存在。假如没有和它作对的矛盾的一方，它自己这一方就失去了存在的条件。试想一切矛盾着的事物或人们心中矛盾着的概念，任何一方面能够独立地存在吗？没有生，死就不见；没有死，生也不见。没有上，无所谓下；没有下，也无所谓上。没有祸，无所谓福；没有福，也无所谓祸。没有顺利，无所谓困难；没有困难，也无所谓顺利。没有地主，就没有佃农；没有佃农，也就没有地主。没有资产阶级，就没有无产阶级；没有无产阶级，也就没有资产阶级。没有帝国主义的民族压迫，就没有殖民地和半殖民地；没有殖民地和半殖民地，也就没有帝国主义的民族压迫。一切对立的成分都是这样，因一定的条件，一面互相对立，一面又互相联结、互相贯通、互相渗透、互相依赖，这种性质，叫做同一性。一切矛盾着的方面都因一定条件具备着不同一性，所以称为矛盾。然而又具备着同一性，所以互相联结。列宁所谓辩证法研究"对立怎样能够是同一的"，就是说的这种情形。怎样能够呢？因为互为存在的条件。这是同一性的第一种意义。

然而单说了矛盾双方互为存在的条件，双方之间有同一性，因而能够共处于一个统一体中，这样就够了吗？还不够。事情不是矛盾双方互相依存就完了，更重要的，还在于矛盾着的事物的互相转化。这就是说，事物内部矛盾着的两方面，因为一定的条件而各向着和自己相反的方面转化了去，向着它的对立方面所处的地位转化了去。这就是矛盾的同一性的第二种意义。

为什么这里也有同一性呢？你们看，被统治的无产阶级经过革命转化为统治者,原来是统治者的资产阶级却转化为被统治者,转化到对方原来所占的地位。苏联已经是这样做了,全世界也将要这样做。试问其间没有在一定条件之下的联系和同一性,如何能够发生这样的变化呢?

曾在中国近代历史的一定阶段上起过某种积极作用的国民党,因为它的固有的阶级性和帝国主义的引诱(这些就是条件),在一九二七年以后转化为反革命,又由于中日矛盾的尖锐化和共产党的统一战线政策(这些就是条件),而被迫着赞成抗日。矛盾着的东西这一个变到那一个,其间包含了一定的同一性。

我们实行过的土地革命,已经是并且还将是这样的过程,拥有土地的地主阶级转化为失掉土地的阶级,而曾经是失掉土地的农民却转化为取得土地的小私有者。有无、得失之间,因一定条件而互相联结,二者具有同一性。在社会主义条件之下,农民的私有制又将转化为社会主义农业的公有制,苏联已经这样做了,全世界将来也会这样做。私产和公产之间有一条由此达彼的桥梁,哲学上名之曰同一性,或互相转化、互相渗透。

巩固无产阶级的专政或人民的专政,正是准备着取消这种专政,走到消灭任何国家制度的更高阶段去的条件。建立和发展共产党,正是准备着消灭共产党和一切政党制度的条件。建立共产党领导的革命军,进行革命战争,正是准备着永远消灭战争的条件。这许多相反的东西,同时却是相成的东西。

大家知道,战争与和平是互相转化的。战争转化为和平,例如第一次世界大战转化为战后的和平,中国的内战现在也停止了,出现了国内的和平。和平转化为战争,例如一九二七年的国共合作转化为战争,现在的世界和平局面也可能转化为第二次世界大战。为什么是这样?因为在阶级社会中战争与和平这样矛盾着的事物,在一定条件下具备着同一性。

一切矛盾着的东西,互相联系着,不但在一定条件之下共处于一个统一体中,而且在一定条件之下互相转化,这就是矛盾的同一性的全部意义。列宁所谓"怎样成为同一的(怎样变成同一的),——在怎样的条件之下它们互相转化,成为同一的",就是这个意思。

"为什么人的头脑不应当把这些对立看作死的、凝固的东西,而应当看作生动的、有条件的、可变动的、互相转化的东西"呢?因为客观事物本来是如此的。客观事物中矛盾着的诸方面的统一或同一性,本来不是死的、凝固的,而是生动的、有条件的、可变动的、暂时的、相对的东西,一切矛盾都依一定条件向它们的反面转化着。这种情况,反映在人们的思想里,就成了马克思主义的唯物辩证法的宇宙观。只有现在的和历史上的反动的统治阶级以及为他们服务的形而上学,不是把对立的事物当作生动的、有条件的、可变动的、互相转化的东西去看,而是当作死的、凝固的东西去看,并且把这种错误的看法到处宣传,迷惑人民群众,以达其继续统治的目的。共产党人的任务就在于揭露反动派和形而上学的错误思想,宣传事物的本来的辩证法,促成事物的转化,达到革命的目的。

所谓矛盾在一定条件下的同一性,就是说,我们所说的矛盾乃是现实的矛盾,具体的矛盾,而矛盾的互相转化也是现实的、具体的。神话中的许多变化,例如《山海经》中所说的"夸

父追日"〔27〕,《淮南子》中所说的"羿射九日"〔28〕,《西游记》中
所说的孙悟空七十二变〔29〕和《聊斋志异》〔30〕中的许多鬼狐变
人的故事等等,这种神话中所说的矛盾的互相变化,乃是无数
复杂的现实矛盾的互相变化对于人们所引起的一种幼稚的、
想象的、主观幻想的变化,并不是具体的矛盾所表现出来的具
体的变化。马克思说:"任何神话都是用想象和借助想象以征
服自然力,支配自然力,把自然力加以形象化;因而,随着这些
自然力之实际上被支配,神话也就消失了。"〔31〕这种神话中的
(还有童话中的)千变万化的故事,虽然因为它们想象出人们
征服自然力等等,而能够吸引人们的喜欢,并且最好的神话具
有"永久的魅力"〔32〕(马克思),但神话并不是根据具体的矛盾
之一定的条件而构成的,所以它们并不是现实之科学的反映。
这就是说,神话或童话中矛盾构成的诸方面,并不是具体的同
一性,只是幻想的同一性。科学地反映现实变化的同一性的,
就是马克思主义的辩证法。

　　为什么鸡蛋能够转化为鸡子,而石头不能够转化为鸡子
呢? 为什么战争与和平有同一性,而战争与石头却没有同一
性呢? 为什么人能生人不能生出其他的东西呢? 没有别的,
就是因为矛盾的同一性要在一定的必要的条件之下。缺乏一
定的必要的条件,就没有任何的同一性。

　　为什么俄国在一九一七年二月的资产阶级民主革命和同
年十月的无产阶级社会主义革命直接地联系着,而法国资产
阶级革命没有直接地联系于社会主义的革命,一八七一年的
巴黎公社终于失败了呢? 为什么蒙古和中亚细亚的游牧制度
又直接地和社会主义联系了呢? 为什么中国的革命可以避免

资本主义的前途,可以和社会主义直接联系起来,不要再走西方国家的历史老路,不要经过一个资产阶级专政的时期呢?没有别的,都是由于当时的具体条件。一定的必要的条件具备了,事物发展的过程就发生一定的矛盾,而且这种或这些矛盾互相依存,又互相转化,否则,一切都不可能。

同一性的问题如此。那末,什么是斗争性呢? 同一性和斗争性的关系是怎样的呢?

列宁说:"对立的统一(一致、同一、合一),是有条件的、一时的、暂存的、相对的。互相排斥的对立的斗争则是绝对的,正如发展、运动是绝对的一样。"〔33〕

列宁这段话是什么意思呢?

一切过程都有始有终,一切过程都转化为它们的对立物。一切过程的常住性是相对的,但是一种过程转化为他种过程的这种变动性则是绝对的。

无论什么事物的运动都采取两种状态,相对地静止的状态和显著地变动的状态。两种状态的运动都是由事物内部包含的两个矛盾着的因素互相斗争所引起的。当着事物的运动在第一种状态的时候,它只有数量的变化,没有性质的变化,所以显出好似静止的面貌。当着事物的运动在第二种状态的时候,它已由第一种状态中的数量的变化达到了某一个最高点,引起了统一物的分解,发生了性质的变化,所以显出显著地变化的面貌。我们在日常生活中所看见的统一、团结、联合、调和、均势、相持、僵局、静止、有常、平衡、凝聚、吸引等等,都是事物处在量变状态中所显现的面貌。而统一物的分解,团结、联合、调和、均势、相持、僵局、静止、有常、平衡、凝聚、吸引等等状态的破坏，变到相反的状态，便都是事物在质变状态中、在一种过程过渡到他种过程的变化中所显现的面貌。事物总是不断地由第一种状态转化为第二种状态，而矛盾的斗争则存在于两种状态中，并经过第二种状态而达到矛盾的解决。所以说，对立的统一是有条件的、暂时的、相对的，而对立的互相排除的斗争则是绝对的。

　　前面我们曾经说，两个相反的东西中间有同一性，所以二者能够共处于一个统一体中，又能够互相转化，这是说的条件性，即是说在一定条件之下，矛盾的东西能够统一起来，又能够互相转化；无此一定条件，就不能成为矛盾，不能共居，也不能转化。由于一定的条件才构成了矛盾的同一性，所以说同一性是有条件的、相对的。这里我们又说，矛盾的斗争贯串于过程的始终，并使一过程向着他过程转化，矛盾的斗争无所不在，所以说矛盾的斗争性是无条件的、绝对的。

　　有条件的相对的同一性和无条件的绝对的斗争性相结合，构成了一切事物的矛盾运动。

　　我们中国人常说："相反相成。"〔34〕就是说相反的东西有同一性。这句话是辩证法的，是违反形而上学的。"相反"就是说两个矛盾方面的互相排斥，或互相斗争。"相成"就是说在一定条件之下两个矛盾方面互相联结起来，获得了同一性。而斗争性即寓于同一性之中，没有斗争性就没有同一性。

　　在同一性中存在着斗争性，在特殊性中存在着普遍性，在个性中存在着共性。拿列宁的话来说，叫做"在相对的东西里面有着绝对的东西"〔35〕。

六　对抗在矛盾中的地位

在矛盾的斗争性的问题中,包含着对抗是什么的问题。我们回答道:对抗是矛盾斗争的一种形式,而不是矛盾斗争的一切形式。

在人类历史中,存在着阶级的对抗,这是矛盾斗争的一种特殊的表现。剥削阶级和被剥削阶级之间的矛盾,无论在奴隶社会也好,封建社会也好,资本主义社会也好,互相矛盾着的两阶级,长期地并存于一个社会中,它们互相斗争着,但要待两阶级的矛盾发展到了一定的阶段的时候,双方才取外部对抗的形式,发展为革命。阶级社会中,由和平向战争的转化,也是如此。

炸弹在未爆炸的时候,是矛盾物因一定条件共居于一个统一体中的时候。待至新的条件(发火)出现,才发生了爆炸。自然界中一切到了最后要采取外部冲突形式去解决旧矛盾产生新事物的现象,都有与此相仿佛的情形。

认识这种情形,极为重要。它使我们懂得,在阶级社会中,革命和革命战争是不可避免的,舍此不能完成社会发展的飞跃,不能推翻反动的统治阶级,而使人民获得政权。共产党人必须揭露反动派所谓社会革命是不必要的和不可能的等等欺骗的宣传,坚持马克思列宁主义的社会革命论,使人民懂得,这不但是完全必要的,而且是完全可能的,整个人类的历史和苏联的胜利,都证明了这个科学的真理。

但是我们必须具体地研究各种矛盾斗争的情况,不应当将上面所说的公式不适当地套在一切事物的身上。矛盾和斗争是普遍的、绝对的，但是解决矛盾的方法，即斗争的形式，则因矛盾的性质不同而不相同。有些矛盾具有公开的对抗性，有些矛盾则不是这样。根据事物的具体发展，有些矛盾是由原来还非对抗性的，而发展成为对抗性的；也有些矛盾则由原来是对抗性的，而发展成为非对抗性的。

共产党内正确思想和错误思想的矛盾，如前所说，在阶级存在的时候，这是阶级矛盾对于党内的反映。这种矛盾，在开始的时候，或在个别的问题上，并不一定马上表现为对抗性的。但随着阶级斗争的发展，这种矛盾也就可能发展为对抗性的。苏联共产党的历史告诉我们：列宁、斯大林的正确思想和托洛茨基、布哈林等人的错误思想的矛盾，在开始的时候还没有表现为对抗的形式，但随后就发展为对抗的了。中国共产党的历史也有过这样的情形。我们党内许多同志的正确思想和陈独秀、张国焘[36]等人的错误思想的矛盾，在开始的时候也没有表现为对抗的形式，但随后就发展为对抗的了。目前我们党内的正确思想和错误思想的矛盾，没有表现为对抗的形式，如果犯错误的同志能够改正自己的错误，那就不会发展为对抗性的东西。因此，党一方面必须对于错误思想进行严肃的斗争，另方面又必须充分地给犯错误的同志留有自己觉悟的机会。在这样的情况下，过火的斗争，显然是不适当的。但如果犯错误的人坚持错误，并扩大下去，这种矛盾也就存在着发展为对抗性的东西的可能性。

经济上城市和乡村的矛盾，在资本主义社会里面（那里资产阶级统治的城市残酷地掠夺乡村），在中国的国民党统治区域里面(那里外国帝国主义和本国买办大资产阶级所统治的城市极野蛮地掠夺乡村),那是极其对抗的矛盾。但在社会主义国家里面,在我们的革命根据地里面,这种对抗的矛盾就变为非对抗的矛盾,而当到达共产主义社会的时候,这种矛盾就会消灭。

列宁说:"对抗和矛盾断然不同。在社会主义下,对抗消灭了,矛盾存在着。"[37]这就是说,对抗只是矛盾斗争的一种形式,而不是它的一切形式,不能到处套用这个公式。

七　结　　论

说到这里,我们可以总起来说几句。事物矛盾的法则,即对立统一的法则,是自然和社会的根本法则,因而也是思维的根本法则。它是和形而上学的宇宙观相反的。它对于人类的认识史是一个大革命。按照辩证唯物论的观点看来,矛盾存在于一切客观事物和主观思维的过程中,矛盾贯串于一切过程的始终,这是矛盾的普遍性和绝对性。矛盾着的事物及其每一个侧面各有其特点,这是矛盾的特殊性和相对性。矛盾着的事物依一定的条件有同一性,因此能够共居于一个统一体中,又能够互相转化到相反的方面去,这又是矛盾的特殊性和相对性。然而矛盾的斗争则是不断的,不管在它们共居的时候,或者在它们互相转化的时候,都有斗争的存在,尤其是在它们互相转化的时候,斗争的表现更为显著,这又是矛盾的普遍性和绝对性。当着我们研究矛盾的特殊性和相对性的时候,要注意矛盾和矛盾方面的主要的和非主要的区别;当着我们研究矛盾的普遍性和斗争性的时候,要注意矛盾的各种不同的斗争形式的区别。否则就要犯错误。如果我们经过研究真正懂得了上述这些要点,我们就能够击破违反马克思列宁主义基本原则的不利于我们的革命事业的那些教条主义的思想;也能够使有经验的同志们整理自己的经验,使之带上原则性,而避免重复经验主义的错误。这些,就是我们研究矛盾法则的一些简单的结论。

注　　释

〔1〕见列宁《黑格尔〈哲学史讲演录〉一书摘要》(《列宁全集》第 55 卷,人民出版社 1990 年版,第 213 页)。

〔2〕参见列宁《谈谈辩证法问题》:"统一物之分为两个部分以及对它的矛盾着的部分的认识……,是辩证法的实质(是辩证法的'本质'之一,是它的基本的特点或特征之一,甚至可说是它的基本的特点或特征)。"并参见《黑格尔〈逻辑学〉一书摘要》中关于"辩证法的要素"部分:"可以把辩证法简要地规定为关于对立面的统一的学说。这样就会抓住辩证法的核心,可是这需要说明和发挥。"(《列宁全集》第 55 卷,人民出版社 1990 年版,第 305、192 页)

〔3〕德波林(一八八一——一九六三),苏联哲学家。一九二九年当选为苏联科学院院士。三十年代初,苏联哲学界发动对德波林学派的批判,认为他们犯了理论脱离实践、哲学脱离政治等唯心主义性质的错误。

〔4〕见列宁《谈谈辩证法问题》。新的译文是:"有两种基本的(或两种可能的? 或两种在历史上常见的?)发展(进化)观点:认为发展是减少和增加,是重复;以及认为发展是对立面的统一(统一物之分为两个互相排斥的对立面以及它们之间的相互关系)。"(《列宁全集》第 55 卷,人民出版社 1990 年版,第 306 页)

〔5〕见《汉书·董仲舒传》。董仲舒(公元前一七九——前一〇四)是孔子学派在西汉的主要代表,他曾经对汉武帝说:"道之大原出于天,天不变,道亦不变。""道"是中国古代哲学家的通用语,它的意义是"道路"或"道理",可作"法则"或"规律"解说。

〔6〕见恩格斯《反杜林论》第一编第十二节《辩证法。量和质》(《马克思恩格斯选集》第 3 卷,人民出版社 1972 年版,第 160 页)。

〔7〕见列宁《谈谈辩证法问题》。新的译文是："承认(发现)自然界的(也包括精神的和社会的)一切现象和过程具有矛盾着的、相互排斥的、对立的倾向。"(《列宁全集》第 55 卷,人民出版社 1990 年版,第 306 页)

〔8〕以上所引恩格斯的三段话,均见恩格斯《反杜林论》第一编第十二节《辩证法。量和质》。其中第二段"高等数学的主要基础之一,就是矛盾……",《反杜林论》中的原文是:"我们已经提到,高等数学的主要基础之一是这样一个矛盾:在一定条件下直线和曲线应当是一回事。高等数学还有另一个矛盾:在我们眼前相交的线,只要离开交点五六厘米,就应当认为是平行的、即使无限延长也不会相交的线。可是,高等数学利用这些和其他一些更加尖锐的矛盾获得了不仅是正确的、而且是初等数学所完全不能达到的成果。"(《马克思恩格斯选集》第 3 卷,人民出版社 1972 年版,第 160—161 页)

〔9〕见列宁《谈谈辩证法问题》(《列宁全集》第 55 卷,人民出版社 1990 年版,第 305—306 页)。

〔10〕见列宁《谈谈辩证法问题》(《列宁全集》第 55 卷,人民出版社 1990 年版,第 307 页)。

〔11〕参见本卷《中国革命战争的战略问题》注〔11〕。

〔12〕见《孙子·谋攻》。

〔13〕魏徵(五八〇——六四三),唐代初期的政治活动家和历史学家。本文引语见《资治通鉴》卷一百九十二。

〔14〕《水浒传》是中国描写农民战争的著名小说。宋江是这部小说中农民武装的主要领袖。祝家庄在农民武装根据地梁山泊的附近,这个庄的统治者祝朝奉,是一个大恶霸地主。

〔15〕木马计是希腊神话中的一个著名故事。据传说,古希腊人攻打特洛伊城,很久打不下来。后来,他们伪装撤退,在城下营房中留下了一匹腹内藏有一批勇士的大木马。特洛伊人不知道这是敌人的计策,把木马作为战利品拉进城去。深夜,勇士们走出木马,利用特洛伊人毫无戒备的时机,配合城外的军队,迅速地夺取了特洛伊城。

〔16〕见列宁《再论工会、目前局势及托洛茨基同志和布哈林同志的错误》。新的译文是:"要真正地认识事物,就必须把握住、研究清楚它的一切方面、一切联系和'中介'。我们永远也不会完全做到这一点,但是,全面性这一要求可以使我们防止犯错误和防止僵化。"(《列宁全集》第 40 卷,人民出版社 1986 年版,第 291 页)

〔17〕见本卷《湖南农民运动考察报告》注〔3〕。

〔18〕见本卷《论反对日本帝国主义的策略》注〔5〕。

〔19〕参见本卷《关于蒋介石声明的声明》注〔1〕。

〔20〕见本卷《中国革命战争的战略问题》注〔4〕。

〔21〕见本卷《论反对日本帝国主义的策略》注〔35〕。

〔22〕一八九四年(甲午年)发生的中日战争,也称甲午战争。这次战争是日本军国主义者蓄意挑起的。日本军队先向朝鲜发动侵略并对中国的陆海军进行挑衅,继即大举侵入中国的东北。在战争中,中国军队曾经英勇作战,但是由于清朝政府的腐败以及缺乏坚决反对侵略的准备,中国方面遭到了失败。一八九五年,清朝政府和日本订立了可耻的马关条约,这个条约的主要内容是:中国割让台湾全岛及所有附属各岛屿、澎湖列岛和辽东半岛(后来在俄、德、法三国干涉下,日本同意由清政府偿付白银三千万两"赎还"该半岛),赔偿军费银二万万两,允许日本人在中国通商口岸开设工厂,开辟沙市、重庆、苏州、杭州等地为商埠。

〔23〕见本卷《论反对日本帝国主义的策略》注〔37〕。

〔24〕参见本卷《论反对日本帝国主义的策略》注〔22〕。

〔25〕见列宁《俄国社会民主党人的任务》(《列宁全集》第 2 卷,人民出版社 1984 年版,第 443 页);并见列宁《怎么办?》第一章第四节(《列宁全集》第 6 卷,人民出版社 1986 年版,第 23 页)。

〔26〕见列宁《黑格尔〈逻辑学〉一书摘要》。新的译文是:"辩证法是一种学说,它研究对立面怎样才能够同一,是怎样(怎样成为)同一的——在什么条件下它们是相互转化而同一的,——为什么人的头脑不应该把这些对立面看作僵死的、凝固的东西,而应该看作活生生的、有条件的、活动的、彼此转化的东西。"(《列宁全集》第 55 卷,人民出版社 1990 年版,第 90 页)

〔27〕《山海经》是一部中国古代地理著作,其中记载了不少远古的神话传说。夸父是《山海经·海外北经》上记载的一个神人。据说:"夸父与日逐走。入日,渴欲得饮,饮于河渭。河渭不足,北饮大泽。未至,道渴而死。弃其杖,化为邓林。"

〔28〕羿是中国古代传说中的英雄,"射日"是关于他善射的著名故事。据西汉淮南王刘安(公元前二世纪人)及其门客所著《淮南子》一书说:"尧之时,十日并出,焦禾稼,杀草木,而民无所食。猰貐、凿齿、九婴、大风、封豨、修蛇,皆为民害。尧乃使羿……上射十日而下杀猰貐。……万民皆喜。"东汉著作家王逸(公元二世纪人)关于屈原诗篇《天问》的注释说:"淮南言,尧时十日并出,草木焦枯。尧命羿仰射十日,中其九日……留其一日。"

〔29〕《西游记》是明代作家吴承恩著的一部神话小说。孙悟空是书中的主角。他是一个神猴,有七十二变的法术,能够随意变成各式各样的鸟兽虫鱼草木器物或者人形。

〔30〕《聊斋志异》是清代文学家蒲松龄著的短篇小说集,大部分是叙述神仙狐

鬼的故事。

〔31〕见马克思《〈政治经济学批判〉导言》(《马克思恩格斯选集》第 2 卷,人民出版社 1972 年版,第 113 页)。

〔32〕见马克思《〈政治经济学批判〉导言》(《马克思恩格斯选集》第 2 卷,人民出版社 1972 年版,第 114 页)。

〔33〕见列宁《谈谈辩证法问题》。新的译文是:"对立面的统一(一致、同一、均势)是有条件的、暂时的、易逝的、相对的。相互排斥的对立面的斗争是绝对的,正如发展、运动是绝对的一样。"(《列宁全集》第 55 卷,人民出版社 1990 年版,第 306 页)

〔34〕见东汉著名史学家班固(三二——九二)所著《汉书·艺文志》,原文是:"诸子十家,其可观者,九家而已。皆起于王道既微,诸侯力政,时君世主,好恶殊方。是以九家之术,蜂出并作,各引一端,崇其所善,以此驰说,取合诸侯。其言虽殊,辟犹水火,相灭亦相生也。仁之与义,敬之与和,相反而皆相成也。"

〔35〕见列宁《谈谈辩证法问题》。新的译文是:"相对中有绝对。"(《列宁全集》第 55 卷,人民出版社 1990 年版,第 307 页)

〔36〕见本卷《论反对日本帝国主义的策略》注〔24〕。

〔37〕见列宁《在尼·布哈林〈过渡时期经济学〉一书上作的批注和评论》。新的译文是:"对抗和矛盾完全不是一回事。在社会主义下,对抗将会消失,矛盾仍将存在。"(《列宁全集》第 60 卷,人民出版社 1990 年版,第 281—282 页)

《毛泽东选集》第一卷正文校订表

第 一 版		第 二 版	
3 页题下	（一九二六年三月）	3 页题下	（一九二五年十二月一日）
22页2至3行	农会势盛，地方牌赌禁绝	22页2至3行	农会势盛地方，牌赌禁绝
37页13行	株州商会	37页14行	株洲商会
61页11行	西乡的小西江区	62页11行	西乡的小江区
61页13至14行	红军一个团配合各县赤卫队大小数十战	62页13至14行	红军一个团配合各县赤卫队、暴动队大小数十战
66页6行	朱培德亦在武装他的保安队和挨户团	67页6行	朱培德、吴尚亦在武装保安队和挨户团
67页6行	相距八十里	68页6行	相距百八十里
67页7行	大龙	68页7行	大陇
67页10行	行州、草坪、白泥湖	68页10行	行洲、草坪、白银湖
68页12行	延长分田的时间	69页12行	延宕分田的时间
69页1至2行	红军再度到宁冈、新城、古城、砻市一带时	70页1至2行	红军再度到宁冈新城、古城、砻市一带时
69页倒8行	木材、茶、油等农产品	70页倒8行	木材、茶油等农产品
70页2行	木材和茶、油	71页2行	木材和茶油

表内第一版的页码和行数据人民出版社一九六六年七月出版的横排本。

第　一　版		第　二　版	
71页倒8行	以为委员会才是真正的权力	72页倒8行	以为委员会才是真正的权力机关
75页倒5行	十月十四日	76页倒5行	十月四日
75页倒3行	刘天干、圆盘珠	76页倒3行	刘天干、盘圆珠
75页倒2行	宋亦岳	76页倒2行	朱亦岳
79页倒10行	湘边萍乡	80页倒10行	湘边鄘县
99页4行	二月九日	102页7行	二月七日
100页倒3行	是一天比一天广大的	104页1行	是一天比一天扩大的
102页倒8行	吉安、永新、兴国	105页倒5行	吉安、永丰、兴国
105页题下	（一九三三年八月二十日）	119页题下	（一九三三年八月十二日）
116页题下	（一九三四年一月二十三日）	130页题下	（一九三四年一月）
123页倒5行	青年壮年男女	137页倒5行	青年壮年男子
123页倒3至倒2行	销了四千五百块钱公债	137页倒3至倒2行	销了五千四百块钱公债
165页倒1行至166页1行	军事的规律，和其他事物的规律一样，是客观实际对于我们头脑的反映	181页倒1行至182页1行	军事的规律，和其他事物的规律一样，是客观实际在我们头脑中的反映
179页4行	湘赣边区	195页4行	湘赣边界

第　一　版		第　二　版	
188页12行	湘鄂赣边界地区的红军	204页14行	湘鄂赣边界地区的部队
197页 5 行	二十九日	213页 7 行	三十一日
201页倒4至倒 3 行	一九三〇年十二月二十七日至一九三一年一月一日	217页倒 2 至倒 1 行	一九三〇年十二月三十日至一九三一年一月三日
202页 3 行	第八路军	218页 5 行	第六路军
202页13行	三十日	218页15行	三十一日
209页 7 至 8 行	一九三一年八月	225页14至15行	一九三一年九月
209页 9 至 10行	一九三四年三月	225页倒10至倒 9 行	一九三三年十二月
211页 8 行	二十九日	227页倒10行	三十一日
249页题下	（一九三七年五月七日）	271页题下	（一九三七年五月八日）

图书在版编目（CIP）数据

毛泽东选集. 第 1 卷. 一2 版. -北京：人民出版社，2009.11
（2025.7 重印）
ISBN 978－7－01－000914－8

Ⅰ．毛…　Ⅱ.　Ⅲ.毛泽东著作-选集-1925～1937　Ⅳ.A41

中国版本图书馆 CIP 数据核字(2003)第 056552 号

毛　泽　东　选　集

MAO ZEDONG XUANJI

第　一　卷

人 民 出 版 社 出版发行
(100706　北京朝阳门内大街 166 号)

北京新华印刷有限公司印刷　新华书店经销

1991 年 6 月第 2 版　2025 年 7 月第 25 次印刷
开本：635 毫米×927 毫米 1/16　印张：22.25
字数：245 千

ISBN 978－7－01－000914－8　定价：40.00 元

邮购地址　100706　北京朝阳门内大街 166 号
人民东方图书销售中心　电话 (010)65250042　65289539